어떻게
당하지 않고
살 것인가

Stop Caretaking the Borderline or Narcissist
: How to End the Drama and Get On with Life
by Matgalis Fjelstad
Copyright ⓒ 2013 by Rowman & Littlefield Publishers, an imprint of The Rowman &
Littlefield Publishing Group, Inc., USA.
All rights reserved.
Original English edition Published by Rowman & Littlefield Publishers, USA.
Korean translation rights arranged with The Rowman & Littlefield Publishing, Group,
Inc., USA and Milagro, Korea through PLS Agency, Korea.
Korean edition right ⓒ 2016 by Milagro, Korea

이 책의 한국어판 저작권은 PLS를 통한 저작권자와의 독점 계약으로 밀라그로에 있습니다.
신저작권법에 의하여 한국어판의 저작권 보호를 받는 서적이므로
무단 전제와 복제를 금합니다.

어떻게
당하지 않고
살 것인가

마르갈리스 프옐스테드 지음 | **소하영** 옮김

밀라그로

목차

《제1부》
보호자의 역할 이해하기

제1장 내 배우자는 정말 성격장애자일까? •13
제2장 성격장애자들이 보호자를 필요로 하는 이유 •37
제3장 성격장애자와 보호자 •55
제4장 보호자의 개입 수준 •82
제5장 왜곡되어버린 보호자의 감정 •97
제6장 왜곡되어버린 보호자의 사고 •107
제7장 왜곡되어버린 보호자의 행동 •121
제8장 무너진 자존감 •137
제9장 뒤틀어진 인간관계 •146

《제2부》 더 이상 당하지 않기

제10장 치유의 단계 •158
제11장 성격장애자와 규칙 정하기 •182
제12장 새로운 믿음과 행동하기 •228
제13장 자신감 기르기 •252
제14장 자기 자신을 돌보고 배려하기 •272
제15장 불안함을 줄이는 방법 •287
제16장 변화를 만드는 방법 •300
제17장 떠나거나 함께하기 •315

《제3부》 새로운 삶

제18장 바람직한 방향으로 나아가기 •340
제19장 타인에게 요청하기 •355
제20장 새로운 나 •369

부록 보호자 테스트 •380

《제1부》
보호자의 역할
이해하기

내가 보호자인지 아닌지
어떻게 알 수 있을까

혹시 당신은 자주 위가 쑤시고 불편하지 않은가?

혹은 배우자와 함께 있을 때 매우 심한 두통이나 허리통증이 나타나지 않는가?

당신은 배우자의 '기분이 좋아 보일 때' 완전한 행복과 안식을 느끼는가?

당신은 전혀 다른 두 사람, 즉 다정다감하고 배려 깊은 한 사람과 걸핏하면 화를 내고 공격하는, 비판적이고 못된 또 다른 사람과 함께 사는 것처럼 느껴지는가?

아울러 당신은 배우자가 항상 당신 옆에 있기를 바라는가?

당신은 완벽한 삶을 꾸려야 한다는 책임감을 갖고 있는가?

당신은 자신의 행동에 대한 확신이 있든 없든 간에 무조건 배우자의 요구를 충족시키려 하고 불완전한 부분을 개선하려고 노력하는가?

당신의 배우자는 일이 잘 풀리는 데도 우울해하지 않는가?

그러한 배우자를 응원하는 것이 당신의 일이라고 생각하는가?

배우자가 가족 모임 중에 갑자기 화를 내고 성질을 부리지는 않는가?

그러한 배우자를 진정시키는 것은 항상 당신의 몫인가?

배우자가 자살 충동을 느끼는가?

그럴 때 당신은 그 책임이 당신에게 있다고 생각하는가?

다른 사람의 기분이 나빠 보일 때 당신은 그 원인을 자신에게 돌리는 버릇이 있는가?

당신은 논쟁을 싫어하는가?

당신은 직장에서 유능하고 효율적인 사람이자 사람들과 두루두루 잘 어울리는 사람이라는 평판을 듣지 않는가?

반면 배우자로부터는 이기적이고, 무신경하고, 상처를 잘 주고, 사려 깊지 않은 사람이라는 비난을 받지 않는가?

당신은 배우자로부터 이러한 비난을 받았을 때 더욱더 관계를 바로 잡으려고 노력하는가?

그러다 결국에는 그를 기쁘게 해주지 못했다며 자책하고, 죄책감을 느끼고, 좌절하고, 폭발하는 사람인가?

어릴 적 가족 중에 현재의 배우자처럼 행동하는 어머니나 아버지, 형제자매, 또는 조부모가 있었는가?

당신은 예측가능하고, 협력적이고, 익숙하고, 편안하고, 평화로운 삶을 소망하는가?

사람들에게 배우자는 성실하지 못한 사람처럼 보이는 반면, 당신은 좋은 결과를 위해 최선을 다하는 사람으로 보이는가?

그리고 그 때문에 당신이 이득을 보고 모든 칭찬과 관심을 독차지하는가?

당신은 자신의 삶을 우선시할 때 죄책감, 불길함, 혼란을 느끼는가?
당신은 배우자와의 관계가 지치고 벅차다는 느낌이 드는가?
당신은 배우자와 함께 있어도 혼자라고 느껴지지 않는가?
배우자와 잘 지내기 위해서 몇 번이고 노력했지만 바뀐 것이 전혀 없는가?

만약 당신의 삶이 위 질문들과 일치한다면, 만약 당신이 '사람을 미치게 만드는' 관계 속에서 살고 있다고 생각된다면, 만약 그 관계를 맺기 전에는 더없이 마음이 편하고 안정됐던 당신이 관계가 시작된 후로 점점 더 큰 우울과 불안에 시달리고 있다면, 당신은 경계선 성격장애(Borderline Personality Disorder 또는 BPD) 또는 자기애적 성격장애(Narcissistic Personality Disorder)를 가진 사람의 보호자일 가능성이 매우 높다.

당신이 어쩌다 이런 역할을 맡게 된 걸까? 아니, 그보다 더 중요한 문제는 '당신이 어떻게 하면 이 상태에서 벗어날 수 있을지'이다. 이 책은 바로 이 질문들에 대한 대답이다.

당신은 미친 것이 아니다. 당신은 단지 사람을 미치게 만드는 관계에 있는 것뿐이다. 당신과 배우자의 관계가 위의 증상들과 일치하는가? 그리고 그 관계 밖에서는 모든 것이 평온하고, 긍정적이고, 제 갈 길을 가고 있는가? 그렇다면 당신의 배우자는 경계선 성격장애 또는 자기애적 성격장애일 가능성이 높다.

이 책은 경계선 성격장애와 자기애적 성격장애의 증상들을 알려줄 것이며 당신이 어떻게 해서 보호자가 되었는지도 설명해 줄 것이다. 우리는 당신이 어떻게 해서 이러한 관계에 처하게 되었는지, 그리고 당신이 왜 이러한 관계를 계속 유지하려고 하는지를 들여다볼 것이다. 또한 이 관계를 변화시키고 건강하게 만들기 위해 당신이 무엇을 할 수 있는지, 그리고 당신이 어떠한 역할을 해야 하는지 알아볼 것이다.

당신은 경계선 성격장애자나 자기애적 성격장애자와 관계를 맺은 이후로 그에게 모든 관심을 집중해왔을 것이다. 돌이켜보면 당신은 자신의 생각, 감정, 요구, 바람보다 배우자의 것들에 대해 더 많이 생각해왔을 것이다. 당신은 그것이 정상적인 관계라고 생각해왔을 것이다. 하지만 그것은 잘못된 생각이다. 우울, 불안, 긴장, 혼란이 점점 커지고 있다면 그것도 정상이 아니다. 사실 당신은 무엇이 정상인지를 전혀 구별하지 못하고 있다.

이 책은 당신의 삶을 정상적인 삶, 건강한 삶으로 되돌리는 방법을 다룬다. 이 책은 경계선 성격장애자와 자기애적 성격장애자가 만들어내는 피곤한 드라마, 감정 과잉, 애증의 줄다리기에서 빠져나와 평화롭고 안정적이며 즐거운 삶, 건강하고 긍정적이고 마음이 편안한 삶에 집중하는 법을 가르쳐줄 것이다.

성격장애자와의 관계는 마치 마약처럼 즉흥적인 흥분과 스릴을 선사할지도 모른다. 당신은 자신이 배우자에게 굉장히 중요하고 꼭 필요한 사람이라는 생각을 갖고 있을 수도 있다. 하지만 매사 배우자에게 집중하는 삶은 당신 자신의 삶이라고 할 수 없다. 당신은 자신이 누구인지, 자신이 무엇을 원하는지, 자신이 어떤 흥미와 감정과 요구를 갖고 있는

지조차 까맣게 잊고 지냈을 것이다.

건강한 관계란 서로를 보살피고 서로를 비춰주는 관계이다. 그러한 관계는 두 사람 각자의 요구, 목표, 흥미, 바람을 충족시킨다.

상대방이 원하는 것이 무엇일지 알아내기 위해 항상 긴장하고 주시하면서 살 필요가 없다. 건강한 관계에서는 두 사람이 각자의 요구와 필요를 이야기한 다음에 차분하게 결정을 내리게 되어 있다. 그리고 그 두 사람은 자신들이 말한 것을 충실히 실행에 옮긴다.

건강한 관계를 맺는 사람은 그러한 관계로부터 에너지를 얻고, 편안함을 느끼며, 자신이 누군가에게 필요한 존재라는 것을 느끼고, 자신의 있는 그대로의 모습에 만족감을 느낀다.

당신은 이 책을 읽으며 이 책이 바로 그동안 찾아 헤맸던 책이라고 느낄 수도 있고, 그렇지 않을 수도 있다.

만약 당신이 당신 자신을 잃어버렸다는 생각이 든다면 당신이 맺고 있는 관계가 그러한 영향을 미친 것일 수도 있다. 만약 당신의 몸과 마음이 염세와 불안에 지쳐 점점 피폐해지고 있다면 당신은 경계선 성격장애나 자기애적 성격장애자를 배우자로 둔 보호자일 수도 있다.

먼저 부록에 있는 보호자 테스트를 해보기를 바란다. 테스트 점수를 확인한 다음 그러한 관계가 작동하는 방식에 관한 부분을 읽어보아라.

당신이 처한 상황이 책에서 설명한 내용과 일치하는가?

건강하고 사랑이 넘치는 관계를 맺는 법을 알고 싶은가?

당신은 삶의 주인이 되어 원하는 행복을 성취하고 싶은가?

그렇다면 바로 이 책이 당신에게 그 길을 가르쳐줄 것이다.

제1장
내 배우자는 정말 성격장애일까

성격장애란

성격은 행동 패턴, 동기, 사고, 화법, 자아감, 개인의 기벽 등등 한 특정 개인에게 고유한 것을 말한다. 우리가 어떤 사람을 '안다'는 것은 그 사람의 성격을 안다는 것과 같다. 우리는 성격을 다소 안정된 사고방식·감정·행동의 패턴이라고 여긴다. 우리는 그것들이 쉽게 바뀔 수 있을 것이라고 생각하지 않는다. 어떤 사람이 느끼는 고통의 크기가 어느 정도인지를 측정하기가 어려운 것처럼 성격 또한 명확하게 측정하는 것이 불가능하다. 뇌의 이 부분에 성격이 있다는 식으로 말하기는 곤란하다. 성격은 우리의 유전적 정보와 후천적 경험의 총합이라고 할 수 있다. 성격은 수백만 개의 경험 조각들을 종합해 '나'라고 하는 전체로서의 자아감을 형성시키는 기제이다. 우리는 우리 자신을 비롯한 친구들과 가족들이 평생 동안 꽤 동일한 성격을 유지할 것이라고 기대하며, 보통 실제로도 그렇다.

하나의 성격체가 되는 법을 배우는 데는 정해진 순서가 있다. 성장기 동안 우리의 뇌는 지속적으로 발달해나가며, 부모님 및 친구들과 끊임없이 상호작용을 하게 된다. 이 과정에서 우리는 우리 자신 및 주변의 관계들에 대한 안정적인 정의를 형성한다. 우리는 어른으로 성장하는 과정에서 사회적인 상호작용의 규칙들을 익힌다. 우리는 의존성을 점점 줄이고 자율성을 키워나간다. 우리는 타인과의 관계 속에서 우리가 누구인지를 알게 되고, 타인에게 무엇을 기대해야하는지 배운다. 우리는 존중감, 즉 스스로에 대한 배려, 관심, 가치를 키운다. 우리는 이런 과정을 통해 자신이 매일 비슷한 행동들과 사회적인 능력들을 보여주는 동일한 사람이라는 것을 믿게 된다. 마찬가지로 우리는 타인을 대할 때도 그에게 '동일한 성격'이 있다고 여긴다.

반면 경계선 성격장애 또는 자기애적 성격장애를 갖게 된 사람들의 경우 순차적인 발달 과정에 문제가 있었던 것으로 추정된다. 감정적인 스트레스에 생물학적 민감성을 보이는 아이들은 다른 사람들처럼 외부세계에 대한 정보를 질서정연한 방식으로 처리하지 못한다. 이 아이들은 대개 '매우 예민한' 감정 체계를 갖고 있다. 이들의 감정 체계는 외부 경험에 즉각적이고도 강렬하게 반응한다. 이 아이들은 다른 아이들에 비해 보살피고 달래주는 타인에게 잘 반응하지 않는다.

'매우 예민한' 아이들이 트라우마를 갖게 될 정도의 사건을 겪었다거나, 버림을 받았다거나, 무반응적인 부모 또는 무능한 부모 아래서 자랐다면 완전하게 성숙한 성인의 성격을 발달시키지 못했을 가능성이 크다.

프로이트 이후의 임상의들은 트라우마, 버림받음, 열악한 보살핌 등의 경험이 아동의 성격 발달에 손상을 끼칠 수 있다는 점을 발견했다. 또한 트라우마나 상실이 발생한 발달 단계의 성장이 저해될 수 있다는 점을 관찰했다. 그리고 최근 연구자들은 유전적 취약성과 선천적 손상 또는 감염도 영향을 미치는 요인이 될 수 있다는 점에 주목하고 있다. 성격은 끊임없이 구축해나가는 과정 그 자체이다. 즉 성격은 새로운 앎과 기술이 이미 존재하는 기반에 계속 더해지는 과정 그 자체이다. 때문에 기반이 약하거나 불완전한 아동은 성장 과정에서 습득해야 할 것들을 완전하게 습득하지 못하게 된다. 게다가 이러한 아동은 기반이 뒤집히는 경험을 겪을 경우 왜곡된 사실을 습득할 수도 있다.

경계선 성격장애 또는 자기애적 성격장애자들은 감정 발달의 초기 단계, 보통 생후 18개월에서 24개월의 시기에 손상을 입은 것으로 추정된다. 그들은 그 단계에 '멈춰 있는' 것처럼 보인다. 성인이 된 이들은 일반 성인이 가지고 있을 법한 사고 내용, 어휘력, 경험들을 갖고 있다. 반면 복잡하고 친밀한 사적 관계를 다루는 능력은 초기 유년 수준 이상으로 발달하지 못했다. 발달 심리학자들은 '최적의' 시기가 있다고 주장한다. 즉 이 시기에는 인간의 상호작용 패턴을 학습하는 것이 훨씬 더 쉽다는 것이다. 이 최적의 시기를 놓치면 새로운 사고방식과 새로운 상호작용 방식을 완전하게 습득하는 것이 극도로 어렵거나 불가능할 수도 있다고 한다.

임상의들과 연구자들은 대인 관계 기능 면에서 나타나는 일정한 패턴의 성격 손상을 발견해냈다. 우리가 이 책에서 보게 될 성격 손상의 두 가지 패턴은 경계선 성격장애와 자기애적 성격장애이다. 이 두 가지 장애들은 많은 공통점을 갖고 있지만 일부에서는 뚜렷한 차이를 보인다.

이 두 장애는 심각한 정신질환이며 가족 구성원들에게도 지대한 영향을 끼칠 수 있다.

경계선 성격장애 또는 자기애적 성격장애를 보이는 사람은 자녀, 배우자, 가족에게 어떤 식으로 영향을 미칠까? 성격장애자가 있는 가정에서는 보호자라는 역할이 어떻게 만들어질까?

경계선 성격장애와 자기애적 성격장애자가 있는 가정에서는 어느 한 사람이 반드시 보호자의 역할을 맡을 수밖에 없을 정도로 그들이 가족에게 미치는 영향력은 지대하다.

보호자는 어떤 방식으로 건강한 가족 구성원들이 완전한 감정 발달과 만족을 얻지 못하게 방해할까? 보호자는 어떻게 이 역할을 버리고 보다 건강하고 만족스러운 삶을 창조하는 방법을 배울 수 있을까? 이것들이 바로 이 책 전체를 관통하는 질문들이다.

우선 경계선 성격장애와 자기애적 성격장애의 패턴들을 살펴볼 것이다. 이 패턴들은 개인마다 서로 다른 고유한 양상으로 나타날 수 있다는 점을 명심하기를 바란다. 이러한 장애를 보이는 사람들은 일부 영역들의 손상에서 대부분 또는 모든 영역의 심각한 손상으로 나아가는 연속선상에 서 있다고 보는 것이 가장 정확하다. 마찬가지로 그러한 장애를 보이는 당신의 가족도 이 연속선상의 어떤 지점에 있을 것이다. 한 가지 조언을 하자면 사람은 누구나 심각한 감정적인 스트레스를 받을 때 심각한 장애를 갖고 있는 사람처럼 보일 가능성이 높다. 또한 변화나 충돌에 대해 감당해야 할 책임이 작을수록 대수롭지 않은 장애를 갖고 있는 사람처럼 보일 가능성이 높다.

경계선 성격장애(BPD)

임상의학 용어인 '경계선 성격장애'는 정신분열증과 같은 완전한 정신병을 앓고 있지는 않지만, 불안증이나 우울증과 같은 문제를 갖고 있는 사람들보다는 심각한 기능 장애를 앓고 있는 사람들에게서 장기적으로 관찰되는 행동들을 설명하기 위해 사용되기 시작했다.

경계선 성격장애는 『정신 장애 진단 및 통계 편람 4판(Diagnostic and Statistical Manual of Mental Disorders 또는 DSM·IV)』에 "대인 관계의 불안정, 자아상의 불안정, 정서 또는 기분의 불안정, 눈에 띄는 충동적 행동 패턴이 생활 전반에 걸쳐 나타나는 것을 말하고, 성년 초기에 시작되며, 장애가 발생되는 맥락은 다양하다."고 설명되어 있다. 적어도 다음의 몇 가지의 맥락들이 존재한다.

1. 현실에서 또는 상상 속에서조차 버림당하지 않기 위해 광적으로 노력한다

경계선 성격장애자는 대개 무슨 일이든 혼자서 하지 않으려고 하거나 혼자서 하지 못한다. 경계선 성격장애자는 점심을 혼자 먹는다거나 밤에 집에 혼자 있는 상황을 견디지 못해 어쩔 줄 몰라 하기도 한다. 그로 인해 그들은 술을 마시거나, 한 시간 동안 열 번도 넘게 사랑하는 사람에게 전화하거나, 밖으로 나가 낯선 사람과 성관계를 맺거나, 발작하듯이 갑자기 울음을 터트리거나, 자해를 하기도 한다. 경계선 성격장애자의 행동이 보다 극적이고, 강렬하고, 자기 파괴적일수록 그 사람은 보다 심각한 기능 장애를 앓고 있다고 볼 수 있다.

2. 불안정하고 강렬한 대인 관계 패턴

이것은 경계선 성격장애자가 강렬한 사랑과 숭배로부터 강렬한 증오와 분노의 사이를 왔다 갔다 하는 패턴을 말한다. 경계선 성격장애자는 방금 전까지 행복했다가도 바로 몇 분 뒤에 이혼하자고 소리친다. 경계선 성격장애자가 사랑하는 사람과 헤어지는 것은 단지 재결합과 이별의 과정을 반복하기 위해서일 뿐이다.

3. 불안정한 자아상 또는 불안정한 자아감

경계선 성격장애자는 상대방과 직접 접촉하고 상대방으로부터 직접 피드백을 받지 않으면 상대방이 자신에게 애정을 갖고 있다는 것을 믿지 않는다. 경계선 성격장애자는 애정 어린 조언을 잘 받아들였다가도 금세 그 말을 건넨 상대방이 자신을 사랑하지 않는다거나 좋게 생각하지 않는다고 생각하기도 한다. 경계선 성격장애자는 스스로를 완전히 좋게만 생각했다가 다시 스스로를 완전히 나쁘게만 생각하기를 반복한다. 마찬가지로 스스로가 우월하다고 생각했다가 다시 열등하다고 생각하기를 반복하고, 자신을 소중하게 생각했다가 증오하기를 반복한다. 경계선 성격장애자는 서로 다른 감정들과 서로 다른 성격적 자질들을 아우르는 것을 힘들어한다.

4. 충동성.

경계선 성격장애자는 사납게 요동치는 감정들을 갖고 있다. 이 감정들은 극도로 강렬하기 때문에 이들은 충동적으로 행동할 때가 많다. 갑자기 극도로 부정적인 반응을 보이거나 극도로 긍정적인 감정을 보이기도 한다. 경계선 성격장애자는 물건을 던지거나, 기념일 식사 자리에서 갑자기 나가버리기도 하고, 공공장소에서 욕설을 하기도 하고, 바로 몇 시간 전에 처음 만난 사람에게 장미꽃 다발을 보내거나 프러포즈를 하기도 한다. 경계선 성격장애자는 때에 따라 비슷한 상황에도 다르게 반응하는 경우가 많다. 때문에 경계선 성격장애자가 주어진 상황에서 어떻게 행동할지 예측하는 것은 매우 어렵다.

5. 반복적인 자살 시도 및 자해

경계선 성격장애자는 실망, 상실, 공포, 불안, 버림당한 상처에 극도의 감정 반응을 보일 수 있다. 그들은 현재 느끼는 감정으로부터 말 그대로 영원히 벗어날 수 없다고 생각한다. 때문에 그들에게는 자살만이 유일한 해결책인 것처럼 보인다. 경계선 성격장애자는 칼로 자해를 하거나 담배로 신체를 지지는 행위를 통해 직접적인 신체적 고통에 신경을 돌림으로써 감정적 고통에 대한 자각을 감소시키려고 할 수도 있다.

6. 불안정한 기분, 민감성, 우울, 불안, 분노, 절망

이것은 경계선 성격장애자의 전형적인 특징이다. 그들은 잠깐 사이에 아주 쉽게 부정적인 기분에 사로잡힌다. 보통 수 초나 수 분 이내에 기분이 변한다. 그들의 감정은 극과 극을 빠르게 왔다 갔다 하면서 오르락내리락한다. 이런 감정들은 대개 매우 강력하기 때문에 통제하기가 어렵다.

7. 만성적인 공허감

경계선 성격장애자는 자신이 투명인간이라는 느낌을 갖기도 한다. 그들은 다른 사람의 앞에 자신이 없을 때도 그 사람이 자신을 기억한다는 것을 종종 믿지 못한다. 경계선 성격장애자는 자신이 자리에 없을 때 다른 사람들이 자신에 대해 생각하지 않기를 바라는 한편, 동시에 사람들이 자신을 생각해 주지 않는 것에 분노할 수도 있다. 경계선 성격장애자는 자신이 누구인지, 삶에서 무엇을 원하는지, 자신의 능력이나 가치, 신념이 무엇인지 모를 수도 있다. 또한 그것들에 대한 답을 어디서 어떻게 찾아야 할지도 알지 못하고, 사랑하는 사람이 이러한 것들을 자기 대신 알아주기를 바랄 수도 있다.

8. 부적절한 강렬한 분노 또는 분노 조절의 어려움

경계선 성격장애자의 강렬한 분노는 주변 사람들을 충격에 빠뜨릴 수 있다. 경계선 성격장애자는 가학 행위를 할 수도 있다. 때리거나, 물건을 던지거나, 소리를 지르거나, 위협하거나, 극단적인 경우 사랑하는 사람을 죽일 수도 있다. 성격장애자는 탓하기, 폄하기, 무리한 요구, 최후통첩과 같은 감정적 가학 행위를 할 수도 있다. 경계선 성격장애자는 사랑하는 사람의 관심을 충분히 받고 있을 때에도 그러한 강렬한 분노에서 벗어나지 못하는 것으로 관찰된다. 경계선 성격장애자의 감정은 그에게 있어 절대적인 사실이며 논리적인 방법을 통해서는 변화시킬 수가 없다. 왜냐하면 경계선 성격장애자는 그 감정이 어떻게 생겨났는지를 헤아리지 못하고 그 감정을 일으킨 책임을 다른 사람에게 돌리기 때문이다.

9. 일과성 스트레스 연관 과대망상(Transient, stress—related paranoid ideas), 심각한 해리(dissociative) 증상들

이것은 경계선 성격장애자의 증상들 중에서 주변 사람들을 가장 혼란스럽게 만드는 증상이라고 할 수 있다. 경계선 성격장애자는 소중한 조력자라고 생각했던 사람을 순식간에 위협적인 적으로 인식하기도 한다. 그 결과 경계선 성격장애자는 가장 싫어하는 적들에게 할 법한 방식으로 배우자와 자녀를 대한다. 게다가 경계선 성격장애자는 몇 시간 또는 하루가 지나고 나면 자신이 했던 말과 행동을 잊어버리는 경향이 있다. 그는 자신의 갑작스러운 감정 분출이 사랑하는 사람들에게 엄청난 영향을 미친다는 사실을 잘 이해하지 못한다. 자신의 말과 행동이 다른 사람에게 상처를 주는데도 불구하고, 경계선 성격장애자는 그 일에 관해 이야기를 하거나 사과를 해야 할 이유를 전혀 느끼지 못한다. 경계선 성격장애자에게 있어 그것은 '전부 과거의 지나간 일'일 뿐이거나 전혀 없었던 일이기 때문이다.

경계선 성격장애자의 행동을 보다 명확하게 이해할 수 있는 방법은 기능 장애 행동들의 다섯 가지 영역을 살펴보는 것이다. 마샤 리네한(Marsha Linehan)은 경계선 성격장애자들을 연구하면서 그들의 불안정하고 예측 불가능한 행동들, 생각들, 감정들의 사례를 다음과 같이 다섯 가지 영역으로 분류했다. 아무래도 『정신 장애 진단 및 통계 편람』에 따른 임상학적 설명보다는 아래의 사례들이 보다 구체적으로 와 닿을 것이다.

◈ 감정의 불안정성

- 극도의 감정 결핍. 이것은 독립이라는 가면에 가려져 있을 수도 있다.
- 뜬금없이 분노와 절망의 감정을 분출한다.
- 그 순간의 감정이 전혀 틀림이 없고 영원히 지속될 것이라고 믿는다.
- 감정적인 사건에 대한 기억이 정확하지 않다. 심지어는 사후에 사건의 의미를 바꾸기도 한다.
- 자신의 감정이 타인이나 외부의 사건에 의해 생겨난다고 생각한다. 감정을 통제할 수 있는 수단이 자신에게 없다고 믿는다.
- 자신의 감정을 바꿀 수 있는 유일한 방법은 타인 또는 외부의 사건이 바뀌는 것밖에 없다고 믿는다.
- 심각한 불안과 공포가 지속된다.

◈ 사고의 불안정성

- 모 아니면 도라는 식의 사고방식을 갖고 있다.(예를 들어 당신을 강렬하게 사랑했다가 눈 깜짝할 사이에 당신을 미워하기 시작한다. 또는 자신이 완전한 실패작이라고 생각했다가 어느새 그 반대로 자신이 엄청나게 우월한 사람이라고 생각한다.)
- 정반대의 것이 사실인데도 불구하고 자신이 아는 것이 옳다고 강하게 믿는다.

- 대화와 사건에서 (항상 부정적인) '숨겨진 의미'를 찾으려고 한다.
- 사실이나 논리에 의해 설득되지 않는다.
- 타인에 대한 자신의 행동이 어떤 결과를 일으키는지 생각하지 않는다.
- 타인의 인식을 부정한다.
- 상대방이 하지도 않은 말이나 행동을 했다고 말하며 상대방을 비난한다.
- 현재의 감정과 모순되는 과거의 부정적·긍정적 사건을 부정하거나 심지어는 잊어버린다.

❖ 행동의 불안정성

- 충동적인 행동을 보인다.(예를 들면 낯선 사람과의 충동적인 성관계, 무모한 행동, 도박, 물건 훔치기, 별 생각 없이 위험한 상황에 뛰어들기)
- 타인에게 물리적·성적·감정적 가학 행위를 한다.
- 칼로 신체를 긋거나 절단하고, 불로 신체를 지진다.
- 알코올 중독, 약물 중독(특히 진통제나 수면제), 강박적 구매, 식이 장애, 다른 강박 행동을 보인다.
- 위기 상황과 무질서한 상황을 계속 만들어낸다.
- 실망스러운 상황이나 받아들이고 싶지 않은 상황에 처하면 금세 자살하고 싶은 생각을 한다.

◈ 자아감의 불안정성

- 거부당하는 것에 대한 강한 공포 또는 편집증적 반응을 보인다. 심지어는 자신이 좋아하지 않는 사람들에게도 인정받아야 한다고 생각한다.
- 자신이 누구와 함께 있느냐에 따라 페르소나(가면 성격), 견해, 신념이 자주 바뀐다.
- 일관적인 자아감이 결여되었거나 지나칠 정도로 가혹한 자아상을 갖고 있을 수 있다.
- 자주 가면을 쓴다. '내가 진짜 누구인지' 보여주는 것을 두려워한다. 자신이 당연히 거부당하거나 비판받을 것이라고 가정한다.
- 한 번도 진정한 신념, 견해, 관심사를 형성해 본 적이 없다.
- 관심을 얻기 위해 부적절하게 행동하거나 난폭하게 행동한다.
- 사랑하는 사람의 모습에 변화가 있을 경우(예를 들어 새로운 수염, 새로운 머리 모양, 새로운 스타일의 옷) 적응하는 데 어려움을 겪는다.
- 눈에서 멀어지면 마음에서도 멀어진다. 홀로 있을 때 자신의 존재를 자각하고 타인의 존재를 상기하는 데 어려움을 겪는다.
- 스스로가 타인에 비해 우월하면서도 동시에 열등하다고 생각한다.

◈ 관계의 불안정성

- 금세 사랑에 빠지거나 합당한 이유 없이 순식간에 관계를 끝낸다.
- 사랑하는 사람에게는 공격적이고 적대적인 태도를 보이는 반면, 낯선 사람들에게는 유쾌하고 매력적인 모습을 보인다.
- 타인을 과도하게 이상적으로 그린다.(예를 들어 타인이 완벽하지 못하고 연약한 모습을 보이거나 실수하면 잘 용납하지 않는다.)
- 잠시라도 혼자 있는 것을 힘들어하면서도 싸움을 걸어서 사람들을 밀어낸다.
- 사소한 실수나 사고를 트집 잡아 사랑하는 사람을 책망하고, 비난하고, 공격한다.
- 상대방에게 거부당하기 전에 자신이 먼저 상대방을 거부하려고 한다.
- 옆에 상대방이 없으면 사랑받고 있다는 것을 믿지 못한다.
- 사람을 고도의 방식으로 조종하고 무리한 요구를 한다.
- 타인의 한계를 알아주려고 하지도 않고 존중하려고 하지도 않는다.
- 상대방이 별로 하고 싶지 않거나 할 수도 없는 헌신과 행동을 요구하고 무리한 권리를 주장한다.

어머니의 경계선 성격장애의 행동들을 설명한 메릴리(Merrilee)의 이야기를 들어보자.

"어머니는 저녁을 준비하다가도 아버지와 고래고래 소리를 지르며 싸우곤 하셨어요. 어머니는 아버지를 고등학교 때 사귀었던 남자친구랑 비교하면서 아버지가 자기를 진짜로 사랑한 적이 한 번도 없다고 불평했죠. 어머니가 그런 말씀을 한 건 아버지가 저녁을 드시고 작성해야 될 보고서가 있다고 어머니에게 말씀한 직후였어요. 어머니는 화를 내면서 탕탕 소리가 나게 냄비를 세차게 내려놓고는 발을 구르면서 주방을 나가버렸어요. 그날 저녁 식사는 물 건너갔죠. 어떤 때는 주무시러 간 어머니를 이틀 동안 못 본 적도 있었고요. 또 어떤 때는 어머니가 코트를 입고 집을 나간 적도 있어요. 밤이 늦어서야 집에 돌아오신 적도 있었지만 돌아오시지 않으면 아버지가 찾으러 가셔야 했죠. 한 번은 어머니가 술에 취해서 비행기를 타고 세인트루이스(St. Louis)에 가버린 일도 있었어요. 아버지가 가서 어머니를 데리고 오셨죠. 다음 날 어머니는 마치 아무 일도 없었다는 듯이 행동하셨어요. 그리고 그 일에 대해 한 번도 입 밖에 올리시지를 않으셨죠."

경계선 성격장애를 판별하는 것의 어려움

경계선 성격장애인지 아닌지를 판단하는 것은 어렵다.

이제까지 설명한 행동들 중 대부분은 누구나 가끔 스트레스를 받거나 하면 할 수 있는 행동들이기 때문이다. 하지만 경계선 성격장애자는 강도와 빈도, 선택에서 다른 사람들과 차이를 보인다. 경계선 성격장애자라면 일주일에 서너 번 이상, 하루에 서너 번 이상, 한 시간에도 몇 번이나 이런 행동들을 보일 수도 있다. 그들의 행동은 충격적일 정도로 갑작스럽고 강렬하다. 그들은 이러한 행동들을 전혀 통제하지 못하는 것처럼 보인다. 감정이 건강한 사람이라면 딱히 스트레스를 받지 않을 법한 상황이 경계선 성격장애자에게는 감당하기 어려운 상황이 될 수도 있다. 경계선 성격장애자는 '마른하늘에 날벼락 치듯' 느닷없이 냉정을 잃곤 한다.

같은 경계선 성격장애자라고 해서 완전히 똑같이 행동하지는 않는다는 사실을 기억하는 것 또한 중요하다. 경계선 성격장애자가 가진 공포와 왜곡된 생각의 내용을 구성하는 것은 본인의 삶에서 일어난 고유한 사건들이다.

게다가 경계선 성격장애자는 알코올 중독이나 약물 남용의 증상을 보일 수도 있고, 조울증, 주의력 결핍 장애, 강박 장애 등 다른 정신질환을 갖고 있을 수도 있다. 이럴 경우 다른 정신질환으로 착각할 수 있는 일부 비슷한 증상들과 행동들 때문에 경계선 성격장애를 명확하게 판별하는 것이 어려울 수 있다. 더구나 경계선 성격장애의 원인은 스트레스가 높은 양육 환경 및 가정환경에서 발현되는 유전적·생물학적 취약성 때문인 것으로 추정되고 있다.

경계선 성격장애를 진단받은 사람이 건강해지는 길은 멀고 험하다. 경계선 성격장애자는 수년 혹은 수십 년 동안 집중적인 치료를 받지 않으면 눈에 띄는 변화를 보이지 않는 편이다. 따라서 보호자의 역할을 하는 사람은 경계선 성격장애의 증상과 영향력이 평생에 걸쳐 지속될 수 있다는 점을 인식해야 한다. 임상의나 의사는 내담자가 공공장소에서 부적절하게 행동하거나, 법적으로 문제가 되는 일에 휘말리거나, 자살 및 자해 시도를 하는 정도는 되어야 경계선 성격장애라는 진단을 내린다. 이러한 지경에 이르면 성격장애자의 행동은 분명 극단적이고 전방위적일 것이다.

성격장애자는 보통 가족 외의 사람들이 자신의 장애에 대해 알아차리기 전에 입원 치료를 받고자 한다. 사실 경계선 행동 장애 패턴을 보이는 사람들 중에 경계선 성격장애로 진단 받는 사람은 극소수이다. 그렇지만 불안, 우울, 알코올 중독, 만성 직장 내 불화, 가정 폭력, 분노 등과 같은 증상들 중 하나 또는 하나 이상을 보이는 사람들은 각각의 증상에 대한 부분적 치료를 받는다.

경계선 성격장애자의 행동은 남용 중인 약물 또는 알코올을 끊고, 약물 치료를 받고, '적절한' 행동을 배우고, 스트레스를 낮추는 방법으로 개선될 수는 있다. 그러나 장애를 완전하게 치료하지는 못한다.

경계선 성격장애는 감정 기능 장애가 평생 동안 지속되는 질환으로 알려져 있다. 극도로 별난 행동들은 약물 치료나 다른 치료 중에도 스트레스를 받으면 또다시 나타난다.

자기애적 성격장애(NPD)

자기애적 성격장애 패턴이 당신에게는 보다 친숙할지도 모르겠다. 나르시시즘(자기애)은 오늘날 대중에 친숙한 단어로 자리 잡았다. 그렇지만 자기애적 성격의 행동 패턴은 보통 일부만이 관찰된다. 자신만만한 행동과 이기적인 행동이 대표적인 자기애적 행동이다.

『정신 장애 진단 및 통계 편람』에서는 자기애적 성격장애자를 다음과 같이 묘사한다.

- 자신이 중요한 사람이라고 생각한다.
- 성공, 부, 아름다움, 재능을 둘러싼 환상에 빠져 있다.
- 고유하고 특별하다는 느낌이 강하다.
- 다른 사람들보다 더 나은 대접을 받을 자격이 있다고 느낀다.
- 다른 사람들을 착취한다.
- 다른 사람의 감정을 이해하거나 알아차리려고 하지 않거나 그렇게 하지 못한다.
- 오만하며 다른 사람을 시기한다.

이러한 행동들은 대부분의 사람들이 잘 알고 있는 것들이다. 반면 자기애적 성격장애자의 내면에 감춰진 자기혐오, 거부에 대한 두려움, 내적 불안은 사람들이 잘 알지 못한다.

자기애적 성격장애자는 두 가지의 다른 자존감을 갖고 있다. 겉으로 드러난 자아는 가짜 자아(예를 들어 극도로 긍정적이고 바람직한 가짜 자아)이고 가면 속에 감춰진 진짜 자아는 공포와 불안에 떨고 있다.

경계선 성격장애자이든 자기애적 성격장애자이든 양쪽을 관통하는 핵심적인 감정은 낮은 자존감, 무가치함(심지어는 스스로를 미워하는 감정), 나쁜 감정에 대한 두려움, 연약함, 외로움이다. 하지만 자기애적 성격장애자는 이러한 부정적인 감정들을 타인에게 숨기고자 보다 매력적이고 매혹적인 가짜 자아를 만들고 그 가짜 자아로 세상을 대한다.

자기애적 성격장애자는 공적인 자리에서는 사교적이고, 호감을 불러일으키며, 카리스마를 뿜어내는 경향이 있다. 반면 가족과 같은 사적인 관계에서는, 특히 압박에 시달릴 때 감정적으로 폭발하고, 변덕을 부리며, 적대감을 표출한다.

자기애적 성격장애자는 언뜻 자신의 행동 반응과 감정 반응을 어느 정도는 통제하는 것처럼 보인다. 때문에 자기애적 성격장애자가 타인을 공격할 때는 속에 사악함이나 계산이 감춰져 있는 것으로 묘사될 때가 많다. 반면 경계선 성격장애자는 의식적인 통제나 조절 없이 내부의 강렬한 충동들에 자동적으로 반응하는 것으로 관찰된다.

자기애적 성격장애 진단하기

전문가들이 자기애적 성격장애 진단을 내리는 경우도 마찬가지로 드물다. 대신 일반 사람들이 대중의 관심을 좇는 배우들이나 '허세남/허세녀들', 스스로를 중요한 사람이라고 여기는 사람들, 계속 이기적으로 행동하는 사람들을 가리켜 '나르시시스트'라고 부르곤 한다.

자기애적 성격장애자들은 다른 장애를 가진 사람들에 비해 치료를 받는 경우가 적다.

자기애적 성격장애자는 가짜 자아를 내세워 사회생활을 매우 잘 하고 남들에게 부적절한 사람, 열등한 사람, 미친 사람, 의존적인 사람으로 보이는 것을 극도로 싫어하기 때문이다. 다시 말해 자기애적 성격장애자는 내면의 진짜 감정들이 거절당하거나 조롱당하지 않도록 그것들을 보호해야 한다는 생각이 매우 강하다.

자기애적 성격장애자는 가짜 자아를 잘 유지하는 한, 내면의 고통과 공포를 들여다보려고 하지 않는다. 보통 자기애적 성격장애자는 중요한 상실, 모욕, 실망의 경험, 몸과 마음을 쇠약하게 만든 사건, 고용주에 의해 쫓겨나는 사건 등이 발단이 되어 내면의 부정적인 자아감이 표면에 나타났을 때 비로소 치료를 받으려고 한다.

소극적 진단

경계선 성격장애나 자기애적 성격장애를 공식적으로 진단하는 일이 드문 이유는 다음과 같다.

1. '경계선'과 '자기애'라는 용어는 전문가들과 일반 대중이 평소 일상에서 경멸적인 의미로 자주 사용한다.

2. 성격장애자들이 이러한 진단을 받으면 화를 내거나 적대적인 태도로 반응할 수도 있다.
3. 보험 회사는 이러한 장애를 '불치'로 간주하고 임상의에게 성격장애자의 치료비를 지불하지 않는 경우가 많다.
4. 한번 경계선 성격장애 또는 자기애적 성격장애라는 딱지가 붙으면 그 사람은 치료를 통해 개선될 수 있을 것이라는 희망을 모두 잃어버리고 포기해버릴 수도 있다.
5. 이러한 장애들을 판별하고 치료하는 훈련을 받거나 그러한 경험이 있는 임상의나 의사가 별로 없다.

실제로 '경계선' 또는 '자기애'라는 용어는 유용한 정보로 사용되기보다 누군가를 깎아 내리는 부정적인 의미로 자주 사용된다.

경계선 성격장애자와 자기애적 성격장애자의 같은 점과 다른 점

자기애적 성격장애자와 경계선 성격장애자가 스스로를 세상에 드러내는 방식은 서로 반대된다. 마치 빛과 어둠이 대조되는 것과 같다. 한 쪽이 매력적인 모습을 보이면 다른 쪽은 적대적인 모습을 보이고, 한 쪽이 양적이라면 다른 쪽은 음적이다. 그들은 겉보기에는 마치 서로 반대되는 하나의 쌍처럼 보인다. 경계선 성격장애자는 보다 소극적이고, 덜 사회적이며, 덜 예측가능하고, 더 의존적이다.

자기애적 성격장애자는 더 사교적이고, 더 외향적이며, 터무니없을 정도로 낙관적이고, 환상적으로 유능하며, 더 절제된 행동을 한다. 이 두 가지의 외적 성격 패턴들이 이러한 차이를 갖고 있음에도 불구하고 경계선 성격장애자와 자기애적 성격장애자는 비슷한 내적 감정을 공유한다. 그것들은 바로 낮은 자존감, 공포, 불안, 편집증, '기분이 별로 좋지 않은' 자신에 대한 깊은 고통이다. 양쪽 모두 자신의 감정적 취약성을 방어하고자 극단으로 치닫는다. 이 모든 공통점들 중에서도 가장 중요한 것은 둘 다 같은 방어 기제를 자주 사용한다는 점이다.

책망, 투사, 폄하, 이상화, 분열(splitting), 부인, 왜곡, 합리화, 수동적 공격성 등이 바로 공통된 방어 기제들이다. 자기애적 성격장애자는 전능성(omnipotence)을 사용하는 반면 경계선 성격장애자는 충동적 행동(acting out)을 이용한다. 때로 이러한 방어 기제들은 망상 또는 정신병 수준에까지 도달한다. 이러한 내적 감정의 유사성과 대인 관계 및 친밀한 관계에서 나타나는 비슷한 방어기제 때문에 가까운 가족들에게는 경계선 성격장애자나 자기애적 성격장애자의 행동이 비슷하게 보인다. 두 성격장애자의 공포와 요구는 매우 닮아 있다. 둘 다 보호자를 필요로 한다.

보호자는 광범위한 타당성을 그들에게 제공해 주고, 관계에 대한 지배권을 그들에게 넘겨주고, 끊임없는 관심을 그들에게 쏟아주고, 같은 생각과 같은 감정, 같은 믿음을 공유하고 있다고 표현함으로써 그들을 안심시켜 줄 수 있는 사람이어야 한다.

이제부터 나는 경계선 성격장애자나 자기애적 성격장애자 양쪽 모두에게 공통되는 행동들을 언급할 때는 경계선/자기애적 성격장애자라고 쓸 것이다. 반면 양쪽의 행동이 전형적으로 다르다는 이야기를 할 때 경계선 성격장애자는 경계선 성격장애자만을 지칭하고, 자기애적 성격장애자는 자기애적 성격장애자만을 지칭할 것이다.

보호자 성격

경계선/자기애적 성격장애자의 보호자가 된 사람들 역시 일련의 성격적 특성들을 갖고 있는 것으로 생각된다. 이러한 특성들이 '성격장애'를 이루는 것은 아니다. 사실 이 특성들은 적당한 수준으로 발현될 경우 매우 훌륭한 장점이 될 수 있으며 가족들 및 주변 사람들과의 관계에서, 직장에서, 사회에서 유용한 측면이 있다.

보호자의 특성들은 좋은 일을 하고자 하는 바람, 타인을 기쁘게 만드는 것에서 느끼는 즐거움, 타인을 보살피려는 욕망, 평화를 유지하려는 성향, 상냥하고 온화한 성격, 차분하고 이성적인 행동 같은 것이 될 수도 있다. 이러한 특성들은 아무하고나 쉽게 어울리고 타인을 잘 돌보는 좋은 직장 동료, 좋은 배우자, 좋은 부모가 가진 전형적인 특징들과도 통한다. 하지만 당신이 경계선/자기애적 성격장애자의 극단적인 행동에 대응하는 수단으로 이러한 특성들을 이용한다면, 그 성격적 특성들은 유해한 형태로 변형될 수 있다. 그것들은 완벽주의, 기쁘게 해줘야 한다는 의무감, 과도한 순응, 극도의 죄책감, 불안, 과도한 염려, 충돌 회피, 화를 내지 않을까 하는 두려움, 낮은 자존감, 수동성으로 나타난다. 그때 특성들은 당신의 정신, 감정, 신체의 건강에 유해한 영향을 끼치고 보호자 행동으로 발현된다.

  이 책을 통해 우리는 어떻게 한 사람이 배려심 깊은 사람에서 보호자로 바뀌는지, 그리고 보호자라는 역할이 어떠한 영향을 미치는지 살펴볼 것이다. 우리는 보다 극단적인 반응을 자극하는 요인들에 대해 알아보고, 그 요인들이 보호자의 삶에 어떠한 영향을 미치는지, 보호자가 왜 실패할 수밖에 없는지, 보호자의 역할에서 어떻게 벗어날 수 있는지, 어떻게 하면 당신이 원하는 다정하고 배려심 깊은 사람이 다시 될 수 있는지 알아볼 것이다.

들어가기에 앞서

나는 경계선/자기애적 성격장애의 구체적인 증상들에 대해 꽤 자세하게 묘사했다. 이러한 성격장애 행동들의 강도와 양상의 다양성, 심각성이 여러분에게 구체적으로 전달되었으면 하는 마음에서 그렇게 한 것뿐이다. 사랑하는 사람에게서 그러한 행동들을 목격하는 것은 당황스럽고, 언짢고, 미칠 듯이 괴롭고, 견디기 어려운 일이다. 당신은 배우자나 부모님, 성인이 된 자녀, 직장 동료, 친구에게서 이러한 행동들을 발견하게 될지도 모른다. 당신의 주변에 어쩌면 한 명 이상의 경계선/자기애적 성격장애자가 있을지도 모르겠다.

오직 전문가만이 경계선 성격장애나 자기애적 성격장애에 대한 신뢰할 만한 진단을 내릴 수 있다. 때문에 우리는 감정과 행동, 생각, 관계에서 나타나는 증상들의 패턴을 알아보는 것까지만 할 것이다. 당신은 그러한 증상들을 살펴봄으로써 그동안 상대방과 자신의 심신을 부단히 악화시켜온 상호작용들에 대한 이해의 기반을 얻게 될 것이다.

당신이 보호자라면 경계선 성격장애나 자기애적 성격장애자가 보일 수 있는 증상들을 구별하는 법을 배워두는 것이 중요하다. 왜냐하면 그 사람은 당신에게 건강하지 않은 반응 행동을 하도록 자극하기 때문이다. 당신은 지금 당신이 개입하고 있는 상호작용의 패턴이 무엇인지를 알 때에만 당신의 반응을 통제할 힘을 갖게 된다.

당신이 참여하고 있는 상호작용이 어떤 종류의 것인지를 이해한다면, 당신은 타인을 보살피고자 하는 욕구를 언제 발현시키면 좋을지, 그리고 언제 자신을 보살피는 일에 집중해야 할지 더 잘 판단할 수 있다. 그러니까 정확한 병명을 찾고 낙인을 찍는 데 너무 많은 에너지를 쏟을 필요는 없다. 그보다는 이 장에서 실제적인 행동들, 감정 반응, 강도를 묘사한 내용을 집중해서 읽고 당신이 누구인지, 당신이 어떤 것을 상대하고 있는지 이해하는 데 주력해야 한다.

다음 장으로 넘어가지 전에 이 책의 부록에 실린 보호자 테스트를 한 번 해보아라. 당신이 어떤 보호자 행동들을 하고 있는지 이해하는 데 도움이 될 것이다.

제2장

성격장애자들이
보호자를 필요로 하는 이유

가족들은 어떻게 해서 경계선/자기애적 성격장애자의 지배를 받게 될까? 그리고 이러한 가족은 '정상적인' 가족과 어떻게 다를까? 정상적인 가정에서는 모든 구성원의 요구와 필요가 어느 정도 균형이 잡혀 있다. 부모는 아이들을 보살피고 또 서로를 보살핀다. 아이들은 각자의 능력을 통해 도움을 주는 방법을 터득한다. 반면 경계선/자기애적 성격장애자의 가정에서는 전체 가족의 시간, 돈, 에너지가 경계선/자기애적 성격장애자의 요구와 필요에 상당히 집중된다.

경계선/자기애적 성격장애자의 배우자는 대부분의 시간을 경계선/자기애적 성격장애자를 돌보는 데 사용한다. 아이들은 어른스러운 행동을 요구받는다. 아이들은 스스로를 돌보는 것도 모자라 경계선/자기애적 성격장애자를 보살피는 일까지 해내야 한다. 그 결과 가족 구성원들의 역할이 역전된다. 부모는 어린아이처럼 행동하고 아이들은 과도한 책임을 떠안는다. 이러한 가정의 아이들은 관계에 대한 배움의 격차를 겪게 되며 관계에 대한 잘못된 지식을 습득할 수도 있다.

경계선/자기애적 성격장애자와 함께 살기

당신이 경계선/자기애적 성격장애자와 함께 산다면 성격장애자가 매일 '실제로' 어떻게 행동하는지 잘 알 것이다. 가족은 경계선/자기애적 성격장애자가 공포, 통제 욕구, 다른 사람과 너무 가까워지거나 너무 멀어지는 것에 대한 불안을 충동적으로 분출하는 대상이다.

당신이 경계선/자기애적 성격장애자의 배우자나 자녀라면 그러한 기만적인 행동, 기괴한 행동, 화나게 하는 행동, 상처 주는 행동에 대처하는 방법을 찾아야 한다. 한편 경계선/자기애적 성격장애자는 일상을 유지하고자 오랜 시간 혼자서 애를 쓰기도 한다. 변덕스러운 감정과 행동을 감추고 스스로를 조절한다. 또한 의사나 친구들에게 거짓말을 할 수도 있다. 그리고 당신과 다른 가족 구성원들은 경계선/자기애적 성격장애자의 이러한 위장술을 돕기도 한다. 심지어 경계선/자기애적 성격장애자의 불법적인 행위까지도 방조한다. 가족의 신분을 도용하거나, 처방전을 위조하거나, 은행 계좌 잔고를 바닥내거나, 물리적인 학대를 가하는 것을 돕는다. 보호자는 경계선/자기애적 성격장애자와 그 가족을 정상적인 사람들로 보이게 만들고 정상적으로 살아가는 것처럼 보이게 만드는 공모자 역할을 한다.

경계선/자기애적 성격장애자의 관계행동

경계선/자기애적 성격장애자는 정상적인 사람들에 비해 자신의 감정에 더 강렬하게 반응한다. 특히 부정적인 감정들은 기분을 매우 나쁘게 만들기 때문에 그들은 그 감정들을 다른 사람에게 투사하고 밀어낸다. 특히 자녀나 배우자와 같은 친밀한 사람에게 감정의 처리를 맡긴다.

경계선/자기애적 성격장애자는 다른 누군가가 자신에게 벅찬 부정적 감정들을 자기 인생에서 대신 치워주기를 바란다. 그들은 내적 고통의 원인을 다른 사람에게 돌리며, 자신을 미워하지 않으려고 남을 미워한다. 이러한 내적 자기 증오는 경계선/자기애적 성격장애자의 고통과 번뇌의 실질적 원천이다.

경계선/자기애적 성격장애자는 이러한 감정들에 짓눌린 자신을 구해줄 누군가를, 자신의 공포를 진정시켜 줄 누군가를, 삶에 안식을 가져다 주고 감정들의 힘을 꺾어줄 누군가를 필요로 한다. 경계선/자기애적 성격장애자는 보호자가 그러한 감정들을 돌봐줄 것이라고 기대한다.

경계선/자기애적 성격장애자는 다양한 종류의 공포들을 갖고 있다.

경계선/자기애적 성격장애자는 혼자가 되는 것, 버림받는 것, 궁핍한 처지에 처하는 것, 투명인간 취급 받는 것, 사랑받지 못하는 것을 심각하게 두려워한다. 그들은 누군가가 이러한 공포들을 진정시켜 주지 않으면 감정적 죽음을 맞이하거나 아무것도 느끼지 못하는 존재가 될 것이라는 두려움도 갖고 있다.

경계선/자기애적 성격장애자는 모르는 사람과 만난 즉시 가까워지려고 한다. 이런 식으로 그들은 혼자 있을 때 느낀 고통을 강렬한 "사랑"의 희열로 변형시키고자 한다. 그 사람을 만나자마자 이 사람이야말로 진정한 사랑이고, 전적으로 나를 보살펴줄 수 있는 "사람"이며, 자신이 완전하게 몰입할 수 있는 대상이라고 믿어버린다. 그러나 동시에 경계선/자기애적 성격장애자는 누군가와 가까워지는 것에 대한 두려움도 갖고 있다. 그들은 자신의 성격이 상대의 성격에 흡수되고 자신의 감정이 소멸 당할까봐 두려워한다. 그들은 자신이 의지하는 사람에게 이용당하거나 모욕을 당할까 봐 두려워한다. 이러한 감정 패턴은 사랑하는 사람을 '구세주'로 환영했다가 '적'으로 의심하기를 반복하는 일상을 낳는다. 그들은 사랑하는 사람을 가깝게 끌어당겼다가 밀쳐내기를 반복한다. 이때 그들의 내면에서는 요구와 공포가 투쟁한다. 이러한 요구와 공포의 '줄다리기(dance)'는 관계가 지속되는 동안 반복된다. 보호자 역할을 맡은 사람은 이러한 줄다리기에 대처하는 법을 배우고, 경계선/자기애적 성격장애자의 배우자가 되며, 그가 그때그때 원하는 것에 맞추어 자신의 행동 반응을 변화시킨다.

친밀함과 적대감 사이의 줄다리기

감정이 건강한 사람은 이러한 밀고 당기기 식의 패턴을 눈치 채는 순간 그 관계를 끝낸다. 그들은 이러한 수준의 낭만적 불안정성 또는 감정적 불안정성을 원하지도 않고 감당하기도 힘들어 한다. 그렇기 때문에 경계선/자기애적 성격장애자는 대개 관계를 오래 지속시키지 못하는 패턴을 보인다. 그러나 경계선/자기애적 성격장애자가 보호자를 만나면 얘기가 달라진다. 보호자는 경계선/자기애적 성격장애자가 연주하는 장단에 박자를 맞춰준다. 경계선/자기애적 성격장애자가 보호자와 가까워졌다가 갑작스럽게 보호자를 밀어내면, 보호자는 그에 대한 적당한 죄책감과 책임감을 통감함으로써 가까스로 관계를 유지시킨다.

보호자는 경계선/자기애적 성격장애자를 저버리는 것을 극도로 어려워한다. 보호자는 감정적 상처로 고통받는 사람을 구해야 한다는 소명의식과 비슷한 것을 느낀다. 그것은 옳은 일이고 따뜻한 일이기는 하지만 일단 관계가 시작되고 나면 보호자는 경계선/자기애적 성격장애자에게 충격을 주지 않고 떠날 수 있는 방법을 찾지 못하고 그 관계 속에 갇히게 될 것이다. 당신이 경계선/자기애적 성격장애자의 보호자라면 이러한 '친밀감과 적대감 사이의' 줄다리기가 낯설거나 기괴한 것처럼 보이지는 않을 것이다. 당신은 경계선/자기애적 성격장애자를 돌보고, 구하고, 보호하고, 책임져야 한다는 요구를 느끼며 그로 인해 그 관계에 더 깊이 빠져들게 된다.

보호자의 관계 지속성

보호자는 모든 것에 책임을 지려고 하는 성향을 갖고 있다. 당신은 가족들 사이에서 평화를 일구고, 진정시키고, 중재하는 역할을 해왔을지도 모르겠다. 역기능적 감정 폭발을 당하는 가족들 사이에서 차분한 분위기를 만들거나, 강한 충돌을 무마시키거나, 경계선/자기애적 성격장애자의 고통을 동정하는 행위들은 뭔가를 기여했다는 느낌이나 자신이 가치 있다는 느낌을 얻는 방식일 수도 있다. 경계선/자기애적 성격장애자처럼 당신은 성장 과정에서 충분한 관심 또는 인정을 받지 못했을지도 모른다. 아니면 당신에게는 자신의 욕구나 욕망을 포기했을 때 보상을 받은 경험이 있을지도 모른다.

당신은 꽤 낮은 자존감을 갖고 있을 수도 있다. 또는 받는 것보다는 주었을 때 자신이 강해지는 것을 느꼈을 수도 있다. 어쩌면 당신의 가족은 매우 감정적이었을는지도 모른다. 그랬다면 그런 가족들 사이에서 당신은 감정을 진정시키는 방법을 터득했을 수도 있다. 아니면 반대로, 당신의 가족은 감정을 한 번도 공유하거나 표출해 본 적이 없을 수도 있다. 그랬다면 당신은 감정을 밖으로 드러내는 것에 목말라 있을 것이다.

당신은 경계선/자기애적 성격장애자인 부모나 형제자매가 있는 기능장애 가정에서 자랐을 가능성이 매우 높다. 아니면 가족 바깥에서 경계선/자기애적 성격장애자와 관계를 맺어본 경험이 있을지도 모른다.

당신은 우울해하고 지나치게 불안해하고 어떤 면에서는 자기밖에 모르는 성인을 돌봐야 하는 가정환경에서 자랐을 수도 있다. 당신은 정상적인 수준보다 더 높은 공감능력이나 동정심을 갖고 있는 사람일 수 있다.

당신은 어렸을 때 자신의 얘기를 진정으로 들어준 사람이 없었다거나 누군가와 감정적으로 연결된 적이 없었다고 느낄 수도 있다. 고로 이제는 누군가와 찐하게 얽히고 싶다는 강렬한 욕구를 느낄 수도 있다. 보호자라는 역할을 갖게 된 데에는 이렇게 수많은 다른 배경들이 있을 수 있다. 그러나 모든 보호자에게는 공통점이 있다. 그것은 바로 타인을 돌보고 싶은 욕구, 자신의 모든 욕구를 기꺼이 내려놓으려는 마음, 놀라운 적응력, 다른 사람을 능숙하게 진정시키는 기술, 많은 죄책감과 책임감, 충돌을 매우 싫어하는 성향을 보인다는 것이다.

마지막으로 보호자는 이유가 뭐가 됐든 경계선/자기애적 성격장애자와 관계를 기꺼이 지속하려고 한다.

경계선/자기애적 성격장애자는 왜 보호자를 필요로 할까

경계선/자기애적 성격장애자는 겉모습은 어른처럼 보여도 스스로를 돌보지 못한다. 때문에 그들의 보호자가 된다는 것은 전일제 무급으로 일하는 임상의가 되는 것이나 다름없다.

경계선/자기애적 성격장애자는 당신이 자신을 보살펴주고, 자신의 말을 들어주고, 자신에게 관심과 애정을 주고, 부정적 감정들을 대신 떠맡아 주고, 세상을 더 이상 무섭지 않게 만들어주기를 원한다.

즉 경계선/자기애적 성격장애자는 보호자가 자신과 똑같은 것을 생각하고, 느끼고, 요구하고, 원하기를 바란다. 그리고 궁극적으로는 서로의 감정과 정신을 하나로 합치고자 한다. 이것은 두 사람이 한 사람이 된다는 느낌을 만들어낸다. 그렇게 되면 경계선/자기애적 성격장애자는 더 이상 버림받을까 봐 두려워하지 않아도 된다.

경계선/자기애적 성격장애자는 자기 소멸에 대한 두려움으로부터 벗어나고자 보호자를 자신과 완전히 결합시켜 완벽한 하나가 되고자 한다. 이로 인해 보호자의 성격은 시간이 지남에 따라 점차 경계선/자기애적 성격장애자의 성격에 용해되어 없어져버릴 위험에 처한다.

그 결과 보호자의 우울, 불안, 좌절, 혼란, 죄책감, 낮은 자존감, 심지어 신체적인 스트레스 증상이 점점 심각해질 수 있다. 보호자에게 가장 힘든 부분은 경계선/자기애적 성격장애자가 극도로 강렬한 자신의 부정적 감정들, 즉 화와 불안으로 점철된 감정들을 보호자에게 필사적으로 맡기고 싶어 한다는 점이다.

경계선/자기애적 성격장애자는 독특한 방식으로 세계를 '바라봄'으로써 세상을 보다 안전한 곳, 덜 혼란스러운 곳으로 인식하려고 한다. 이것을 분열(splitting)이라고 한다. 분열이란 세상, 즉 모든 사건들, 사람들, 감정들을 선악으로 구별하는 하나의 방어 기제이다. 경계선/자기애적 성격장애자는 기분을 좋게 만들기 위해 좋은 감정만 남겨두려고 안간힘을 쓴다. 그들은 그렇게 남긴 좋은 감정들과 자기 자신을 동일시한다.

경계선/자기애적 성격장애자는 나쁜 감정을 느낄 때마다 그 나쁜 감정에 심하게 겁을 먹고 그것에 압도당할까 봐 두려워한다. 따라서 경계선/자기애적 성격장애자는 그러한 나쁜 감정을 제거하고자 그 감정이 일어난 원인을 다른 사람 또는 외부 대상의 탓으로 돌리고 책임을 전가한다.

경계선/자기애적 성격장애자는 보호자가 이러한 나쁜 감정들을 대신 맡아서 처리해 주기를 바란다.

보호자라는 역할과 가족 유지

경계선/자기애적 성격장애자가 지배하는 가족은 경계선/자기애적 성격장애자를 보호하는 데 적합한 형태로 재설계된다. 이때 나머지 가족 구성원들의 요구는 고려되지 않는다. 가족들은 경계선/자기애적 성격장애자의 요구와 필요에 져주는 법을 배워야 한다. 그렇지 않을 경우 가족들은 짜증과 난동, 무시와 거부, 감정적인 공격과 심지어 물리적인 공격이라는 대가를 치르게 될 것이다.

경계선/자기애적 성격장애자의 행동 패턴은 혼란스럽고, 일관성이 부족하며, 예측이 불가능하다. 가족들은 경계선/자기애적 성격장애자의 이러한 충동적 행동, 망상, 무리한 요구에 잘 대처해야 한다. 때문에 가족 내의 모든 규칙과 역할은 경계선/자기애적 성격장애자의 삶 및 일상적인 상호작용을 편안하게 만드는 데 적합한 방향으로 설정된다. 따라서 가족들은 그가 느끼는 모든 불안과 압박을 없애기 위한 규칙과 역할을 마련한다. 이것은 일상의 평범한 의무들과 책임들을 도맡아 처리할 사람이 있어야 한다는 것을 의미한다. 그 사람은 아이를 돌보고, 요리를 하고, 청소를 하고, 물건을 고치는 자질구레한 집안일들을 모두 혼자서 해내야 한다.

뭔가가 잘못되었을 때는 책임지고 수습해야 한다. 또한 경계선/자기애적 성격장애자가 무엇을 원하든 간에 그것에 대한 계획을 짜고, 조직하고, 완수하는 일도 해야 한다. 날아온 청구서를 제때 납부하고, 경계선/자기애적 성격장애자를 불안하게 하고 언짢게 할 수 있는 모든 일들을 예측하고, 그것들을 확실히 피해갈 수 있도록 대비해야 한다. 사람들은 보호자의 역할을 맡을 때 보통 이런 생각을 한다.

경계선/자기애적 성격장애자가 스트레스를 덜 받고, 성숙해지는 법을 배우고, 당장의 문제를 해결하고, 상대방이 필요로 하는 것을 이해하고, 새로운 직업을 갖고, 자신이 얼마나 못되게 굴고 있는지를 깨닫기 전까지만 보호자의 역할을 맡으면 될 것이라고 말이다. 명심해야 한다. 당신이 보호자라는 역할에서 스스로 벗어나야겠다고 생각하기 전까지 그 역할을 계속 맡고 안 맡고는 전적으로 당신에게 달린 문제이다.

경계선/자기애적 성격장애자는 당신의 보살핌을 받는 한 절대 당신이 원하는 대로 바뀌지 않을 것이다. 그들이 무엇 때문에 변하려고 하겠는가? 그들이 왜 변하려 하겠는가? 당신이 그들이 원하는 모든 것을 기꺼이 해주는데 말이다. 상황이 그러한데 그들이 왜 스스로를 바꾸려고 하겠는가?

드라마 삼각관계

스테판 카프만(Stephen Karpman)은 이러한 기능 장애 관계의 패턴들이 실질적인 역할로 자리 잡게 되는 과정을 드라마 삼각관계(Drama Triangle)라는 도식으로 설명했다. 드라마의 지배를 받는 불평등한 관계에서는 박해자와 구조자, 희생자라는 역할을 맡는 사람이 항상 있다. 그러한 역할들은 관계가 건강하고, 행복하고, 편안한 방식으로 성숙해지거나 그렇게 구실하지 못하도록 방해한다.

경계선/자기애적 성격장애자, 보호자는 보통 각자의 엄격한 자기 보상적/자기 처벌적 역할에 갇혀 있으며 다른 가능성을 보지 못한다. 박해자는 '모두 다 네 잘못이야.'라는 식의 태도를 보인다. 박해자는 오직 희생자를 탓하고, 비판하고, 화내고, 혹독한 요구를 하고, 엄격한 규칙을 적용하고, 기대를 품는다. 희생자는 '내가 참 한심스럽다.'라는 식의 태도를 갖고 있다. 이 역할을 맡은 사람은 희망을 잃어버리고, 무력함에 빠져 있으며, 도무지 방법이 없다고 생각한다. 희생자는 결정을 내리거나, 조치를 취하거나, 문제를 해결하려고 하지 않는다. 희생자는 지금 무슨 일이 일어나고 있는지, 어떻게 상황을 해결할 수 있는지 알아보려고 하지 않는다. 때문에 희생자는 그 어느 것도 책임지지 않아도 된다.

구조자는 '돕는 것'을 자신의 일이라고 여긴다. 자신이 실제로 그것을 원하는지 그렇지 않은지는 상관없다. 구조자는 희생자처럼 행동하는 사람을 보면 무조건 그 사람을 보호하고 보살펴야 한다는 욕구를 느낀다. 그러한 욕구는 외적 및 내적 죄책감에 의해 만들어지고 강화된다. 구조자는 희생자를 계속 자신에게 의존하게 만들고 희생자가 실패했을 때 그에 대한 변명거리를 제공해 준다. 이 세 가지 역할들은 그림 2.1에 그려진 것처럼 서로를 공조한다.

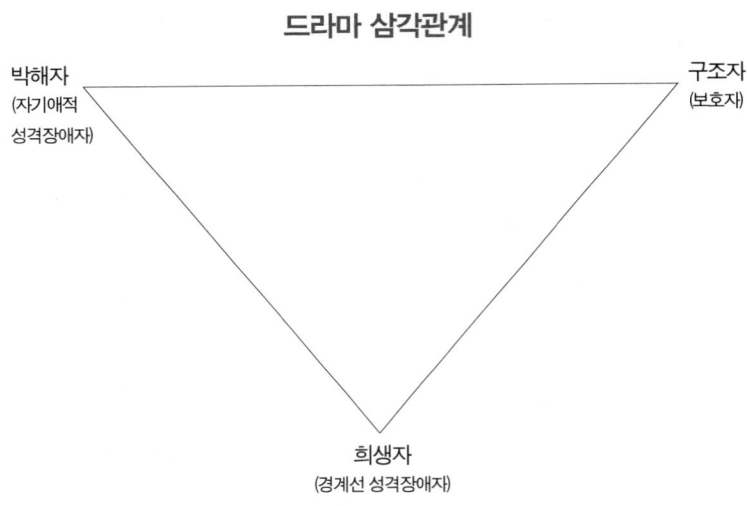

그림 2.1 각각의 역할들이 서로를 공조하는 드라마 삼각관계

가족 중에 이러한 역할을 하고 있는 세 사람, 예를 들면 아빠, 엄마, 아이가 실제로 있을 수도 있다. 하지만 대개는 두 사람이 세 개의 역할을 왔다 갔다 하는 경우가 많다. 보호자, 경계선 성격장애자, 자기애적 성격장애자는 위에서 말했던 것처럼 자신들이 선호하는 역할이 있다. 이들은 암묵적인 합의하에서 이러한 역할들을 수행한다.

- 박해자와 구조자는 다음에 합의한다 : "당신은 나 없이 잘살 수 없어."
- 희생자와 구조자는 다음에 합의한다 : "우리는 특별한 연결 고리를 통해 이어져 있어."
- 박해자와 희생자는 다음에 합의한다 : "당신이 내가 원하는 존재가 되어준다면 나는 당신을 사랑할 거야."

우리는 이제 이러한 역할들의 삼각관계와 비밀스러운 합의 내용에 대해 알게 되었다. 이로써 우리는 경계선 성격장애자, 자기애적 성격장애자, 보호자가 왜 서로를 양립가능한 관계라고 생각하는지, 이들이 어떻게 상대로 하여금 제 역할을 계속 수행하게 만드는지 보다 쉽게 이해할 수 있다. 이러한 역할 수행은 끊임없이 계속된다. 이러한 드라마 삼각관계의 문제는 자신의 역할이 불편해졌을 때 선택할 수 있는 역할이 나머지 두 역할밖에 없다는 점이다.

경계선/자기애적 성격장애자가 지배하는 가족의 규칙들은 매우 엄격하고 혹독하다. 가족들 중 한 사람이 보호자가 되기로 했을 때는 그러한 역학 관계 규칙을 따르게 된다. 드라마가 만들어지는 가장 큰 계기는 경계선 성격장애자나 자기애적 성격장애자 또는 보호자가 자신의 역할에 싫증났을 때이다. 시간이 지남에 따라 사람들이 맡은 역할에 지루해하고 불만을 품게 되리란 것은 불을 보듯 뻔한 결말이다. 달리 선택할 수 있는 역할이 두 가지밖에 없을 때 결과를 예측하기란 쉽다. 결과가 예측 가능하다는 점은 이 드라마 게임에 참여하는 이들에게 매우 중요한 사실이다. 어떠한 결과가 있을 수 있는지 살펴보자.

구조자 역할을 맡은 보호자가 경계선 성격장애자 또는 자기애적 성격장애자를 보살피고 문제를 해결하는 일에 싫증이 났을 때, 보호자에게는 두 가지 선택지만 남는다. 어떤 감정이 더 우세하느냐에 따라 선택이 이루어진다. 보호자가 인정받지 못하고 있다는 생각 또는 이용당했다는 생각 때문에 보호자 역할을 그만두고 싶어 할 경우, 보호자는 구조자에서 희생자로 변한다. 그렇지 않고 보호자가 불만을 품거나, 화가 나거나, 탓할 사람이 필요하거나, 누군가를 변화시키고 싶어 할 경우 보호자는 박해자의 역할을 선택한다(그림 2.2 참고).

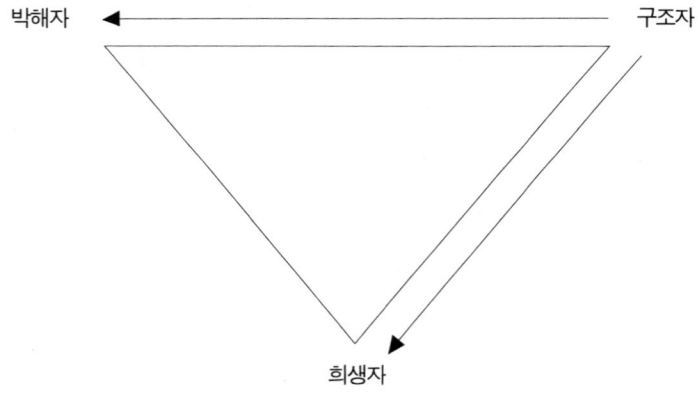

그림 2.2 박해자 또는 희생자로 변하는 구조자를 나타낸 드라마 삼각관계

박해자의 눈에 구조자가 자신의 역할을 버리고 희생자가 되려고 하는 것으로 보이면 박해자는 자신이 그동안 구조자를 너무 몰아세우고 지나치게 탓한 것 때문에 삼각관계의 균형이 무너질 수도 있다고 생각하게 된다.

이때 박해자는 희생자가 된 구조자를 돕는 구조자가 되는 것이 가장 안전하다고 느낀다.

박해자에게는 희생자가 된 구조자를 본래의 역할로 되돌릴 수 있을만한 충분한 힘과 결단력이 있다. 그러나 드물게 박해자가 인정받지 못하고 있다고 느낄 때, 혹은 감정적으로나 신체적으로 완전히 바닥난 것 같은 느낌을 받을 때, 버림당하는 것을 바랄 때가 있다. 그럴 때 박해자는 아주 일시적으로나마 희생자의 역할을 하려고 한다. 박해자가 희생자가 되면 배우자는 그에 영향을 받아 다시 구조자의 역할로 돌아간다.(그림 2.3 참고.)

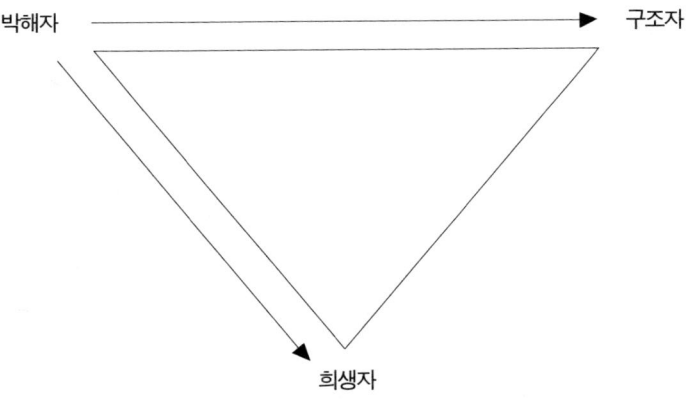

그림 2.3 구조자 또는 희생자로 변하는 박해자를 나타낸 드라마 삼각관계

마찬가지로 희생자도 희생자 말고는 선택할 수 있는 역할이 두 가지 밖에 없다.

희생자 역할을 하는 사람은 아무런 힘이 없는 자신에게 너무 화가 날 수 있고 좌절할 수도 있다. 그렇게 되면 희생자는 남을 탓하고, 괴롭히고, 힘들게 하는 박해자가 된다. 그러나 희생자 역할을 했던 사람들은 대개 박해자의 역할을 오랫동안 유지할 수 있는 충분한 에너지를 갖고 있지 않다. 보통 희생자는 아주 완고한 고집불통으로 변한다. 희생자는 희생자와 박해자를 결합한 사람, 즉 수동적 공격성을 보이는 사람으로 변한다.(그림 2.4 참고.) 이 또한 대개 일시적인 현상에 그친다. 보통은 구조자가 돌보기를 포기했을 때 희생자는 곧 버림을 당할 수 있다는 두려움과 압박을 느끼고 수동적 공격성을 보이는 상태로 변한다.

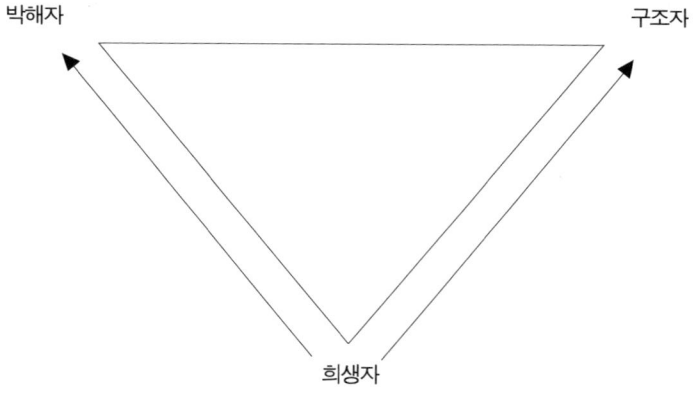

그림 2.4 박해자 또는 구조자로 변하는 희생자를 나타낸 드라마 삼각관계

경계선 성격장애자, 자기애적 성격장애자, 보호자의 관계에서 선택할 수 있는 역할이 세 가지밖에 없다는 것, 게다가 그 역할들이 모두 기능

장애를 기반으로 한다는 것은 매우 심각한 문제가 될 수 있다. 이제 누군가를 보호자로 만드는 것이 경계선/자기애적 성격장애자에게 왜 그렇게 꼭 필요한 일인지가 확실하게 설명된다. 박해자 역할을 원하는 자기애적 성격장애자 두 명은 서로 주도권을 잡기 위해 끊임없이 싸운다. 경계선 성격장애자가 두 명 있으면 그들은 서로 더 불쌍한 희생자가 되려고 경쟁한다. 그렇게 되면 책임을 지는 사람이 아무도 없게 된다.

자기애적 성격장애자와 경계선 성격장애자가 만났을 때는 자기애적 성격장애자가 구조자가 되고 경계선 성격장애자가 희생자가 되면 잠시나마 서로에게 좋은 상대가 될 수 있다. 그러나 자기애적 성격장애자는 얼마 못 가 구조자 역할에 지칠 것이고 박해자로 되돌아갈 것이다. 박해자를 상대하는 경계선 성격장애자는 얼마 못 가 감정적으로 무너질 것이다. 박해자와 희생자의 관계는 분노, 싸움, 히스테리, 자살 위협, 가정학대를 더욱 악화시키기만 할 뿐이다.

이 둘의 관계는 너무 불안정하기 때문에 유지되기가 어렵다. 드라마 삼각관계의 균형을 유지하려면 구조자 역할을 하는 사람이 반드시 필요하다. 이것은 경계선/자기애적 성격장애자 모두에게 왜 보호자가 필요한지를 보다 명백하게 설명한다.

보호자는 구조자의 역할을 함으로써 관계를 계속 굴러가게 만든다. 당신이 보호자라면 당신은 이 세 가지 역할들 중에 어떤 역할에도 비교적 쉽고 빠르게 적응할 수 있다. 반면 경계선/자기애적 성격장애자는 자신이 선호하는 역할을 고수하려고 한다. 즉 여기에는 보호자가 드라마 삼각관계의 균형을 유지시킨다는 불쾌한 진실이 담겨 있다. 나중의 장들에서 보게 되겠지만 보호자는 경계선/자기애적 성격장애자의 관계에서 항상 주요 원동력이 된다.

보호자는 경계선/자기애적 성격장애자에 대한 적응이 빠르고, 그들을 능숙하게 다룰 줄 알며, 그들을 진정시키는 방법을 잘 안다. 그리고 죄책감 때문에 그들을 떠나지도 못한다. 따라서 경계선/자기애적 성격장애자는 친밀함과 적대감 사이를 오가는 줄다리기를 하기 위해, 그리고 드라마 삼각관계를 기반으로 한 상호보완적 역할극을 계속 하기 위해 보호자를 배우자로 선호하고 필요로 한다. 다음의 장들에서는 보호자의 역할에 대해 살펴보고 어쩌다 당신이 그 역할에서 벗어나지 못하게 되었는지에 대해 알아볼 것이다. 또한 우리는 당신이 경계선/자기애적 성격장애자의 관계에서 기능하는 방식을 바꿀 수 있는 방법들을 찾아보고 당신이 그 역할에서 벗어날 수 있도록 도울 것이다.

제3장

성격장애자와 보호자

　경계선/자기애적 성격장애자가 있는 가족은 적어도 한 명의 보호자를 갖고 있다.
　보호자는 가족 내에서 주로 구조자의 역할을 수행한다. 공감력이 지나치게 높고, 자기희생적이고, 잘난 체하지 않고, 정중하고, 자기 자신의 욕구보다 타인의 욕구를 우선시하고, 충돌을 불편해하고, 관대하고, 완벽주의적 성향이 있는 사람들이 다른 사람들에 비해 쉽게 보호자가 되는 경향이 있다. 보통은 스스로 원해서, 또는 속임을 당하거나 강압에 의해서, 의무감이나 죄책감을 느껴서, 경계선/자기애적 성격장애자를 고쳐주고 싶거나 '도와'주고 싶어서 보호자가 된다. 오랫동안 보호자의 역할에서 벗어나지 못하는 사람들은 보통 경계선/자기애적 성격장애자가 지배하는 가정환경에서 자란 경험을 갖고 있다. 만약 당신의 부모나 형제자매가 경계선/자기애적 성격장애자였고 그로 인해 당신이 어렸을 때부터 보호자의 역할을 해야 했다면 당신은 경계선/자기애적 성격장애자를 배우자로 선택할 가능성이 높다. 그들이 당신에게 친숙하고 편한 사람처럼 보이기 때문이다.

보호자가 하는 일

경계선 성격장애자와 보호자의 관계에서는 경계선 성격장애자의 기분을 좋게 만들기 위해서 할 수 있는 모든 일을 다 하고 그의 감정적인 욕구를 보살피는 것이 보호자의 일이다. 당신은 아마 경계선 성격장애자가 안전하다는 느낌을 가질 수 있도록 도울 것이다. 당신은 그 사람이 타인에게 보인 적대적인 행동으로 인해 일어날 수 있는 안 좋은 결과들로부터 그 사람을 보호할 것이다. 당신은 그를 언짢게 만들 수 있는 무언가가 그의 삶에 절대 끼어들지 않도록 할 것이다. 당신은 가족과 관련된 책임들을 떠맡을 것이고, 그를 위해 해명을 할 것이다. 당신은 사회가 그를 잘 받아들이는 것처럼 보이게 만들기 위해 뻔히 보이는 거짓말을 해서라도 그를 옹호할 것이다.

보호자가 자기애적 성격장애자를 위해 하는 일도 경계선 성격장애자에게 해주는 일과 별로 다르지 않다. 다른 점이 있다면 이번에 보호자는 자기애적 성격장애자가 옳다는 말을 끊임없이 해줘야 한다는 것이다. 또한 당신은 항상 자기애적 성격장애자에게 선택권을 줘야 한다.

당신은 공공장소에서 절대 자기애적 성격장애자보다 빛나거나 그가 받아야 할 관심을 가로채지 말아야 한다. 당신은 절대 자기애적 성격장애자가 불편함이나 황당함을 느낄 수 있는 행위를 하거나 옷을 입지 말아야 한다. 자기애적 성격장애자의 보호자는 완벽에 가까운 사람으로 보여서는 절대 안 된다. 언제나 자기애적 성격장애자가 돋보여야 하기 때문이다. 물론 이 모든 일들은 한 사람이 감당하기에는 엄청난 것들이다. 경계선/자기애적 성격장애자를 모두 가족으로 둔 사람은 이중의 고통을 겪고 있을 것이다. 그들은 경계선/자기애적 성격장애자 사이를 줄타기하며 살고 있을 것이다.

보호자는 경계선/자기애적 성격장애자를 대하면서 그들의 융통성 없는 행동들과 사고방식들을 저절로 습득하게 된다. 그럼에도 불구하고 보호자는 경계선/자기애적 성격장애자와 달리 친구들, 직장과 같은 사회적 상황에서 잘 적응하고 꽤 적절하게 처신하는 것으로 보인다.

보호자는 여러 종류의 상황에서 생기는 서로 다른 기대들을 충족시킬 수 있는 각각의 방법들을 사용해서 타인과 원활하게 상호작용할 수 있는 능력을 갖고 있다. 반면 경계선/자기애적 성격장애자는 보호자처럼 할 수 없는 것으로 보인다. 특히 불안 요소가 조금이라도 있는 상황에서는 더욱 그렇다. 그것은 보호자가 된 사람이 경계선/자기애적 성격장애자와 같은 유전적 구성 요소들을 공유하지 않기 때문일 수도 있다. 어쨌든 보호자는 어느 시점에서 경계선/자기애적 성격장애자의 혼란스러운 생각들, 복잡하게 꼬인 감정들, 행동들과 상호작용을 하는 법을 터득하게 된다. 보호자가 자기애적 성격장애자에 적응한다는 것은 다시 말해

서로의 기능 장애를 유지시키고 발전시키는 관계가 형성되었다는 것을 의미한다.

당신이 보호자라면 경계선/자기애적 성격장애자를 돌보고 기쁘게 하는 것이 당신의 최우선 과제일 것이다. 그러기 위해서는 자신의 욕구들을 무시해야 하고, 긴장으로 가득 찬 혼돈 상황에 적응해야 하고, 경계선/자기애적 성격장애자의 감정적인 반응을 면밀하게 주시해야 한다. 당신은 경계선/자기애적 성격장애자가 하지 않으려는 일이나 할 수 없는 일을 전부 대신해 준다.

당신은 그가 무엇을 원하든 간에 그것을 들어준다. 뿐만 아니라 당신은 가족이 동네 사람들에게 어떻게 비쳐지는지 주시한다. 보호자는 도전적인 역할이긴 하지만 가족의 평화와 원활한 일상을 지켜내는 본인의 능력과 기술에 대한 뿌듯함을 안겨주기도 한다. 또한 보호자는 이러한 중개 기술과 돌보기 기술을 직업 세계에 효과적으로 적용시키는 방법들을 터득했을 수도 있다. 많은 보호자들이 자신의 기술을 알아봐주고 매우 필요로 하는 직업, 즉 교사, 간호사, 상담사, 매니저를 택한다.

돌보기와 상호의존의 다른 점

돌보기는 상호의존과 매우 비슷하게 생각될 수 있다. 상호의존은 한 사람의 인생 전반, 예를 들어 직장, 교우 관계, 학교, 부모 역할, 친밀한 관계 등에 포괄적으로 적용될 수 있는 성격적 특성들의 집합을 말한다. 상호의존적인 행동들은 보호자의 행동들과 꽤 비슷하게 묘사되기도 한다. 하지만 보호자는 대개 가족 내에서만 그리고 주로 경계선/자기애적 성격장애자와의 관계에서만 돌봄의 역할을 수행한다.

보호자가 경계선/자기애적 성격장애자의 영향력 밖에 있을 때는 매우 독립적이고, 판단력이 뛰어나고, 유능하고, 혼자서도 일을 척척 해내곤 한다. 어떻게 보면 보호자는 서로 다른 두 종류의 행동들, 규칙들, 기대들을 가지고 서로 다른 두 세계를 산다고 말할 수도 있다. 그들에게는 경계선/자기애적 성격장애자와 함께하는 세계 하나와 그 외의 다른 모든 사람들과 관련된 또 다른 세계가 있는 것이다. 보호자는 타인에게 자신의 역할을 숨길 수도 있다. 또한 보호자는 마치 아동 학대의 희생자가 형제자매의 학대를 막으려고 애쓰는 것처럼 다른 가족 구성원에게 보호자의 역할이 전가되지 않도록 노력한다.

왜 그리고 어떻게 보호자가 되는 법을 배웠을까

보호자는 경계선/자기애적 성격장애자의 욕구들에 대한 높은 통찰력을 가져야 한다. 보호자는 그들이 원하는 왜곡되고 모순된 규칙들을 충분히 이해할 수 있어야 한다. 보호자는 가족들 사이에서 순식간에 바뀌는 감정들과 뉘앙스들을 추적할 수 있을 만큼의 뛰어난 관찰력을 길러야 한다. 보호자는 그들을 진정시킬 수 있는 방법들을 찾아낼 수 있을 정도의 창의력을 갖춰야 한다. 그러면서도 동시에 보호자는 자신이 더 나은 대접과 배려를 받아야 한다는 생각이나 준 만큼 되돌려 받아야 한다는 생각을 하지 않을 정도로 자존심을 낮출 수 있어야 한다.

당신이 보호자가 되면 당신은 경계선/자기애적 성격장애자가 항상 안전하다는 느낌, 사랑받는다는 느낌을 가질 수 있게 보살피는 역할을 하게 된다. 또한 경계선/자기애적 성격장애자가 보다 적절하게 행동할 수 있도록 그들을 '가르치는 것', 그들의 '상태가 호전될' 수 있도록 돕는 것도 당신의 일이라고 느끼게 된다. 보호자라는 역할은 복합적인 배경에서 만들어진다.

우선 비일관성과 계산된 강화 행동을 보이는 경계선/자기애적 성격장애자가 있다. 그 다음으로 기본적인 물리적 · 재정적 욕구가 충족되지 않는 비체계적이고 혼돈스러운 가정환경이 존재한다. 그리고 보호자 역할을 하게 될 당신은 깊은 동정심과 부교감신경 반응을 보여야 하며 특정한 감정들(두려움, 의무감, 죄책감)에 이끌리는 성격을 갖추어야 한다.

또한 보호자는 보통 사람보다 타인에게 감정적으로 과도하게 반응한다. 보호자는 타고날 때부터 또는 후천적으로 타인의 고통에 반응하고 그 고통을 돌봐야 할 책임이 자신에게 있다고 느낀다. 보호자는 자신의 요구와 필요를 유보하고 타인을 돕거나 기쁘게 하는 일을 우선시한다. 보호자는 자신이 감당하기 어려운 상황에 처해 있다고 생각하고는 한다. 보호자는 희망이나 방법이 없다고 느끼는 경향이 있고 분노를 느끼거나 표출하는 것을 매우 싫어한다. 보호자는 특히 두려움, 의무감, 죄책감에 잘 휘둘리는데 이때 그 감정들이 자신의 것인지 아니면 타인의 것인지는 상관이 없다.

경계선/자기애적 성격장애자는 어떻게 보호자 역할을 계속하게 만들까

◈ 두려움, 의무감, 죄책감

크래거(Kreger)와 셜리(Shirley)는 『더 이상 계란 위를 걷듯 불안하게 살지 마라(Stop on Eggshells Workbook)』에서 경계선/자기애적 성격장애자가 현실을 제대로 볼 수 없는 '안개' 속에 상대방을 가두기 위해 어떻게 두려움, 의무감, 죄책감을 이용하는지 썼다. 이 안개로 인해 상대방은 일련의 망상들에 빠진다. 그 결과 상대방은 경계선/자기애적 성격장애자의 삶을 더 낫게 만드는 보호자의 역할에 갇히게 된다.

두려움은 경계선/자기애적 성격장애자가 언제 상냥하게 굴지, 언제 다정할지, 언제 무리한 요구를 할지, 언제 진실할지, 언제 비판할지, 언제 발광을 할지 예측할 수 없을 때 생긴다. 안타깝게도 경계선/자기애적 성격장애자의 감정적 반응은 대개 종잡을 수가 없다. 보호자는 경계선/자기애적 성격장애자로부터 예측 가능한 반응을 얻고자 자신의 행동을 통제하는데 심혈을 기울인다. 그렇지만 대개는 별로 성공을 거두지 못하고 끝난다. 경계선/자기애적 성격장애자의 감정은 보호자는 물론 스스로도 예측이 불가능하다.

경계선/자기애적 성격장애자가 하는 행동의 대부분은 당시에 스쳐 지나가는 감정에 의해 촉발된 것이다. 당시 옆에 있었던 보호자나 외적인 상황과는 거의 관련이 없다. 일반 사람들로서는 그들의 이러한 행동을 이해하는 것이 쉽지 않다. 예를 들어 경계선/자기애적 성격장애자는 사랑하는 사람에게 특정한 행동을 하거나 특정한 말을 해달라고 요구할 때가 많다. 당신이 그가 원하는 대로 행동하지 않거나 말하지 않을 경우 또는 그들이 금지한 주제로 잘못 들어설 경우, 그는 당신이 이제껏 해왔던 긍정적인 시도들을 무시해버리고 폭발할지도 모른다. 아니면 아예 입을 다물고 자신의 모습을 보이지 않을 수도 있다.

다음은 바바라(Barbara)의 사례이다.

"언젠가 우리 집에 손님이 오기로 한 적이 있어요. 그래서 저는 엄마에게 물었어요. '집을 치워야 되나요?' 정말 그건 순수하게 물어본 거였어요. 그런데 엄마는 제가 엄마를 비난한 것처럼 받아들이셨죠. 엄마는 저를 철썩 때리고는 일주일 동안 저에게 말 한 마디 하지 않았어요. 엄마는 침실에서 식사를 하셨어요. 결국 아빠가 저에게 말했어요. '엄마한테 사과하는 게 좋겠구나.' 속으로는 정말 억울하다고 생각했지만 엄마한테 가서 '죄송해요.'라고 말했어요. 저는 사실 잘못한 게 없다고 생각했기 때문에 무엇이 죄송한지는 말하지 않았어요. 그런데 엄마의 얼굴에 순식간에 미소가 번졌고 엄마는 저를 다시 잘 대해 주셨어요. 그 이후로 우리 둘 다 그때 일에 대해서는 절대로 얘기하지를 않아요."

일부 경계선/자기애적 성격장애자는 갑자기 물리적인 폭력을 휘두르기도 한다. 하지만 물리적인 폭력이 존재하지 않는 가족의 경우에도 그가 언제 갑자기 증오, 분노, 짜증 섞인 행동을 터뜨릴지 모른다는 두려움이 항상 깔려 있다. 경계선/자기애적 성격장애자의 자녀와 배우자는 불쑥 집에 손님을 초대해서는 안 된다는 사실을 알게 된다. 그가 그날 기분이 어떨지, 어떻게 행동할지 절대 알 수 없기 때문이다. 사실 사전에 계획하는 것도 소용이 없을 수 있다.

경계선/자기애적 성격장애자는 그전까지 내내 기분이 좋다가 정작 그 순간에 느닷없이 광분할 수도 있기 때문이다.

아이린(Irene)은 다음과 같은 이야기를 들려주었다.

"제 남편은 직장에서 열리는 사교 파티에 저를 세 번 정도 초대했어요. 우리는 애들을 맡길 사람도 구해야 했고, 자리의 성격에 맞게 옷도 갖춰 입어야 했고, 또 시내를 운전해서 가야 했죠. 저는 지금도 그이가 그때 왜 그렇게 폭발했는지 모르겠어요. 그렇지만 매번 파티장으로 가는 도중에 그는 싸움을 걸었고 마지막에는 차에서 내려서 집에 걸어가 버렸어요. 저는 그때마다 남편의 행동에 깜짝 놀랐고 상처를 받았죠. 어떻게 해야 할지 몰랐어요. 너무 섭섭하고 서운했죠. 나

중에서야 저는 그 미친 짓거리를 다시 겪지 않으려면 남편이 회사 행사에 초대했을 때 가지 않겠다고 말해야 한다는 사실을 알게 됐죠."

두려움은 경계선/자기애적 성격장애자가 있는 가족의 영원한 동반자이다. 가족들은 갑작스러운 분노, 차가운 냉대와 피하기, 불합리한 요구, 이해하기 힘든 논리를 경험하면서 여러 가지를 배운다. 그들은 항상 경계해야 한다는 것, 그 어떤 계획에도 의존해서는 안 된다는 것, 모든 행동, 말, 몸짓, 표정을 주의 깊게 관찰해야 한다는 것을 알게 된다. 자연스럽게 가족들은 경계선/자기애적 성격장애자를 반드시 기쁘게 만들어야 한다는 '생존적' 욕구를 갖게 된다. 그리고 그들의 분노, 상처, 적대심에 대한 책임이 자신에게 있다는 생각을 하게 된다.

의무감은 두려움이 야기한 고통과 번뇌에 휩싸인 경계선 성격장애자의 모습에 당신의 가슴이 움직일 때 작동하기 시작한다.

자기애적 성격장애자와 보호자의 관계에서는 자기애적 성격장애자가 부정적인 감정의 원인을 보호자에게 돌린다. 그럼 보호자는 잘못된 것을 바로 잡아야 한다고 생각하게 된다. 이때 보호자의 의무감이 작동하기 시작한다. 보호자인 당신은 경계선/자기애적 성격장애자의 요구를 들어주게 된다. 당신은 이 관계가 변화되려면 당신이 먼저 그 변화를 만들어내야 한다는 사실을 이해한다.

보호자는 경계선/자기애적 성격장애자의 상태가 언젠가는 나아질 것이라는 희망을 잃지 않는다. 그리고 상황을 개선하기 위해 무려 수년에 걸쳐 노력할 수도 있다. 그러나 경계선/자기애적 성격장애자가 나아지는 경우는 드물다. 그럴수록 보호자는 건강한 가정생활을 유지해야 한다는 의무감을 더 크게 느끼고 바로잡으려고 더 열심히 노력한다.

경계선/자기애적 성격장애자는 어떤 상황에서는 꽤 적절하게 행동하기도 한다. 경계선/자기애적 성격장애자는 집에 있을 때나 사적인 관계에서는 안 좋은 행동을 보일 때가 많다. 그들은 당신이 이해할 수 없는 모순적인 행동을 하기도 한다. 예를 들어 경계선 장애를 보이는 엄마는 영양 문제에 지나칠 정도로 집착하지만 청소는 절대로 하지 않는다.

자기애적 장애를 보이는 아빠는 직장에서는 끝내주게 일 잘하는 사람일지 모르겠지만 집에서는 평온한 대화가 불가능한 사람일 수도 있다. 어쩌다 당신이 이러한 모순에 대해 불평하면 그는 그 책임을 당신에게 돌리고 당신을 탓한다. 그 결과 경계선/자기애적 성격장애자에 대한 변화의 요구는 줄고 그들을 기쁘게 해야 한다는 의무감만 더욱 커진다.

다음은 제임스(James)가 경험한 일이다.

"제 아버지는 직업적으로는 엄청나게 성공한 사람이었어요. 아버지는 돈을 벌어왔으면 됐지 뭘 더 바라냐는 식이셨죠. 아버지는 제가 참가했던 운동 경기에 한 번도 오신 적이 없어요. 심지어 제가 토너먼트 농구 대회에서 결승골을 넣었다는 사실도 기억하지 못하셨죠. 제가 제 인생에 전혀 관심을 가져주지 않는 아버지에게 실망해서 화라도 내면 아버지는 저를 위해서 하루 종일 열심히 일한 당신은 생각 않고 자기만 아는 이기적인 녀석이라고 대꾸하고는 하셨어요. 진짜 제가 참을 수 없었던 건 아버지가 어떤 다른 녀석의 경기를 보러

갔던 거예요."

　경계선/자기애적 성격장애자는 자신이 결정하지도 않은 일에 너무 많은 책임을 요구받는다고 생각하는 경향이 있다. 그들은 어떤 일을 하다가 더 이상 하기 싫어지면 그냥 하던 중에 그만둬버린다. 그런 일을 모두 해내기엔 자신이 너무 바쁘다거나, 너무 스트레스를 받았다거나, 너무 언짢다거나, 너무 화가 난다거나, 너무 우울하다고 생각한다. 그들은 할 수 없다고 생각하는 일을 하도록 요청받으면 상대방에게 언어폭력을 행사할 수도 있다. 그리고 자신들에게 그런 짐을 지우겠다고 생각했던 것 자체가 얼마나 끔찍한 짓인지 가르쳐 주려고 할 수도 있다. 상황이 이렇다 보니 보호자는 가정에서 점점 더 많은 책임과 의무를 지게 된다.
　경계선/자기애적 성격장애자가 그 일들을 하려고 하지 않기 때문이다. 그러한 경계선/자기애적 성격장애자에게 좀 도와달라고 요청하는 게 훨씬 더 힘든 일이다.
　보호자는 감정적인 도움을 구하지 않는 법, 경계선/자기애적 성격장애자가 내팽개치는 바람에 추가로 생겨난 일들을 처리하는 법, 자신의 감정보다 그들의 감정을 먼저 생각하는 법을 배운다. 당신이 경계선/자기애적 성격장애자의 요구를 우선적으로 돌보지 못할 경우, 당신은 가정이 아수라장으로 변하고 그들과의 감정적 유대가 완전히 끊기는 벌을 받게 된다. 다른 사람의 인정, 질서, 감정의 예측가능성에 대한 요구가 크면 클수록 당신이 보호자의 역할에 빠져들 가능성이 커진다. 그러나 의무감이 쌓일수록 억울함, 우울, 무력감, 절망감, 탈진이 당신을 채울 것이다. 죄책감은 경계선/자기애적 성격장애자가 당신을 보호자로 붙잡아두는 또 다른 수단이다.

경계선/자기애적 성격장애자는 자신이 실수를 하거나, 잘못된 판단을 내리거나, 다른 사람의 기분을 망치거나, 스스로 변화해야 할 필요를 느낄 경우 그 상황을 잘 견디지 못한다. 단 이 모든 것들이 천 배에 달하는 압박감으로 다가오는 경우는 예외다.

경계선/자기애적 성격장애자는 전혀 책임감이 없거나 아니면 그 반대로 전적으로 책임지려 하거나 둘 중 하나다. 그들은 일상적인 문제에 이러한 극단적인 반응을 보인다. 때문에 가족들은 항상 책임의 전가와 부인, 현실에 대한 혼란과 왜곡 등으로 점철된 혼돈 속에서 살게 된다. 당연한 얘기겠지만 문제를 효과적으로 해결하기가 매우 어렵다.

놀랍게도 경계선/자기애적 성격장애자는 어떤 실수든 실수를 하면 지나치게 괴로워한다. 그렇기 때문에 자신이 실수를 저질러 놓고도 그것을 인식하지 못하기도 한다. 현실을 깨달았다가는 자기 자신에 대한 증오가 밀려올까봐 두렵기 때문이다. 경계선/자기애적 성격장애자는 잘못되면 무조건 남을 탓한다. 그럼으로써 자기 자신에 대한 미움과 내적 자아에 대한 심판을 피할 수 있게 된다. 경계선/자기애적 성격장애자로부터 책망을 받은 가족들은 아무리 노력해도 좋은 소리는 영원히 들을 수 없을 것이라고 생각하게 된다. 그리고 보호자를 통해서 어떻게든 경계선/자기애적 성격장애자의 고통을 해결해야 한다는 생각을 하게 된다.

보호자는 자신은 기분이 좋은데 경계선 성격장애자의 기분이 좋지 않다는 것을 알면 죄책감을 느낀다. 경계선/자기애적 성격장애자는 이러한 두려움, 의무감, 죄책감을 이용해서 당신이 계속해서 보호자의 역할을 수행하도록 조종하고 압박한다.

◈ 망상

망상은 실제로 근거가 없거나 사실과 반대되는 것을 단단히 믿는 것이다. 경계선/자기애적 성격장애자는 머릿속에서 만들어낸 망상을 통해 자신이 어떻게 해서 그러한 끔찍한 감정을 느끼게 됐는지 설명한다. 그들에게 감정이란 현실에 대한 실제 사실이다. 그들이 느끼는 것과 반대되는 것이 사실인 경우에도 자신의 감정이 확실한 사실이라는 믿음에는 흔들림이 없다.

그들은 어떤 감정을 느끼면 외부의 누군가 또는 무언가가 그러한 감정을 느끼게끔 만들었다고 생각한다. 가장 가까운 가족인 보호자는 보통 경계선/자기애적 성격장애자에게 그러한 감정을 일으킨 원인으로 비난받는 역할을 한다. 경계선/자기애적 성격장애자는 '당신으로 인해 내가 ~감정을 느꼈다.'라는 말을 자주 한다. 경계선/자기애적 성격장애자의 감정은 사실 스스로의 감정적 반응이거나 내적 화학작용의 결과에 지나지 않는다. 때문에 당신으로서는 그들의 비난이 이해가 안 되고 혼란스러울 수 있다. 당신이 혼란에 빠지면 빠질수록 당신은 스스로의 판단력을 점점 의심하게 된다. 그리고 자신이 진짜 원인일 수도 있다고 믿게 된다. 또한 당신은 평화를 지키기 위해 경계선/자기애적 성격장애자와 잘 지내려고 할 것이다.

 경계선/자기애적 성격장애자가 당신의 행동에 기분 좋은 반응을 보이면 그들의 기분을 좋거나 나쁘게 만드는 능력이 자신에게 있다는 생각에 사로잡힌다. 당신은 그들의 망상을 믿게 된다. 이러한 믿음은 보호자 역할의 지속을 강화한다. 그러나 당신이 경계선/자기애적 성격장애자가 느끼는 감정의 원인이 자신에게 있다는 망상을 믿으면 믿을수록 당신은 자신에 대해 더욱더 나쁘게 생각하게 된다. 그 결과 당신의 자존심은 점점 더 낮아진다.
 당신은 고칠 수 없는 대상을 고쳐야 하는 자신의 역할에 더욱더 충실하려고 한다. 당신은 그렇게 보호자라는 역할에 깊이 빠져 헤어 나오지 못한다.

◈ 가족의 엄격한 규칙과 역할

 경계선/자기애적 성격장애자는 타인의 행동에 완벽주의적인 기준을 적용한다. 반면 자기 자신의 행동이 가져올 결과에 대해서는 거의 생각하지 않는다. 경계선/자기애적 성격장애자가 그렇게 불공평하고 혹독한 방식으로 규칙과 역할을 적용해도 가족들은 그것을 정상적인 것으로 받아들인다. 가족들은 자신들 중 비교적 건강한 구성원이 경계선/자기애적 성격장애자의 감정을 보호해 주고 그들의 요구를 들어주기를 기대한다.

경계선/자기애적 성격장애자는 무책임하고, 남을 학대하고, 냉소적이고, 자기중심적이고, 못된 행동을 할 수도 있다. 그러한 경계선/자기애적 성격장애자의 기분을 좋게 만드는 역할이 보호자인 당신에게 요구된다. 그들의 생각에 절대 반대하지 않아야 한다는 규칙과 바깥에서 그들에 대해 나쁘게 말하지 않아야 한다는 규칙이 당신에게 요구된다.

가족들에게는 특정한 역할, 예를 들어 사교성 좋은 사람, 책임감이 강한 사람, 웃긴 사람, 보호자의 역할이 분배된다. 당신이 맡은 역할에서 벗어나려고 할 경우 제지를 당하거나 심지어는 벌을 받을 수도 있다. 경계선/자기애적 성격장애자가 원하는 역할을 한 번 맡게 되면 그 역할을 그만두는 것은 절대 허용되지 않는다. 중요한 사유가 있다고 해도 소용없다. 왜냐하면 당신 말고 그 역할을 맡을 수 있거나 맡아도 좋다는 허락을 받을 수 있는 사람이 없기 때문이다.

노인이 된 경계선/자기애적 성격장애자는 성년이 된 자녀들에게 12살 때나 했던 식의 복종을 기대하기도 한다. 이렇게 규칙과 역할이 아주 견고하게 자리를 잡으면 가족들은 문제를 효과적으로 해결하지 못하게 된다. 가족은 변화에 대응하지 못한다. 또한 가족들의 머릿속에 변화는 나쁘고, 위험하고, 무서운 것이라는 생각이 강화된다. 보호자인 당신은 자기주장을 내세운다거나, 자신의 필요와 요구를 표현한다거나, 보호자의 역할을 그만둔다는 건 꿈도 못 꾼다. 당신의 그러한 행동이 경계선/자기애적 성격장애자와 가족 전체를 망가뜨리게 될 것이라고 생각하기 때문이다. 당신이 이 정도로 보호자의 역할에 빠져들면 가족 구성원들 간의 역학 관계가 근본적으로 바뀌게 된다.

◈ 보호자 탓하기

경계선/자기애적 성격장애자는 뭔가 잘못되면 무조건 보호자를 탓하거나 타인의 행동을 비난한다. 그들은 다음과 같이 말한다.

- 당신으로 인해 내가 ~감정을 느꼈다.
- 당신이 그런 식으로만 말하지 않았어도 나는 ~하지 않았을 것이다.
- 당신이 ~하지만 않았어도 내가 ~하지는 않았을 것이다.
- 당신도 그렇게 하지 않았냐.
- 좀 더 친절하게 대해 달라고 하면 당신은 거절하기만 한다.
- 설혹 내가 바람을 필지라도 당신에 대한 사랑은 변함이 없다는 것을 알지 않는가.
- 당신이 나에게 항상 잔인했고 상처를 줬기 때문에 내가 이렇게 되돌려주는 거다.

뭐든 다 당신 탓이라는 비난을 받다 보면 당신도 어느 순간 진짜 자기 때문인가 하는 생각을 하게 된다. 이러한 책임감을 느끼는 순간 당신은 절망감과 무력감에 빠진다. 아니면 오히려 그와 반대로 당신은 자신에게 변화를 일으킬 수 있는 힘이 있다고 생각할 수도 있다. 당신은 모든 것이 당신의 손에 달려 있다고 생각할지도 모른다. 이것은 모든 사람이 당신에게 기대고 있다는 생각으로 이어진다. 이것은 또 다른 망상이라고 할 수 있다. 비난을 받아들이는 것은 경계선/자기애적 성격장애자의 관계에서 권력을 얻는 방법이 될 수 없다. 이것은 전적으로 무용한 방법이다. 경계선/자기애적 성격장애자는 당신이 요청하는 책임을 회피하고 변화를 거부하는 데 엄청난 감정 소모를 한다.

◈ 미혹시키기

경계선/자기애적 성격장애자는 또한 현실에 대한 당신의 인식을 미혹시킨다. 그들은 다음과 같이 사람을 미치게 하는 비일관적인 말과 행동을 일삼는다.

- 경계선 성격장애자는 "나는 네가 싫어서 너를 쳐다보는 것도 힘들어."라고 말하면서도 당신을 혼자 내버려두지 않는다.
- 격렬하게 화내고 난 다음 날, 경계선 성격장애자는 마치 아무 일도 없었다는 듯이 행동한다.
- 경계선 성격장애자는 자신을 '긍정적인' 사람으로 묘사한다.
- 자기애적 성격장애자는 '나에게 언성 높이지 마.'라고 소리 지른다.
- 경계선 성격장애자는 당신이 그동안 얼마나 무심했는지 말한 다음 위로받고 싶어 한다.
- 자기애적 부모는 자식에게 너무 높은 기대치를 설정한다. 때문에 자식들은 항상 실패자일 수밖에 없고 스스로를 형편없는 사람이라고 생각하게 된다.

- 경계선 성격장애자는 당신과 말을 섞지 않겠다고 말하기 위해 전화를 여러 통을 건다.

경계선/자기애적 성격장애자는 객관적인 관점 또는 현실적인 관점에서 사물을 보지 못한다. 그들은 어떤 감정을 느끼면, 자신에게 이로운 방향으로 행동하고, 자신의 행동에 대한 그럴듯한 이유를 만들어낸다. 그 이유는 꼭 현실적으로 말이 되지 않아도 상관없다. 경계선/자기애적 성격장애자는 현실에서 살고 있지 않기 때문이다. 경계선/자기애적 성격장애자의 동기와 결론은 스스로에게만 이해가 된다. 만약 당신이 그들의 생각이 전혀 말이 안 된다는 것을 보여주려고 하면 그들은 당신이 완전한 혼란에 빠질 때까지 말도 안 되는 말들을 계속 지껄일 것이다. 결국 당신은 자신이 미쳤다고 생각하기에 이른다. 당신이 경계선/자기애적 성격장애자로 하여금 현실을 보게 만들려고 노력하면 할수록 그들은 더욱더 거세게 저항한다.

◈ 받기 위한 필요조건으로서의 주기

당신은 경계선/자기애적 성격장애자를 기쁘게 해주지 않고 그들을 돌보지 않는 한 당신은 자신이 사랑받지 못하고 보살핌을 받지 못하게 될 거라고 믿기 시작한다. 사랑과 애정은 기껏해야 잠깐일 뿐이다. 이로 인해 당신은 더욱더 사랑에 대한 필사적인 목마름을 느낄 수도 있다.

경계선/자기애적 성격장애자를 부모로 둔 아이들은 부모로부터 보살핌을 받으려다가 도리어 부모를 보살피는 법을 배우게 된다. 경계선/자기애적 성격장애자의 관계에서는 당신의 요구가 절대 적절하게 또는 충분하게 충족되는 일이 없다. 그 결과 당신은 끊임없이 경계선/자기애적 성격장애자의 관심을 필요로 하게 된다. 당신의 욕구를 항상 덜 충족시켜 주는 것이야말로 당신을 보호자로 붙잡아두는 가장 강력한 방법일 것이다. 당신은 자신의 요구를 충족시키고자 더욱 노력하고, 뭔가를 더 하고, 그들의 요구를 참아내는 일에 집착한다. 그러나 보호자인 당신은 항상 밑지는 장사를 하게 되어 있다.

◈ 감정적 합체

경계선/자기애적 성격장애자가 있는 가족은 "한 사람만을 위한 우리"라는 전제를 사수하기 위해 노력한다. 단 그 한 사람은 경계선/자기애적 성격장애자이어야 한다. 나머지 가족들은 경계선/자기애적 성격장애자처럼 생각하고, 그들처럼 느끼고, 그들과 같은 의견과 행동을 공유해야 한다는 규칙을 따라야 한다. 차이는 용납될 수 없으며 차이를 주장하는 사람은 경계선/자기애적 성격장애자에게 공격당한다.

경계선/자기애적 성격장애자는 반대 의견에 부딪힐 경우 그것을 자신이 틀렸다거나, 나쁘다거나, 부끄럽다고 표현한 것으로 받아들이기 때문이다. 아메바처럼 하나로 합체하는 것만이 경계선/자기애적 성격장애자가 견딜 수 있는 유일한 상태이다. 그리고 그 합체의 중심은 그들이어야 한다. 이러한 관계에서는 당신이 누구인지, 당신이 무엇을 생각하는지, 당신이 실제로 무엇을 느끼는지 알기가 매우 어렵다. 당신은 당신과 경계선/자기애적 성격장애자가 진짜로 한 사람이라고 생각하기 시작한다. 그들이 원하는 것이 당신이 원하는 것이고, 그들이 느끼는 것이 당신이 느끼는 것이 된다.

◈ 친밀함의 결여

경계선/자기애적 성격장애자의 가정에서는 모든 사람의 요구가 하나로 통일되어야 한다. 때문에 친밀함이란 절대 존재할 수가 없다. 모든 사람에게 동일함이 요구되는 상황에서는 친밀함이 발생하지 않는다. 그러나 친밀함에 대한 욕구는 인간이 가진 깊은 갈망들 중 하나이며, 우리가 평생의 목적으로 삼는 것들 중 하나이기도 하다.

경계선/자기애적 성격장애자와 관계를 맺은 사람들은 친밀함에 대한 엄청난 갈망과 두려움을 동시에 갖고 있다. 친밀함을 갈망하는 것은 친밀함이 부재하기 때문이다. 그리고 친밀함에 대한 두려움을 느끼는 것은 진정한 친밀함에 대한 갈망이 '모두가 하나'라는 식의 사이비 친밀함을 파괴할 것이기 때문이다.

가족들은 사이비 친밀함이 자신들에게 안정감과 인정받고 있다는 느낌을 갖게 해준다고 믿는다. 기본적으로 합체는 진짜 친밀함과 교환된다. 진짜 친밀함이 어떤 느낌인지 잘 알지 못할 경우 보통 잘 알지 못하는 것을 위해 합체를 포기하려고 하지는 않는 법이다.

◈ 친밀함에 대한 두려움

진정한 친밀함이란 가장 사적이고 개인적인 생각, 느낌, 믿음을 서로 공유하는 것이다. 이때 두 사람은 다른 무엇과도 같지 않은 특별하고 유일한 관계라는 것, 그리고 공유란 서로에 대한 사랑과 허용의 시험대라는 것이 전제된다. 친밀함은 상대방이 당신이 진짜 어떤 사람인지를 알고 있다는 느낌과 당신을 허용했다는 느낌을 강화시켜 준다. 하지만 항상 상대방이 당신에게 동의해 주고, 당신의 모든 것을 좋아할 수는 없는 법이다. 때문에 두 사람의 관계에는 항상 위험이 내포되어 있다. 그러나 차이를 기반으로 한 허용은 지극히 강력하고, 끈끈하고, 긍정적이다.

그럼 보호자들은 왜 자꾸 경계선/자기애적 성격장애자의 관계에 빠져드는 것일까? 왜 자꾸 그들과 관계를 맺고 그들과 보다 친밀해질 수 있다는 비현실적인 희망을 갖는 걸까? 보호자도 친밀함을 두려워할까? 나는 분명히 그렇다고 생각한다.

더 나아질 가망이 없는 경계선/자기애적 성격장애자를 배우자로 선택한 사람이나 그들과 만남과 헤어짐을 반복하는 사람이 친밀한 관계를 경험하는 것은 거의 불가능하다. 경계선/자기애적 성격장애자의 관계에서는 감정적인 거리감을 좁힐 수가 없다. 또한 내면의 깊은 감정들과 욕구들에 대한 응답을 받을 수도 없다.

보호자가 경계선/자기애적 성격장애자와 관계를 지속하는 주된 이유는 그들이 자신을 알아봐 주고, 자신의 얘기를 들어주고, 응답해 줄 것이라는 희망 또는 환상을 갖고 있기 때문이다. 당신은 왜 희망과 환상을 기반으로 한 경계선/자기애적 성격장애자의 관계에 자꾸 빠져드는 것일까? 당신은 왜 다른 보다 건강한 사람과 관계할 기회를 차버리는 것일까? 아마도 당신은 자신이 좋은 사람이 아니라고 생각하는 것이 분명하다. 당신은 타인이 자신의 있는 그대로의 모습을 거부할까봐 두려워서 제 발로 좋은 기회를 차는 것이다. 더욱이 경계선/자기애적 성격장애자의 장기적인 관계는 많은 불안감을 낳는다.

당신은 보다 친밀해지고 싶을 수도 있다. 하지만 보통 경계선/자기애적 성격장애자와 오래 함께하다 보면 가까워지는 것이 두려워지게 돼 있다. 경계선/자기애적 성격장애자의 가족들에게 가까워진다는 것은 즐거움과는 거리가 멀다. 사실 가까워지는 것은 은근히 또는 지나치게 위험하다. 합체해야 한다거나 동일한 사람이 돼야 한다는 규칙 때문이다. 합체는 경계선/자기애적 성격장애자의 정체성을 제외한 나머지 모든 사람들의 정체성이 제거되는 것을 전제로 한다. 경계선/자기애적 성격장애자와 오랫동안 함께하다 보면 그러한 관계 패턴이 몸에 밴다. 그 결과 당신은 진정한 친밀함을 나누는 관계로부터 멀어지며 정상적인 관계를 맺을 때 많은 불안감을 느낄 수 있다.

왜 보호자가 되려고 할까

보호자가 되면 강하고, 현명하고, 필요한 사람이 되었다는 느낌에 도취된다. 당신이 어릴 적에 보호자 역할을 했다면 당신은 가족 내의 어른과 대등하거나 심지어는 더 우월하다고 생각했을 수도 있다.

안타깝게도 보호자가 된다는 것은 타인의 욕구를 항상 주시하고, 자신의 감정과 욕구, 반응을 무시하는 법을 배운다는 것을 의미한다. 하지만 당신은 자신이 경계선/자기애적 성격장애자를 중심으로 살아왔다는 것조차 알아차리지 못할 수도 있다. 당신은 보호자로서 적어도 제한된 의미에서의 개성 또는 자아를 성장시켜 왔다. 이 자아는 주로 외부 세계에서는 훌륭하게 기능하고는 한다.

직장에서의 당신은 매우 성실하고, 쓸모 있고, 일을 철저하게 하는 훌륭한 직원으로 비칠지도 모른다. 그러나 보호자는 자신을 '완전히 소모시키는' 경향이 있다. 지나치게 많이 일하고, 호감을 주지 못할까 봐 계속 걱정하고, 완벽해지려고 끊임없이 노력한다. 그럼에도 불구하고 직업의 세계는 합리적인 측면이 있다. 직장은 사적인 관계보다 논리적이고, 예측가능하고, 안정감을 준다. 당신이 일한 만큼 보상을 해준다. 직장이나 학교에서 특정한 역할을 맡는 것은 당신을 보다 건강한 사람으로 만들어줄 수도 있다. 그러나 사적인 관계에서 당신의 자아는 당신이 생각하는 것보다 연약하고, 상처받기 쉽고, 불분명한 존재일 수 있다. 때문에 당신은 경계선/자기애적 성격장애자에 의해 쉽게 희생당하고 조종당한다.

당신은 경계선/자기애적 성격장애자를 용서하고 또 용서한다. 당신은 그 관계에 대한 책임을 더욱더 많이 떠맡으려고 한다. 그러고 나서 아무것도 나아지지 않으면 당신은 이용당했다는 느낌, 소진되었다는 느낌, 분노, 혼란을 느낀다. 당신은 어쨌든 자신이 '옳은 일'을 했다면, 자신의 노력이 경계선/자기애적 성격장애자의 행복과 만족에 기여를 했을 것이고, 그러면 그들이 당신에게 당신이 원하는 사랑을 보여줄 것이라고 믿는다. 경계선 성격장애자가 정상적으로 행동할 때마다 당신은 지극한 기쁨을 느낀다. 그들의 사고와 행동에서 다시 장애가 관찰되면 당신은 실망하겠지만 그래도 당신은 이제 '모든 것이 다 좋아질 것'이라고 믿는다. 당신이 그러한 믿음을 갖고 있기에 당신은 더욱더 노력하게 되고 심각한 기능 장애를 가진 배우자를 견뎌낸다.

자기애적 성격장애자가 뭔가 사려 깊은 행동을 하면 당신은 그가 '이제 하나의 문턱을 넘었고', 성숙했으며, 곧 당신이 원하는 사랑스러운 배우자가 되어줄 것이라고 생각한다. 꽤 합당한 추론이다. 그러나 그러한 변화는 며칠 또는 몇 시간 이상 가는 법이 없다. 경계선/자기애적 성격장애자는 당신을 만나기 전까지 수없이 사랑을 거부당했다.

경계선/자기애적 성격장애자는 상대방을 조종하려고 했고 이기적으로 행동했다. 그들은 그것 때문에 경계선/자기애적 성격장애자를 떠났다. 반면 당신은 그들의 장애를 눈치 채기는 했지만 떠나지는 않는다. 대신 당신은 그들에게 빠져든다. 당신은 경계선/자기애적 성격장애자가 당신을 필요로 하는 것을 느낀다. 당신은 구조자로서 보상을 받고 있다고 느낄지도 모른다. 당신은 흥분과 희망을 느낀다. 당신의 눈에는 그들이 자신의 짝으로 보인다.

처음에 그 관계는 매우 편안한 관계처럼 보인다. 당신이 볼 때 특별히 잘못된 것은 없어 보인다. 그들과의 줄다리기에서 당신은 서로에게 부합하는 지점들을 발견한다. 그리고 당신은 경계선/자기애적 성격장애자에게 더 나은 삶을 선물한 멋진 기회가 왔다고 생각한다. 하지만 이러한 것은 친밀함이 아니다. 이것은 희생자/박해자/구조자로 이루어진 드라마 삼각관계에 불과하다.

왜 보호자가 되었을까

당신은 왜 경계선/자기애적 성격장애자가 되지 않고 보호자가 되었을까? 어떤 사람들은 다른 사람들에 비해 경계선/자기애적 성격장애자가 될 위험이 더 높은 것으로 보인다. 감정 반응이 크고, 스트레스에 보다 민감하고, 이중적인 메시지에 쉽게 혼란을 느끼고, 비논리적인 상호작용이나 수동적 공격성 상태에 갇히는 사람들은 경계선 성격장애나 자기애적 성격장애로 발전될 가능성이 더 크다. 또한 경계선 성격장애자에게는 생물학적 요인이 작동하는 것처럼 보인다. 생물학적 요인이란 태어나기 전이나 어린 시절에 겪은 유전적 손상 또는 감염일 수도 있다. 또한 스트레스에 매우 민감하다면 경계선 성격장애로 발전될 여지가 있다. 해리(解離)적 성향이 강하면 또 그럴 수 있다. 해리란 현 상황으로부터 감당하기 어려운 스트레스를 받을 때 환상의 세계로 몸과 마음을 피신하는 것이다.

물리적 학대나 성적 학대를 경험한 아이는 외상 후 스트레스 장애나 성격장애로 발전할 수 있다. 경계선/자기애적 성격장애자의 가정에서 나타나는 이중적인 메시지, 부모와 자녀의 역할 전도, 극도의 감정 과잉은 이미 스트레스로 고통받고 있을 아이에게 매우 해로운 영향을 끼친다. 당신이 그러한 가정환경에서 자랐다면 당신은 역기능적 관계 패턴을 습득했을 것이다. 하지만 경계선/자기애적 성격장애자와 같은 방식으로 영향을 받지는 않았을 것이다.

당신은 경계선/자기애적 성격장애자와는 반대되는 방향으로 성장했다. 당신은 타인에 대한 책임감과 애정이 지나치다. 당신은 과로하고, 지나치게 걱정하고, 친밀한 관계에 집착하는 경향이 있다.

경계선/자기애적 성격장애자와는 달리 당신은 자신의 분노를 잘 알아보지 못한다. 또한 스스로를 위해 물러서지 않고 버텨야 하는 상황에서 수동적으로 행동할 때가 많다. 보호자가 된 사람들은 정상 수치 이상의 불안과 우울을 앓고 있는 것으로 관찰된다. 그러한 불안과 우울은 경계선/자기애적 성격장애자의 기이하고 왜곡된 상호작용으로부터 기인한 것이다. 다음 장에서 우리는 당신을 보호자라는 혹독한 역할에 가두는 왜곡에 대해 살펴볼 것이다.

제4장

보호자의 개입 수준

보호자가 된 사람들이 모두 같은 수준의 개입을 보이는 것은 아니다. 어떤 이들은 경계선/자기애적 성격장애자에게 빠진 나머지 그들에게 완전히 집중하고, 자신의 개성이랄 수 있는 것을 모두 포기하기도 한다. 다른 이들은 경계선/자기애적 성격장애자가 감정 폭발을 보일 때만 관심을 보인다. 그리고 나머지 시간 동안에는 대부분 자신의 요구, 필요, 감정에 집중한다. 어떤 보호자는 관계를 완전히 끊어버리기도 한다. 보호자의 역할에 보다 강렬하게 개입하면 할수록 그 역할에서 빠져나와 건강한 삶으로 돌아가는 데 더 많은 노력이 필요하다.

부록에 있는 보호자 테스트 결과에서 당신의 점수를 확인하고 당신이 어떤 종류의 보호자에 가까운지 알아보아라. 다음 그림 4.1에 있는 다섯 가지 종류의 보호자는 돌봄의 개입도가 높은 것에서부터 낮은 순으로 배열되어 있다.

보호자의 개입 수준

| 높은 개입 | ◄─────────────────────────► | 낮은 개입 |

자멸적 보호자	병적 이타주의자	반항적인 공모자	자기 보호자	절연(絕緣)자
(Self Defeaters)	(Pathological Altruists)	(Protesting Colluders)	(Self Protectors)	(Cut—Offs)

그림 4.1 개입도가 높은 수준에서 낮은 수준으로 나타낸 보호자 유형

자멸적 보호자

자멸적 보호자는 항상 거부당하는 굴욕적인 관계를 선택한다. 이들은 타인을 기쁘게 해줘야 한다는 강한 바람을 갖고 있다. 심지어는 자신이 좋아하지 않는 사람들까지 필사적으로 기쁘게 해주려고도 한다. 자멸적 보호자는 경계선 성격장애자 또는 자기애적 성격장애자인 어머니나 아버지 밑에서 자란 경우가 많다. 또는 양친 다 경계선/자기애적 성격장애일 수도 있다.

자멸적 보호자는 자신의 욕구를 완전히 무시하는 법을 터득한다. 그들은 몸이 아프다거나, 제 역할을 해내기에 너무 피곤하다거나, 타인 앞에서 감정을 드러내려고 하거나, 타인에게 동의하지 않고 싶지 않은 자신의 요구를 분명하게 의식할 경우 화를 내거나 당황해할 수도 있다.

당신이 자멸적 보호자라면 당신은 실망으로 끝나거나, 부당한 취급을

받거나, 인정을 받지 못하거나, 모욕을 당하는 관계 및 상황에 자꾸 이끌린다는 사실을 깨달았을지도 모르겠다.

당신은 당신을 조롱하는 사람, 바람피우는 사람, 유부남, 걸핏하면 이별을 고하는 사람, 당신을 사랑하지 않는다거나 당신의 매력을 모르겠다고 말하는 사람과 계속 만나게 된다. 아니 당신이 그러한 관계를 원한다.

당신에게는 행복과 희망, 성공이 낯설고, 불편하고, 심지어는 무서운 것으로 느껴질 수도 있다. 왜냐하면 그러한 긍정적인 느낌들은 항상 재앙, 실망, 실패로 끝나기 때문이다. 당신은 다정하고, 상냥하고, 친절하고, 사려 깊은 사람을 재미없는 사람, 지루한 사람, 성적인 매력이 부족한 사람으로 취급하고 그런 사람과는 만나지 않을 수도 있다. 자멸적 보호자는 타인을 돌보는 일에 자석처럼 이끌리는 듯하다. 정작 그 상대가 도움을 필요로 하는지는 중요하지 않다.

그들은 타인의 문제에 감정적으로 개입하고, 타인을 위해 터무니없이 많은 돈을 쓰고, 지쳐 쓰러질 때까지 타인을 돕는다. 그들은 타인의 도움이 절실히 필요한 순간에도 자신에게 내민 손을 모두 거절한다.

다음은 멜라니라는 한 여성의 사례이다.

멜라니(Melanie)는 6살 때부터 아버지에게 성적 학대를 당했다. 그녀는 결국 16살에 아버지로부터 도망쳤다. 그녀는 24살이 되기 전까지 자살 시도로 병원에 세 번 입원했다.

그녀는 자신에게 약을 먹이고 물리적인 학대를 가하는 남자들과 수많은 성관계를 가졌다. 마침내 그녀는 약을 끊고, 직장을 얻고, 지역사회대학(community college: 지역 사회의 다양한 교육 요구를 받아들여 설립된 2년제 공립 고등 교육 기관이며 기숙사가 없는 것이 특징이다.)에 입학했다. 거기서 그녀는 한 친절하고 이해심 깊은 남자를 만나 결혼했다.

그녀는 상담의 도움을 받아 자신에 대한 부정적인 생각들을 덜하게 되었다. 그러나 그녀는 자신과 결혼한 남편이 너무 지루하고 멍청하다며 불평하곤 했다.

그녀는 하루 이틀 정도는 기분이 좋다가 한참 동안은 우울해하고는 했다. 그녀는 자신이 절대로 행복해질 수 없을 거라는 사실을 안다고 말하고는 했다. 그녀는 잘 알지도 못하는 사람들에게 비싼 선물을 했고, 학교 친구들에게 편지를 쓰느라 숙제를 할 시간이 충분하지 않았다. 그녀는 몇 달 만에 치료를 그만두었다. 치료비를 깎아줘도 감당할 수 없다는 게 그 이유였다. 문제가 무엇인지 물어보자 그녀는 자신과 남편이 파산 선고를 받게 될 것이라고 말했다. 그녀의 아버지와 그의 세 번째 부인의 결혼기념일 파티비용을 댔다가 그렇게 되었다는 것이다.

멜라니는 어린 시절 받은 고통과 상처에서 벗어나기 위해 애썼지만 그녀가 한 발짝 앞으로 나갈 때마다 다시 두세 발짝 뒤로 물러나고는 했다. 멜라니는 자신을 보살피는 일이 어렵다는 사실을 발견했다. 그녀는 항상 타인을 기쁘게 해주고 돌보려고 했다. 심지어는 자신을 학대하고, 거부하고, 무시했던 사람들에게조차 그랬다. 그녀는 남편이 '너무 착하다.'는 이유로 남편과의 관계를 즐기지도 못했다.

당신은 혹시 상황이 나아지기를, 사람들이 착해지기를, 인정받기를 바라면서 실제로는 항상 자신을 나쁘게 대하는 친구들을 고르고 있지 않은가? 당신은 혹시 자신을 위한 일을 할 때는 힘이 나지 않는데 타인을 위한 일에는 피곤한 것도 일하고 있지 않은가? 자신을 위해서 물건을 살 때는 죄책감을 느끼면서 다른 사람에게 특별한 선물을 할 때는 돈을 쉽게 쓰고 있지 않은가? 당신은 그토록 원하던 목표를 이루었을 때 우울해지는가? 당신은 기분이 진짜로 좋거나, 새로운 직장을 얻거나, 새로운 관계를 시작한 직후에 '사건·사고'가 일어나거나 몸이 아팠던 적이 있는가? 당신은 언제나 인정받지 못하고 있다는 느낌, 거부당했다는 느낌, 벅차다는 느낌이 드는가? 당신은 우울할 때 오히려 편안함과 안정감을 느끼는가?

이것들은 모두 당신이 자멸적 보호자임을 암시하는 징후들이다. 자멸적 보호자는 가장 개입의 강도가 높은 유형의 보호자를 말한다. 당신은 자신의 성공과 행복에 대해 생각하는 것을 어려워하는 반면 행복하지 못한 타인에 대해서는 강력한 고통을 느낀다. 이러한 수준의 돌보기는 우울, 벅차다는 느낌, 감정적 소모, 재정 파탄, 자존감의 완전한 상실로 귀결된다. 이러한 자멸적 삶의 양태에서 벗어나려면 다른 사람의 도움과 지원, 그리고 본인의 엄청난 노력이 필요하다. 솔직하게 말해 보아라. 당신은 당신의 안위를 전혀 신경 쓰지 않는 사람들의 종, 노리개, 노예로 사는 삶을 그만두고 싶지 않은가?

병적 이타주의자

두 번째로 높은 개입 수준을 보이는 유형은 병적 이타주의자이다. 이 보호자 유형에 속하는 당신은 타인에게 주는 것에서 기쁨을 느낀다. 당신은 다른 사람을 행복하게 만드는 것을 좋아한다. 당신은 사려 깊은 선물과 호의를 베풀어 사람들을 기쁘게 한다. 하지만 당신은 사람들이 당신에게 똑같이 해주지 않으면 불편해하거나 당황해할 수도 있다. 당신은 다른 사람의 감사를 받아들이는 법을 잘 모를 수도 있다. 사람들이 고마움을 표할 때 당신은 감사 인사를 무시하거나 얼굴을 붉히며 수줍어할 수도 있다.

경계선/자기애적 성격장애자가 당신의 요구, 필요, 감정에 별로 관심을 쏟지 않는다는 사실을 깨달을 때까지 한참의 시간이 걸릴 수도 있다. 당신이 피곤하거나, 다정한 말을 필요로 하거나, 당신이 그들에게 해주고는 하는 목 마사지를 받고 싶을 때, 경계선/자기애적 성격장애자는 그것을 알아차리지 못한다. 당신은 당신의 존재가 당연하게 생각되고 있고, 인정받지 못하고 있다는 것을 느끼기 시작한다. 이러한 불공평한 관계가 속으로는 화가 날지라도 그것을 누군가에게 털어놓기란 매우 어려울 것이다. 당신은 경계선/자기애적 성격장애자에게 화가 나는 점을 친구에게 말할 수도 있다. 하지만 절대로 본인에게 직접 말하지는 않는다.

당신이 맺는 관계들을 보면 다음의 패턴이 존재한다는 것을 알 수 있다. 당신이 처음에 누군가를 좋아하게 되면 당신은 매우 흥분하고, 기뻐하고, 열중한다. 당신은 그 사람에게 좋은 것을 해주고, 그 사람을 기쁘게 하고, 그러고도 더 많은 친절을 베푸는 데 엄청난 노력을 들인다. 당신은 상대방도 자신에게 똑같이 해줄 거라고 기대한다. 그러나 당신은 상대방이 당신에게 똑같이 잘해 주려고 할 때 당신 자신이 그것을 미묘한 방식으로 방해한다는 사실을 깨닫지 못한다. 관계가 진전되면서 당신은 더욱더 많이 주는 데 비해 상대방은 점점 더 적게 준다는 사실을 발견한다. 당신은 이용당했고 인정받지 못했다고 느끼기 시작한다.

당신은 상대방을 '받기만 하는 사람'이라고 생각하기 시작한다. 당신은 관계에 대한 환멸을 느끼고 상대방을 밀어내기 시작한다. 상대방에게 더 이상 말을 하지 않으려고 하거나 상대방에게 쏟았던 애정을 멈추려고 한다. 그러나 왠지 모르게 관계를 지속해야 될 것 같다는 생각이 든다. 당신은 상처와 실망, 상대방에 대한 좌절을 느끼기 시작한다. 때때로 정말 화가 나면 당신은 마구 화를 내고 당신의 기분이 어떤지 말하기도 한다. 하지만 그 즉시 당신은 '너무 못되게 군 것'을 마음속 깊이 부끄럽게 여기고 죄책감을 느낀다. 당신은 사과를 한다. 당신은 다시 착하고, 보다 사려 깊고, 잘 베푸는 사람이 되려고 하며 그 관계에서 당신이 무엇을 얻는지는 상관하지 않는다.

고집스러운 병적 이타주의는 결국 타인과 삶에 대한 실망과 불만족, 우울을 낳는다. 당신은 신체적인 고통과 통증을 꽤 자주 느낄 수도 있다. 진짜 생각과 감정을 속에 담아두는 것이 몸에 엄청난 긴장을 주기 때문이다. 당신은 머리, 목, 어깨, 등에 통증을 느낄 수 있다. 자신의 욕구와 감정을 오랫동안 무시한 사람에게는 낮은 단계의 만성적 우울증이 흔하게 나타난다. 당신이 이러한 증상들을 겪고 있다면 이 책의 내용을 활용하는 것이 큰 도움이 될 것이다.

이 책에 제시한 방법들을 따라 해보면 희생적인 하인에서 타인과 자신을 모두 돌볼 줄 아는 건강한 사람으로 변화하는 데 도움이 될 것이다.

반항적 공모자

연속선상의 중간에 위치한 유형은 일전에 다른 관계에서는 한 번도 보호자가 되어본 적이 없는 보호자를 말한다. 당신은 난생처음으로 경계선/자기애적 성격장애자의 관계에 빠지게 된 것이다. 당신은 마음씨가 좋고, 애정과 이해심이 깊은 사람이며, 그들의 이상한 행동을 보고 혼란스러워하지 않는 사람이다. 당신은 경계선 성격장애자의 고통을 안쓰러워하는 경향을 갖고 있다. 아니면 당신은 자기애적 성격장애자가 관계 초기에 제공하는 흥분과 재미에 끌리는 경향을 갖고 있다.

당신은 신의가 매우 두터운 사람, 헌신적인 사람이 되려고 한다. 그리고 헌신과 참여를 잘하지 않는 경계선/자기애적 성격장애자에게 놀라울 정도의 관용과 용서를 베푼다. 당신은 한 명 정도의 경계선/자기애적 성격장애자가 있는 가족에서 자랐을 가능성이 있다. 그리고 아마도 경계선/자기애적 성격장애의 증상을 보이는 친구를 한두 명 정도 사귄 적이 있을 수도 있다. 당신, 즉 반항적 공모자에게 공통된 주요 요소는 관계에서의 낮은 자존감이다.

이 점은 언뜻 한 번에 이해되지 않을 수도 있다. 당신은 직장과 친구 관계에서 적당한 수준에서 높은 수준에 이르는 자존감을 갖고 있기 때문이다. 당신은 속으로는 경계선/자기애적 성격장애자로부터 보다 더 나은 대우와 배려를 받을 자격이 있다고 굳게 믿는다. 하지만 실제로는 어떤 조치나 방법을 취하지 않는다. 오히려 당신은 관계의 지속을 위해 경계선/자기애적 성격장애자와 공모한다. 당신 안에는 그들이 자신을 어떻게 대접하든 간에 절대로 그들에 대한 신의를 저버려서는 안 된다는 완벽주의적인 요구가 작동한다.

반항적 공모자는 변하는 모습을 보여주겠다는 약속에 가장 잘 속아 넘어간다. 경계선/자기애적 성격장애자가 한 번 친절하게 대해 주면 당신은 그것을 관계가 보다 긍정적인 방향으로 움직이기 시작했다는 신호로 받아들인다. 당신은 모든 것이 다 잘될 것이라고 믿는다. 하지만 경계선/자기애적 성격장애자는 실질적으로 전혀 변하지 않을 것이다. 그래도 당신은 몇 번이고 계속 속아줄 것이다. 신의를 지켜야 한다는 내적 요구 때문에 당신은 실질적인 증거가 없는데도 불구하고 경계선/자기애적 성격장애자를 계속 용서해 주고 희망을 포기하지 않는다.

하지만 당신이 항의를 하지 않는 것은 아니다. 반항적 공모자가 보호자의 유형들 중에서는 경계선/자기애적 성격장애자의 행동에 대해 불평할 가능성이 가장 높은 유형이라고 할 수 있다.

당신은 자신에게 더 잘해달라고 요구할 것이다. 또한 자신이 더 나은 대접을 받을 만한 사람이라는 것을 그들에게 증명하기 위해 엄청난 에너지와 시간을 들일 것이다. 특히 당신이 옳다는 것, 그리고 그들이 '자신의 방식을 따라야 한다는 것을 논리적으로 납득시키려고 할 것이다. 하지만 두 사람의 관계에서 변하는 것은 아무것도 없을 것이다. 경계선/자기애적 성격장애자가 무심하고, 이기적이고, 자신을 배려하지 않을 때 마땅히 취해야 할 상대적인 조치들을 취하지 않기 때문이다.

당신은 경계선/자기애적 성격장애자를 도와 현상을 유지한다. 그러나 동시에 화를 내고, 항의를 하고, 관계가 변화해야 한다고 주장한다. 반항적 공모자는 다음 장에서 개략적으로 소개할 모든 기술들을 실천할 수 있는 능력을 갖고 있다. 반항적 공모자에게 가장 어려운 부분은 경계선/자기애적 성격장애자의 관계에서 한계와 경계를 정하는 일이다. 또한 당신은 자신이 사랑받고 보살핌을 받을 만한 자격이 있는 사람이라는 것을 먼저 스스로 납득해야 한다.

자기 보호자

자기 보호자는 경계선/자기애적 성격장애자의 드라마틱한 삶에서 벗어나는 방법을 배운 보호자 유형이다. 자기 보호자인 당신은 경계선/자기애적 성격장애자가 당신을 조종하려고 하거나 무리한 요구를 할 때 일정한 상한선을 적용하고 그들의 방식을 거부한다. 당신은 경계선/자기애적 성격장애자보다 한 발 앞서 생각하고 미리 계획함으로써 박해자/희생자/구조자 게임에 걸려들지 않도록 조심한다. 당신은 자신만의 개별적인 자아를 유지하기 위해 자신의 생각, 욕구, 믿음이 뭔지 계속 의식하려고 노력한다. 그러나 이런 식으로 계속 깨어 있으려면 엄청난 에너지와 계획이 필요하다.

당신은 경계선/자기애적 성격장애자에게 못되게 구는 무신경한 사람, 그들을 조종하는 사람이 된 것처럼 느낄 수도 있다. 하지만 당신 입장에서는 경계선/자기애적 성격장애자를 둘러싼 감정적 드라마에 말려들지 않으려면 매사 모든 일을 잘 판단하고 신중하게 행동할 수밖에 없다.

그들에게 또는 자기 자신에게 화를 내지 않으려면 당신은 엄청나게 집중하고 노력해야 된다. 당신은 그들과의 관계 안에서는 편하게 쉬는 것이 거의 불가능하다는 점을 알게 된다. 왜냐하면 그들과 있으면 그들은 항상 자신들의 욕구, 필요, 요구를 들어달라고 강요할 것이고, 당신은 자신의 자아가 온전히 유지될 수 있도록 항상 상황을 주시해야하기 때문이다.

자기 보호자는 경계선/자기애적 성격장애자의 생각, 감정, 행동에서 나타나는 왜곡들보다는 자신이 갖고 있는 왜곡들을 바꾸려고 노력한다. 당신은 그들에게 변화를 기대하는 것이 쓸모없는 일이라는 사실을 점차 이해하게 된다. 친절하고 사려 깊은 태도를 유지하면서 동시에 경계와 한계선을 유지하는 일은 끝나지 않는 도전과 같다. 하지만 이것이 바로 자기 보호자가 주요 목표로 삼는 것이다.

다음 장들에서 소개할 기술들이 당신의 목표 달성에 도움이 될 것이다. 이러한 새로운 기술들을 제 몸처럼 익히면 보호자의 역할을 소홀히 해도 마음이 편할 것이다. 그러한 역할을 하지 않을 때 삶이 훨씬 더 즐겁고 보람 있기 때문이다.

절연자

이 유형에 속하는 사람들은 보호자의 역할에 빠져드는 것에 대한 두려움을 갖고 있다. 절연자는 그러한 역할에 자신을 내맡기지 않는다는 단호한 태도를 취한다. 당신은 일전에 경계선/자기애적 성격장애자와 드라마 삼각관계에 갇힌 적이 있거나 어릴 적에 보호자의 역할을 했던 경험을 갖고 있을지도 모른다. 당신이 그들과의 비참한 관계에서 겨우 빠져나온 상황이라면 당신은 다시 보호자의 역할로 끌려 들어가는 것에 대한 두려움을 갖고 있을 것이다.

절연자는 비보호자를 의미하지 않는다. 절연자의 행동은 보호자의 역할을 다시 떠맡게 되는 것에 대한 두려움을 의미하며, 자신이 경계선/자기애적 성격장애자에게 약하다는 것을 나타낸다. 당신은 보호자가 되고 싶지 않다고 생각한다. 하지만 한편으로 경계선/자기애적 성격장애자거나 다른 사람들이 죄책감, 연민을 이용해서 당신을 다시 보호자로 만들까 봐 불안해한다.

그 결과 당신은 자신의 보호자 성향과 싸운다.

당신은 경계선/자기애적 성격장애자인 가족과의 모든 상호작용을 피하기 위해서 할 수 있는 모든 것을 다한다. 당신은 아마 휴일에도 그들에게 연락을 하지 않거나 방문하지 않기로 결심했을 것이다. 당신은 심지어 그들이 존재하지 않는 것처럼 살자고 다짐했을 수도 있다. 자신은 결혼한 적이 없다고, 또는 자기애적 성격장애자인 형제가 없다고, 아니면 경계선 성격장애자인 부모가 죽었다고 여기며 사는 것이다.

경계선/자기애적 성격장애자의 관계로부터 스스로를 완전히 치유하지 못하고 절연자가 되었을 때의 문제는 당신이 또다시 그들의 조종에 넘어가 보호자의 역할을 맡게 될 수도 있다고 생각한다는 점이다. 그 경계선/자기애적 성격장애자가 당신의 인생을 항상 따라다닐 수밖에 없는 상황이라면 그런 일이 쉽게 일어날 수 있다.

예를 들어 그 경계선/자기애적 성격장애자의 사이에 아이들을 두었을 수도 있고, 죽어가는 부모나 곤란한 처지에 놓인 형제자매가 경계선/자기애적 성격장애자일 수도 있다. 설사 당신이 그들과 절연한다고 해도 당신은 다시 그 역할로 돌아가게 될지도 모른다는 뿌리 깊은 두려움에서 벗어나지 못한다. 그 결과 당신은 다른 건강한 사람들과 긍정적인 관계를 맺지 못하고 피하며 살게 될 수도 있다. 다시 보호자로 살게 될지도 모른다는 두려움을 극복하려고 한다면 다음 장에서 소개할 제안들과 기술들이 당신에게 큰 도움이 될 것이다.

비보호자

진정한 비보호자는 어지간해서는 경계선/자기애적 성격장애자의 드라마 게임에 사로잡히는 법이 없다. 비보호자에게는 경계선 성격장애자를 보호해야 한다거나, 구해야 한다거나, 동정해야 한다거나, 이해해야 한다는 욕구가 없다. 비보호자는 자기애적 성격장애자가 자신에게 보이는 지나친 관심과 사랑을 보고도 그것이 특별하다거나 놀랍다고 생각하지 않으며 별로 관심도 갖지 않는다.

대신 비보호자는 경계선/자기애적 성격장애자를 이상하고, 기이하고, 짜증나는 사람으로 본다. 비보호자는 전형적으로 그들과의 상호작용으로부터 멀어지려고 하는 반응을 보인다. 비보호자의 눈에는 그들이 건강한 관계에 존재하는 정상적인 경계들과 균형적 주고받기를 끊임없이 무시하는 것으로 보이기 때문이다. 비보호자는 그러한 모습을 곱게 보지 않는다.

비보호자는 그들과의 상호작용이 편안하지가 않고, 보람이 없으며, 안정감을 가질 수가 없다는 점을 빠르게 파악한다.

비보호자가 경계선/자기애적 성격장애자와 자주 접촉하는 상황에 놓이면 보통 비보호자는 그들을 무시하려고 노력한다. 비보호자는 그들과의 접촉을 최대한 제한하려고 할 것이다.

내 내담자들 중 한 명이 경계선/자기애적 성격장애자와 같은 사무실에서 일한 적이 있었다.

내담자는 자료를 조사하기 시작했고, 경계선/자기애적 성격장애자의 공격적인 행동을 서류로 정리한 다음, 인사과에 보내면서 자리 이동을 요청했다.

다음 장에 소개될 기술들 중에는 경계선/자기애적 성격장애자의 상호작용을 피하는 방법들에 관한 것도 있다.

당신이 이미 어느 정도는 보호자의 역할을 하고 있다면 당신이 완전한 비보호자가 되는 것은 불가능하다. 당신은 바로 이러한 정의를 통해 비보호자가 어떠한 사람인지 대충 감을 잡을 수 있을 것이다.

이 책은 보호자가 되는 것이 좋은 사람이 되는 것이 아니라는 점을 당신에게 가르쳐줄 것이다. 당신이 보호자라는 것은 당신이 다른 사람들에 비해 더 이해심이 깊다거나, 더 배려심이 깊다거나, 특별한 종류의 사람이라는 것을 의미하지는 않는다. 경계선/자기애적 성격장애자의 보호자라는 역할에는, 다음 장에서 소개하겠지만, 자기 파괴와 궁극적 장애로 이어지는 왜곡된 역기능적 감정들, 생각들, 행동들이 복합되어 있다.

제5장
왜곡되어진 보호자의 감정

　제1장에서 설명한 것처럼, 성격장애자들은 감정이나 생각, 행동, 자아에 대한 감각, 관계에 대해 왜곡된 인식을 갖고 살아간다. 그리고 이러한 왜곡된 감정은 보호자인 당신에게도 나타날 수 있다.
　직장에 있을 때나 친구들과 함께 있을 때, 당신은 건강하고 현실적인 방식으로 행동할 것이다. 그러나 성격장애자들과 함께 있을 때면 생각이나, 신념, 행동, 자아, 관계 안에서 행동하는 방식 등에 대해 혼란스럽고 모순적인 감정을 느끼게 될 것이다.
　성격장애자들에게 휩쓸리다 보니 보호자의 역할이나, 감정, 행동 역시 이상해지는 것이다.
　성격장애자들과 함께 있을 때, 당신은 다른 사람과 있을 때는 하지 않던 행동이나 반응을 하게 된다.
　여기서는 이들 성격장애자들과 함께 생활하는 보호자들이 흔히 겪을 수 있는 감정 왜곡에 대해 설명해 보려고 한다.

자신의 감정을 억제하는 것

성격장애자들은 감정을 과도하게 드러내고 보호자인 당신은 거기에 익숙하다. 그러나 보호자로서 당신은 차분하고, 정돈되어 있는 상태, 즉 이성적이고 감정적이지 않은 상태를 유지해야 한다. 당신의 내면에는 불안이나 슬픔이 가득하고, 자신에 대한 수치심, 심지어는 분노나 죄책감이 존재할 수도 있다. 하지만 당신은 그런 감정을 성격장애자나 다른 사람들에게 잘 드러내지 않는다.

성격장애자들은 종종 다른 사람이 감정을 드러내면 고통스러워한다. 그래서 이들 앞에서는 자신의 감정을 드러내지 않고 억제해야 한다. 어떤 경우는 성격장애자들과 함께 있을 때, 그들에게 너무 집중한 나머지 당신의 감정을 모를 수도 있다. 아니면 감정을 밖으로 드러내는 것은 성격장애자들의 특징이어서, 당신은 자신도 모르게 그런 태도를 경멸하고 있을 수도 있다.

사람들 앞에서 눈물을 흘리는 것조차 당신에게는 부끄러운 일이다. 하지만 감정을 드러내지 않는다고 해서 강렬한 감정을 느끼지 못하는 건 아니다. 당신은 성격장애자를 보살피기 위해 감정을 억제하고 있는 것뿐이다.

성격장애자들의 감정을 최소화하는 것

일반적으로 보호자는 성격장애자들의 감정적인 행동을 지나칠 정도로 참아낸다. 때로는 성격장애자들의 격정이나 분노, 또는 공격적인 감정이 아예 일어나지도 않은 것처럼 행동하기도 한다. 선을 넘어선 성격장애자들의 이상 행동들을 심리적으로 최소화할 수 있다면, 그들의 행동이 당신에게 영향을 미친다는 점도 부인할 수 있기 때문이다. 그러나 당신의 진정한 행복을 위해서는 이들의 행동이 당신에게 영향을 미친다는 사실을 받아들이고 인정해야만 한다.

당신은 속으로 자신의 감정이 끔찍하다고 생각한다. 하지만 동시에 성격장애자들의 감정은 대수롭지 않은 것으로 여긴다.

이는 성격장애자들이 지금과 같은 관계를 유지할 수 있도록 그들의 감정을 눈감아주는 셈이다. 그러나 그 결과 이들 성격장애자들은 당신을 감정적으로 조작하거나 이용할 것이다. 그리고 당신은 꼼짝 못 하고 그 모든 것을 받아줄 수밖에 없게 된다. 이를 해결하기 위해서는 경계선 성격장애자와, 자기애적 성격장애자, 그리고 당신 안에서 발생하는 감정의 실질적 수치를 인정해야만 한다. 그래야만 비로소 성격장애자들의 발 깔개와 같은 역할에서 벗어날 수 있다.

자신의 감정을 폭발시키는 것

자신의 욕구와 감정은 계속해서 부인하면서 성격장애자들을 위해 상황을 부드럽게 만들려 애쓰고, 스스로 분노에 가득 차 있을 때조차 애써 침착하려 하다 보면, 당신은 결국 폭발하고 만다. 머지않아 당신은 말싸움을 시작하고, 더 이상은 이 짜증나는 상황을 견딜 수 없다고 생각하게 될 것이다. 그러다 갑자기 감정을 폭발시키게 된다. 그러면 당신과 주변 사람들은 깜짝 놀랄 것이다. 이토록 격렬한 반응을 이끌어낸 계기가 최근에 일어난 다른 일들에 비하면 사소한 일이기 때문이다. 당신은 스스로가 성격장애자들만큼이나 미쳤다고 생각할지도 모른다.

갑작스러운 격렬한 감정 탓에 매우 당황하거나 부끄러움을 느낄 수도 있다. 그리고 어쩐지 자신이 성격장애자처럼 행동하고 있다는 생각이 들 것이다. 이는 무서운 경험이다. 보호자들은 일 년에 한두 번 이와 같은 감정적 폭발을 경험한다.

이러한 경험은 기억에 잘 남고, 아주 수치스럽게 여겨진다. 하지만 감정을 영원히 닫아두는 것은 불가능하다. 지금껏 존재하지 않는 것처럼 부정되고 무시당한 감정들은 한동안 긴장상태를 유지하다가, 아무런 예고 없이 폭발할 수 있다.

감정적으로 통제력을 잃게 되면 당신은 혼란스러워할 것이다. 게다가 이것은 아주 드문 경험이기 때문에, 자연스럽게 자기비판이나 자기혐오, 자신에 대한 공격으로 이어질 수도 있다.

이처럼 당신이 갑작스러운 감정의 폭발을 겪을 때, 당신과 성격장애자들은 모두 엄청난 불균형을 경험하게 된다.

보호자가 감정적으로 해결되지 않은 욕구를 가진다는 것은 규칙을 위반하는 일이기 때문이다. 대부분의 보호자는 자신의 감정을 '부적절하게' 드러냈다는 생각에 죄책감을 느낀다. 반면에 성격장애자들은 약간 안심할 수도 있다. 이들은 보호자들의 이와 같은 감정 표현을 물고 늘어지며, 당신이 그들과 다르지 않다는 것을 '증명'하려고 하기 때문이다.

감정의 폭발을 경험하고 나면, 보호자들은 자기비판이나 처벌, 자기억제나 스스로를 공격하는 것으로 감정을 빠르게 정리한다. 들쑤셔진 감정을 다시 억누르는 것이다. 그러나 이와 같은 태도는 당신을 또다시 성격장애자들과의 관계 안에 가두는 결과를 낳는다. 그리고 당신은 감정의 폭발과 억제를 반복하게 된다.

화내는 것을 두려워하는 것

당신은 자신이나 다른 사람들이 화를 내는 상황을 매우 두려워한다. 당신이 화를 낼 때에는, 스스로가 나쁜 사람이 된 것 같은 기분이 들기 때문이다. 그리고 다른 사람이 화를 낼 때에는, 그들의 기분이 당신 탓이라는 생각에 자기혐오나 우울, 죄책감을 경험하게 되기 때문이다. 하지만 화내는 것에 대한 두려움은 당신을 성격장애자들의 먹잇감으로 만든다. 이들 성격장애자들은 감정을 표현하는 데 두려움이 없고, 심지어 자신들의 감정을 당신 탓으로 돌리기도 하는 사람들이다. 그러므로 화내는 것을 두려워하는 한, 당신은 보호자의 역할에서 벗어날 수 없다.

'나는 아무것도 필요 없다.'고 생각하는 것

보호자들은 언제나 아무것도 필요하지 않다고 이야기한다. 무언가를 필요로 한다면, 더 이상 보호자의 역할을 할 수 없기 때문이다. 당신은 경계선 및 자기애적 성격장애자들을 도움이 필요한 사람으로 인식한다. 그리고 그들 역시 계속해서 자신들이 도움이 필요하다는 사실을 보여준다. 하지만 보호자에게도 충족되지 않은 깊은 욕구가 있을 수 있다.

당신은 성격장애자들의 욕구를 대신 살핌으로써 자신의 결핍을 해소하려고 하는 것이다. 그 결과 당신은 스스로에게 주의를 기울이지 않는다. 그리고 충족되지 못한 욕망은 점점 커진다.

당신의 내면에는 다른 사람들과 마찬가지로 바라보고, 들어주고, 어루만지고, 살펴주어야 하는 비밀스러운 욕구가 들어 있다. 하지만 감당할 수 없을 정도로 지치거나, 아프거나, 완전히 압도당하기 전까지, 당신은 자신의 욕구를 깨닫지 못한다. 절망적인 순간에 다다라야만, 욕구를 인정하게 되는 것이다. 그때가 되면 당신은 이미 욕구에 앞도당한 상태가 된다. 모든 사람은 이와 같은 욕구를 가지고 있다.

당신은 자신의 욕구를 충족시켜 달라고 파트너에게 부탁할 권리가 있다. 인정받지 못한 감정이나 욕구를 너무 오랫동안 무시하면, 그들은 마치 강렬한 파도처럼 당신을 덮칠 것이다. 그렇게 되면, 당신은 성격장애자들에게 분노를 터트릴 수도 있다. 이들은 언제나 당신을 당연하게 받아들이고, 이기적인 데다가, 당신의 욕구에 대한 인간적 공감을 보여주지도 못하기 때문이다. 그러나 이와 같은 감정의 폭발은 사실 당신이 욕망을 가졌다는 수치심을 가리기 위한 방법이다. 보통 몇 분이나 몇 시간 안에 당신은 다시 '정상'상태로 돌아오게 되고, 잠깐이나마 드러냈던 자신의 약한 모습을 잊거나 무시하게 된다.

당신과 성격장애자들은 이와 같은 욕구나 약점을 드러내는 것을 양측이 똑같다는 증거로 해석하기도 한다. 하지만 성격장애자들은 이와 같은 욕구를 하루에도 수십 번씩 드러내는 반면, 당신은 일 년에 한두 번 정도밖에 드러내지 않는다는 점을 기억해야 한다. 계속해서 자신의 욕구를 부인하다가 폭발하기를 반복하면, 당신은 보호자의 역할에서 벗어날 수 없다. 그렇게 되면 언제나 절망의 경계에 서 있게 되는 것이다.

감정적 반응과 이성적 반응

보호자는 상황에 대한 이성적인 반응보다도 감정적인 반응에 더욱 죄책감을 느낀다.

성격장애자들은 흔히 자신의 감정을 남 탓으로 돌리기 때문에, 당신은 이들과의 관계에서 훨씬 더 많은 죄책감을 느끼기도 한다. 왜 이렇게까지 죄책감을 느껴야 할까? 그것은 혼란스러운 일이다. 하지만 동시에 그러한 죄책감을 떨쳐버리기도 어려운 일이다. 그러나 죄책감을 느끼는 한, 당신은 성격장애자들과의 관계를 개선해야 한다는 책임 또한 느끼게 된다. 그렇게 되면 또다시 보호자이자 구조자의 역할을 떠맡게 되는 것이다.

보호자들은 어떤 관계도 쉽게 놓지 않는다. 당신은 경계선 및 자기애적 성격장애자들과의 관계를 유지하기 위해 가능한 한 모든 일을 시도할 것이다. 이는 자신의 감정과 욕구를 포기하는 것 또한 포함한다. 당신은 관계를 놓아버리는 것이 개인적인 실패라고 여긴다. 당신이 충분히 좋은 사람이었더라면, 문제를 해결할 수 있었으리라는 막연한 생각을 가지고 있는 것이다. 하지만 이는 이성적인 사고가 아니라 감정적인 추론에 불과하다.

실패를 두려워하는 것

성격장애자들과의 관계를 끝내는 것이 왜 그토록 당신을 불안하게 만드는가? 관계를 맺으면, (비록 제대로 기능하지 못하는 관계라 할지라도) 누군가가 당신의 내적인 욕구를 충족시켜 주리라는 희망이 있기 때문일까? 아니면 실패에 대한 당신의 두려움 때문일까? 관계를 끝내는 것이 당신은 사랑받을 만한 사람이 아니라는 것을 증명하기 때문일까? 버림받는 것처럼 느껴지기 때문일까?

사실, 아무 관계도 맺지 않는 대부분의 보호자들은 살아가는 데 별 문제가 없다. 이들은 감정적으로 더 건강하고, 자신의 욕구를 더 잘 살피고, 성격장애자들과는 누리지 못했던 우정 어린 관계나 사회적 활동을 즐기기도 한다. 그러므로 정상적이고 행복하게 살기 위해 성격장애자들과 함께해야 한다는 믿음은 보호자들의 왜곡된 감정이다. 성격장애자들과의 관계를 반드시 성공적으로 이끌어 나가야 하고, 그렇지 않을 경우 실패자가 된다는 믿음 또한 마찬가지로 왜곡된 것이다.

사랑받을 자격이 없다는 기분이 드는 것

대부분의 보호자들은 자신이 사랑받을 자격이 없다는 생각에 깊은 공포를 느낀다. 당신은 생각하는 것보다 더 많이 감정적으로 관계에 의존한다. 사랑받을 자격이 없다는 기분이 들면, 누구라도 당신을 필요로 해주는 사람이 있다는 것을 행운이라 믿게 되기 때문이다. 스스로를 싫어하고 인정하지 않기 때문에, 당신에게 관심을 주고 당신을 필요로 해줌으로써 당신이 사랑받을 만한 사람이라는 것을 증명해 줄 다른 누군가가 필요한 것이다. 하지만 만약 성격장애자들처럼 정신적으로나 감정적으로 제대로 기능할 수 없는 사람에게 그와 같은 증명을 바란다면, 당신은 결코 필요한 확신을 얻을 수 없다.

그저 언제나 좋은 행동을 하고, 친절하게 대하고, 성격장애자들의 문제를 참고 견뎌주고, 그들에게 의존하기를 포기하다 보면 언젠가는 그들로부터 인정받을 수 있으리라는 헛된 희망만 남길 뿐이다. 당신은 계속해서 성격장애자들을 성심껏 보살피겠지만, 원하는 것은 결코 얻을 수 없을 것이다.

이처럼 보호자인 당신은 왜곡된 감정을 겪는다. 성격장애자들의 감정을 잘못 이해하거나, 자신의 욕구를 충족시키지 못하거나, 분노나 실패를 두려워하거나, 사랑받지 못하는 것을 두려워하는 것이다. 이와 같은 감정의 왜곡은 당신을 보호자의 역할에 가두어 버린다. 이뿐만 아니라 이어지는 장에 나오는 다양한 왜곡 탓에, 당신은 진정한 자아를 잃어버리고 그저 성격장애자들을 돌보는 보호자로만 남게 되는 것이다.

제6장
왜곡되어진 보호자의 사고

보호자의 사고에 일어나는 흔한 왜곡에는 모 아니면 도라는 식의 사고와, 완벽주의, 논리적 설득이 가능하리라는 믿음, 사랑이 모든 문제를 치유해 주리라는 믿음, 과도한 책임감, 자신의 욕구나 선호를 지나칠 정도로 깨닫지 못하는 것, 친절하게 구는 것은 사랑하는 사람이 원하는 것을 무엇이든 주는 것을 의미한다는 믿음, 그리고 자기 자신과 경계선 및 자기애적 성격장애자들 사이의 차이점을 보는 능력의 결핍 등이 있다.

모 아니면 도라는 식의 사고

완전히 내 책임이거나 전부 상대방의 탓이다. 경계선 성격장애 및 자기애적 성격장애자들에게는 회색 영역이란 없다. 이들은 언제나 전체를 의미하는 단어를 사용한다. 어쩌면 당신 역시 그들과 같은 방식으로 언어를 사용하고 있을 수도 있다. '항상', '절대' 그리고 '영원히'와 같은 말들은 그럴싸하게 들린다. 그러나 관계에서 그것은 있을 수 없는 말들이다.
"너는 항상 나를 사랑할 거야?"
"나를 절대로 떠나지 않을 거야?"
성격장애자들은 이러한 질문을 매일 한다.
당신은 실제로 그 질문들에 대답할 수 있는 것처럼 답하려고 노력한다. 그 순간 당신은 모 아니면 도라는 식의 사고에 빠져드는 것이다. 무언가가 한 가지 방식으로 영원히 흘러가야 한다면, 선택지를 생각할 수 없게 된다. 무슨 결정이든 일단 한 번 정해지면 영원히 지속되어야 하는 것이다. 성격장애자들은 세상이 그런 식으로 흘러간다고 믿는다. 하지만 당신은 대상에 대해 다양한 감정을 가질 권리가 있다. 그리고 도중에 마음을 바꿀 권리도 있다. 모 아니면 도라는 식으로 생각한다면 사고는 제한되고, 다른 선택지는 존재하지 않게 된다. 이는 모두에게 악영향을 미치는 사고이다. 이러한 사고에 집착하게 되면 선택지가 주어지지 않게 되고, 당신은 보호자의 역할에 갇히게 된다.

완벽주의

완벽주의 역시 이들 성격장애자와의 관계에서 찾아볼 수 있는 특징이다. 실수를 할 때마다 당신은 완벽하지 못한 존재가 되는데, 그렇게 되면 성격장애자들은 당신을 비난하거나 무시하고, 놀린다. 만약 당신이 성격장애자들에게 완벽주의를 기대하면, 그들은 분노할 것이다. 하지만 보호자들에게 완벽주의를 기대하면, 그들은 더 훌륭한 일을 해내려고 무던히 노력한다.

완벽하고자 하는 욕구는 불안이나 패배감, 또는 부정적인 자기 공격을 불러일으킨다.

'이런, 나는 정말 멍청해. 왜 내가 그런 짓을 했을까? 뭐가 잘못된 걸까?'

보호자들은 일반적으로 이렇게 생각한다. 당신이 스스로를 낮추면, 성격장애자들이 당신에게 동정심을 느껴 공격하거나 비판하지 않으리라고 생각하는가? 스스로에게 완벽을 기대하다 보면, 성격장애자들의 비판에 지나치게 반응하기 쉽다. 당신은 그들의 비판을 의견이 아닌 사실로써 받아들인다. 이것은 이들 성격장애자들에게 당신을 쥐고 흔들 수 있는 많은 무기를 주는 셈이다. 이들은 원하는 것을 얻기 위해 그저 당신을 비판하기만 하면 되기 때문이다.

스티븐의 어머니는 그가 전날 숙제를 잊어버린 것이 얼마나 멍청한 일인지에 대해 45분 동안 장광설을 늘어놓았다.

스티븐은 그 후 며칠간 어머니가 원하는 모든 일을 했다. 그는 설거지와 빨래를 했으며, 어머니께 공손하고 예의 바르게 굴었다. 어머니로부터 긍정적인 반응을 얻으리라 기대했던 것이다. 그러나 그녀는 그를 무시했다. A 학점을 맞은 과제를 어머니에게 보여줬을 때, 스티븐은 자신이 지금껏 이용당하고 조작당한 것 같다고 느꼈다. 어머니는 "물론 잘했겠지. 넌 항상 잘하잖니."라고만 말했기 때문이다. 그의 믿음과는 달리, 어머니는 아들의 성공에 큰 관심을 가지고 있지 않았던 것이다. 흥미롭게도, 보호자들은 스스로를 완벽주의자라고 생각하지 않는다. 왜냐하면 그들은 스스로를 완벽한 사람으로 인식할 수 없기 때문이다. 그것은 그 자체로 모순된 사고다.

월등함/열등함: 어떻게 둘 다일 수 있을까

이처럼 완벽함에 집착하는 동시에 잘못된 일에 대한 비난을 받아들이다 보면, 당신은 모든 것을 올바르게 만들어야 할 책임이 자신에게 있고 항상 그 일에 실패하고 있다고 생각하게 된다. 성격장애자보다 더 잘 행동하고 더 능력이 있다는 이유로, 당신은 스스로를 월등한 사람으로 볼 수도 있다. 그러나 그와 동시에 여전히 스스로가 열등하며 비난을 받을 만큼 '잘못된' 사람이라는 메시지도 받는다. 이러한 이중 메시지는 당신도 모르는 사이에 장기적인 혼란이나 분노, 스트레스, 호전성을 야기할 수 있다.

보호자로서 가정에서 주어진 역할을 수행하기 위해, 당신은 언제나 '좋고' '친절한' 사람이어야만 한다. 당신은 '좋은 사람' 역할을 하는 것이 자랑스러울 것이고, 그로 인해 월등함을 느낄 것이다. 그러나 내적으로는 여전히 스스로를 망가지고 열등한 사람, 즉 실패자라고 인식하고 있을 가능성이 크다. 왜냐하면 객관적인 상황은 결코 나아지지 않기 때문이다. 게다가 당신이 하는 일이 혹시라도 성격장애자들의 기분을 상하게 한다면, 그들은 당신을 비난할 것이다.

나는 모든 일에 책임이 있다는 생각

지속적으로 비난을 받다 보면, 당신은 스스로가 성격장애자들의 기분과 반응에 정말로 책임이 있다고 믿게 된다. 이와 같은 책임감을 느끼는 일은 어떤 보호자들에게는 매력적이기까지 하다. 당신에게 상황을 더 낫게 만들 수 있는 통제력이 있다는 생각 때문이다. 그러나 당신이 보호자의 역할로 남아있는 한, 경계선 및 자기애적 성격장애자들이 언제나 관계에 대한 통제력을 가진다.

당신은 성격장애자들에게 미안함을 느끼거나, 이들의 주의를 환기할 필요가 있다고 느끼며 더 많은 책임을 떠맡고 싶어 할 것이다. 그러나 불행하게도, 지나친 책임을 떠맡는 것은 성격장애자들과 당신의 관계를 더 좋게 만들지도, 당신의 삶을 더 낫게 만들지도 않는다. 단지 현재의 상황을 더 길게 늘일 뿐이다.

'싫다.'고 말하는 것은 친절하지 않은 것이라는 생각

어떤 형태이든지, 성격장애자들은 '싫다.'는 말을 잘 받아들이지 못한다. 이들은 '싫다.'는 이야기를 들으면 격분하며 화를 내거나, 비판하거나, 상대를 공격하거나 상황을 회피한다. 오래지 않아 당신은 가능한 모든 방식을 동원해 '싫다.'는 이야기를 피하는 법을 배우게 될 것이다.

보호자들은 유순하고, 친절하고, 순응적인 사람이 되려고 열심히 노력한다. 당신은 자신의 욕구, 감정, 의견 등을 묻어버리는 법을 배우게 될 것이고, 때때로 의식조차 하지 못하게 될 것이다.

당신은 '좋은' 사람이 되어 성격장애자들에게 자신이 어떻게 취급받기 원하는지 보여주고자 한다. 또는 당신이 좋은 사람이고, 성격장애자들의 끔찍한 기분은 당신의 탓이 아니라는 사실을 증명하려고 노력하기도 한다. 그러나 내면적으로는 자신이 항상 좋은 사람이 아니라는 것을 알기 때문에, 당신의 자존심은 또다시 상처받는다.

당신은 스스로가 성격장애자들에게 항상 동의하지는 않는다는 사실을 알고 있다. 당신은 자신이 그 성격장애자들과는 다른 자신만의 의견, 생각, 아이디어를 가지고 있다는 사실도 알고 있다. 그러나 그것을 표현하기를 그만두었을 뿐이다. '괜히 들쑤시고 싶지' 않기 때문이다. 결국 당신은 보호자로서의 역할을 위해 자아를 부인하는 셈이다.

내가 원하는 것이 무엇인지 모른다

생각이나 원하는 것, 욕구 등을 지나치게 오랜 시간 묻어두다 보면, 더 이상 자신이 무엇을 좋아하고, 원하고, 느끼는지 모르게 된다. 당신은 자신의 감정이나 의견을 묻어두면 묻어둘수록, 성격장애자들과 더 잘 어울릴 수 있으리라고 생각한다. 당신이 아무런 생각이나 욕구도 지니지 않으면, 어떠한 갈등도 일으키지 않으리라 믿는 것이다. 하지만 이는 당신이 겪는 가장 큰 왜곡된 생각 중 하나이다. 자신이 무엇을 원하고 무엇을 느끼는지, 또는 무엇을 진정으로 사랑하는지 모르면, 삶은 더 이상 당신의 것이 아니게 된다. 당신이라는 고유한 존재가 사라지기 시작하는 것이다. 취향이 확고하지 않으면 다른 사람에게 자신을 알릴 수 없다. 이렇게 되면, 새로운 사람을 만나도 당신은 그저 조용히 앉아 있을 뿐, 대화에 참여하거나 의견을 이야기하지 않을 것이다. 심지어는 자신이 어떤 음식, 영화, 활동을 좋아하는지도 더 이상 알 수 없게 될 것이다. 말하자면 더 이상 존재하지 않게 되는 것이다.

사랑은 모든 문제를 해결해 준다

보호자들은 사랑이 넘친다. 즉 다른 사람을 위해 많은 사랑을 베푼다. 이들은 타인의 욕구에 쉽게 공감하고, 거의 모든 상황을 타인의 시선에서 바라본다. 그리고 타인의 욕구나 의견을 자신의 것보다 우선시한다. 당신은 사랑받기 위해서는 먼저 사랑을 주어야 한다고 생각한다. 그래서 남에게 잘 베풀어준다.

하지만 당신을 위해 무언가 해줄 수 있는 사람은 쉽게 만나지 못한다. 건강한 관계라면, 한 사람은 다른 사람에게 주의나 관심을 기울이며, 그 사람이 적절히 반응해 주기를 기다릴 것이다. 하지만 당신은 무언가를 베풀고 난 뒤에, 그 보답을 기다리기를 두려워한다. 그러다 보니 점점 더 많은 것을 베풀게 되는 것이다. 특히나 성격장애자들에게는 보답을 받을 수 있으리라는 보장이 없기 때문에, 기다리는 일은 곤욕이다. 따라서 당신은 마냥 기다리기보다는 그 시간 동안 더 많은 것을 주고자 한다.

당신은 이들 성격장애자들이 당신에게 사랑을 줄 수 없다고 해도, 당신이 두 배의 사랑을 주면 된다고 생각할 것이다. 하지만 성격장애자들을 안정시키고 치유하기 위해 점점 더 많은 것을 포기하는 것은 자신을 파괴하는 일이다. 이것은 결코 좋은 효과를 볼 수 없다. 여태까지도 그랬고, 앞으로도 그럴 것이다.

성격장애자들과의 관계가 고통스럽고 보상이 없을 때라도, 당신은 더 신경 쓰고, 더 베풀고, 더 사랑해 줄 것이다. 당신의 이런 행동을 통해 성격장애자들이 베푸는 법을 배울 것이라고 생각하기 때문이다. 그리고 한참의 시간이 흐른 뒤에는, 여전히 아무것도 돌려받지 못한다는 사실에 상처입고 화를 낼 것이다.

경계선 및 자기애적 성격장애자들은 다른 사람의 표본을 통해 바뀌지 않는다. 다른 사람의 태도를 알아차리기에는 지나치게 자기중심적이기 때문이다. 하지만 이처럼 만족스럽지 못한 결과에도, 당신은 쉽게 생각을 바꾸지 않을 것이다. 그 대신 성격장애자들을 이해하려고 애쓰며, 계속해서 그들에게 베풀고자 할 것이다. 당신은 자신을 똑같이 사랑해달라며 성격장애자들을 회유하거나, 그들에게 애원하고 명령하기까지 할 것이다.

"나라면 너한테 그렇게 안 해."
"내가 지금까지 너에게 해준 것을 봐."
"그렇게 해주기로 했잖아."
"저녁 정도도 해줄 수 없어?"
"항상 나만 부탁하잖아."
"내가 원하는 걸 한 번 정도는 해줄 수 없어?"

경계선 성격장애 및 자기애적 성격장애자들은 상호관계라는 개념, 즉 동등하게 오고 가고, 주고받는 관계라는 개념을 잘 이해하지 못한다. 성격장애자들의 인식을 바꾸려고 시도하는 보호자들은 벽에다가 계속해서 머리를 박아대는 셈이다. 당신은 그동안 베풀었던 사랑을 되돌려 받기 전까지는 그들과의 관계를 놓아버릴 수 없다고 생각하기도 한다. 그러면서 그 관계 속에 갇혀버리는 것이다.

절대 포기하지 않는다

'절대 포기하지 않는다.'는 보호자의 신념이기도 하다. 당신은 어떤 관계든 포기하는 것은 불성실하고, 이기적이고, 사랑이 부족한 것이라고 생각한다. 이러한 믿음은 성격장애자들과의 관계에서 당신을 노예로 만든다. 당신은 성격장애자들의 아주 작은 긍정적 반응조차 훌륭한 것으로 받아들인다. 그러다 보면 그 관계에서 빠져나갈 수 없게 되고, 시간이 지날수록 이러한 무작위 보상에 희망을 걸게 된다.

어떤 보호자들은 몇 달이나 몇 년 동안 성격장애자들로부터 이렇다할 반응을 얻지 못한다 하더라도 그 관계를 포기하지 못한다. 그러나 포기하지 않겠다는 신념을 비정상적으로 추구하는 한, 당신은 계속해서 성격장애자들을 돌볼 수밖에 없다.

논리적인 성격장애자들

이쯤 되면 성격장애자들의 사고와 행동 대부분이 비논리적이고 자기중심적이며, 다른 사람들에게는 말이 되지 않는다는 것이 분명해졌을 것이다. 이들 성격장애자들과 가끔씩만 만나는 건강한 사람들은 그저 고개를 젓거나, 화가 난 말 한 마디를 남기고 그들을 피한다. 그러나 보호자들은 이들 성격장애자들에게 논리적으로 사고하는 것을 '가르치고

자' 한다. 그리고는 엄청난 양의 시간과 에너지를 들여, 성격장애자들에게 더 명확하고, 더 이해하기 쉽고, 더 말이 되는 방식으로 상황을 설명해 줄 수 있는 방법을 연구한다.

당신은 '올바른' 방식으로 설명하기만 하면, 성격장애자들이 상황을 명확하게 인식할 것이고, 관계도 더 나아질 것이라는 거짓된 믿음에 매달린다. 물론 성격장애자들에게는 논리적 사고와 비논리적 사고가 혼재되어 있어서, 아주 희망이 없는 것처럼 보이는 것은 아니다. 그러나 성격장애자들은 계속해서 논리적인 상태에 머무르지 못한다. 놀랍게도 이들의 논리는 무작위로 나타났다 사라지는 것이다. 이것이 현실이다. 이들을 논리적으로 대하려다가는, 보호자의 역할에 갇히게 된다.

성격장애자들과 나는 다르지 않다

대부분의 보호자들에게서 나타나는 또 다른 왜곡된 사고는, 그들이 성격장애자들과 같은 방식으로 생각하고, 느끼고, 행동한다는 믿음이다. 때때로 당신은 하나가 된 느낌 때문에 이러한 생각을 좋아한다. 하지만 어떤 때에는 이 생각이 무섭게 느껴지기도 할 것이고, 또 어떤 때에는 성격장애자들이 '당신은 그들만큼이나 나쁘다.'라는 말로 당신을 위협할 수도 있다.

카일리와 그녀의 자기애적 성격장애 남편은 별거 중이었다. 최근 만났을 때, 그들은 말싸움에 휘말렸다. 남편은 그녀가 단 한 번도 가족 경제에 도움이 되지 않았다고 말했다. 그러자 그녀는 자신의 세금 내역을 남편의 얼굴에 들이밀며, "여길 봐."라고 말했다. 남편은 그녀를 붙잡아 방에 내던져버렸고, 그러면서 그녀의 엄지손가락을 부러트렸다. 카일리의 친구인 샌디는 무슨 일이 일어났는지 의사에게 이야기했느냐고 물었다.

"그냥 넘어졌다고 말했어."

카일리는 대답했다.

"내 잘못으로 일어난 일이야. 내가 그렇게 화내지 않았으면 나를 집어 던지지 않았을 거야."

카일리는 자신이 남편의 말에 이의를 제기했고 그를 화나게 만들었기 때문에, 자신 역시 남편만큼이나 엄지손가락이 부러진 것에 책임이 있다고 생각했다. 가족 경제에 도움이 되었다는 사실을 주장하려다가, 성격장애자들과는 다른 방식으로 '사실'을 바라보아야 하고 그들과 논쟁하면 안 된다는 규칙을 어긴 것이다. 그리고 성격장애자에게 그들의 의견이 서로 일치하지 않는다는 것을 알아차리게 해버렸다. 결국 자신의 경제적 기여를 알리려던 시도는 자기애적 남편을 화나게 만든 것이다. 카일리는 자신이 가족의 평화를 찾으려다, 남편과 마찬가지로 비정상적 사고를 하게 되었다고 생각한다.

이처럼 보호자들은 성격장애자와의 공통점과 차이점 때문에 혼란스러워한다. 당신은 스스로가 성격장애 배우자만큼이나 장애를 가지고 있다고 생각할지도 모른다. 결혼에 관한 대부분의 책과 기사를 보면, 두 사람이 모두 그 관계에 책임이 있음을 강조하기 때문이다. 당신에게 이 말은 '내 파트너와 나는 똑같다.'라는 말로 들린다. 물론 실제로 이 잘못된 관계가 지속되는 데에는 당신 역시 일정 부분 책임이 있다. 하지만 그것은 아주 작은 부분이고, 대부분은 성격장애자들의 책임이다. 예를 들어 이런 것이다.

술 한잔을 마시고 난 뒤 스스로가 알코올 중독자인 배우자와 '동일'하다고 생각한다. 성격장애자들은 당신이 무언가를 다른 방식으로 하기 원할 때, 당신이 이기적이라며 불평한다. 그래서 당신은 항상 그들이 원하는 방식으로 일을 처리해 준다. 이들 성격장애자들은 세 시간 동안 당신에게 폭언을 쏟아놓는다. 그러다 당신이 화가 나서 한 마디 소리를 지르기라도 하면, 당신은 스스로를 성격장애자와 '같은 사람'이라고 생각하게 된다. 당신은 계속해서 성격장애자들의 욕구를 살펴준다. 그러나 성격장애자들은 반대로 당신이 통제력을 가지고 있다고 생각한다. 당신은 이 생각에 충격을 받거나 혼란스러워한다.

당신 스스로가 자신만의 생각이나, 느낌, 욕구 등을 지닌 고유한 존재라는 것을 잊지 말아야 한다. 그렇지 않으면 지속적으로 변화하는 현실이 마치 안개처럼 느껴질 수밖에 없다. 무엇이 현실이고, 무엇이 옳고, 무엇이 충실한 것이며 무엇이 적합한 것인지에 관해 자신의 생각을 바꿀 줄 아는 것은 어려운 일이다. 하지만 다행히도 보호자는 논리적인 사람이다. 이는 변화를 이끌어내는 데 큰 도움이 된다. 자세히 살펴보면 관계, 특히 성격장애자들과의 관계에 대해 당신이 생각하고 믿어왔던 것들은 완전히 비논리적이라는 사실을 알 수 있을 것이다. 성격장애자들과의 관계를 생각하는 방식에 대해 스스로 질문하기 시작해야 한다. 만약 직장이나 친구들과의 관계가 즐겁고, 효과적이고, 즐길 수 있는 것이라면, 왜 성격장애자들과의 관계는 그토록 불편하고 고통스러운가?

이 차이에는 분명 이유가 있을 것이다. 그 차이는 당신이 성격장애자들과 함께 있을 때와 직장에서 있을 때, 서로 다르게 생각하고 행동한다는 데에 있다. 관계에 대해 직접 관찰한 내용과 당신의 생각을 논리적으로 바라보는 연습을 해야 한다. 그러면 당신이 집에서도 더욱 솔직하고 적절하게 행동하는 데에 도움이 될 것이다. 이러한 변화는 당신의 자존심과 정체성에 대한 감각을 향상시켜 줄 것이다. 그리고 당신을 보호자의 역할에서 벗어나게 해줄 것이다.

제7장
왜곡되어진 보호자의 행동

성격장애자들의 욕구를 수용하기 위해, 보호자는 계속해서 다르게 행동해야만 한다. 즉 당신의 행동은 성격장애자들의 행동이나 사고, 감정 그리고 욕구에 의해 결정된다. 당신은 혼돈을 '해결하려고' 노력한다. 그리고 성격장애자들을 기쁘게 하려고 애쓴다. 당신은 삶을 좀 더 차분하고 예측 가능한 것으로 만들고 싶어 한다.

하지만 성격장애자들의 방해나, 의욕 저하 또는 마지막 순간에 갑작스럽게 바뀌는 기분 때문에 계획이 틀어지는 데에 너무 익숙한 나머지, 원하는 것을 미리 계획하기를 포기한다. 어차피 성격장애자들이 모든 것을 취소할 수 있다면, 미리 계획을 짜는 것이 무슨 소용이란 말인가? 당신은 점점 더 쉽게 포기하게 된다. 궁극적으로 당신은 자신이 무엇을 좋아하고 무엇을 하고 싶은지 더 이상 알 수 없게 될 것이다. 당신의 삶은 성격장애자들이 좋아하고 원하는 것을 중심으로 돌아간다.

혼돈은 지극히 정상적인 것이다: 부정

성격장애자들과 함께하는 관계에서, 혼돈은 지속적으로 발생한다. 이들 성격장애자들은 작은 불행이나, 오해, 실망에조차 강력하게 반응하기 때문에, 언제나 감정적으로 달아오른 사건이 발생하게 된다. 따라서 이들 성격장애자들이 있는 가정에서는 심리적 부정이 쉽게 나타난다. 일반적인 문제 해결이 불가능할 경우, 혼돈을 벗어나는 가장 빠른 방법은 방금 일어난 일에 대해 잊어버리고 가능한 빨리 다음으로 넘어가는 것이기 때문이다. 부정은 어린아이들도 사용할 수 있는 방어 기제이다.

"식당에 가기로 한 날, 존은 일찍부터 긴장한 상태였어요. 그는 빨리 출발하고 싶어 했지만, 아이들은 아직 준비를 마치지 못한 상태였죠. 차에는 기름이 없었고, 존은 이미 예상되는 음식 값을 챙기고 있었어요. 식당에 들어갔을 때 바로 테이블이 준비되지 않자, 존은 종업원에게 그녀가 무능력하다고 이야기했어요. 그리고 큰 소리로 당장 자리를 마련해달라고 요구했죠. 아이들 중 하나가 칭얼거리기 시작하자, 존은 무서운 눈빛으로 주변을 둘러보고는 아이에게 조용히 하라고 말했어요. 우리는 빠르게 자리에 앉았고, 감사하게도, 존은 한 발 물러서는 듯했죠. 나는 분위기를 띄우려 애썼어요. 아이들과 외식을 하니 얼마나 즐거운가에 대해 이야기했죠. 잠시 후, 우리는 모두 자리에 앉기까지 있었던 소동에 대해 잊어버렸고, 즐거운 시간을 보내려고 노력하게 됐어요." (자넷, 34세, 2명의 자녀와 경계선 성격장애 남편이 있음.)

보호자는 가정이 혼돈이나, 공격성, 감정의 상처 등으로 빠지지 않도록 하는 것이 자신의 주된 임무라고 생각한다. 아이들뿐 아니라 성격장애자의 욕구를 예측하는 것이 당신의 임무가 되는 것이다.

많은 보호자들은 이들 성격장애자들과 함께하는 삶은, 마치 어른의 몸에 돌보아야 하는 또 다른 아이가 들어가 있는 것을 보는 것과 같다고 묘사하기도 한다. 보호자인 당신은 행복한 얼굴을 하고, 차분하게 행동하며, 일을 부드럽게 처리하는 데 달인이다. 혼란과 혼돈을 부정하고 모든 것이 괜찮은 것처럼 행동하는 것은 마치 천성인 것처럼 자연스럽다.

당신은 무언가가 잘못되었음을 느끼기도 전에, 놀라울 정도로 엄청난 양의 감정적 혼돈을 참아낸다. 보호자가 아닌 사람들이라면 화를 낼만한 행동들도 당신의 눈에는 들어오지 않는다. 당신은 자신이 위기를 얼마나 잘 헤쳐 나가는지 자랑스러워할 수도 있다. 그러나 이 때문에 당신은 혼돈이 정상적인 상태가 아니라는 것을 인식하지 못한다.

혼돈이 없다면 당신의 삶은 어떤 느낌일까? 만약 당신이 성격장애자들에게 모든 주의를 쏟을 필요가 없다면, 당신 스스로의 약점을 의식하고 느낄 수 있는 시간이 더 많아질 것이다. 관계가 언제나 성격장애자들을 중심으로 돌아가지 않고 때때로 당신 자신이 중심이 된다면, 당신은 어떻게 행동해야 할지 몰라 갈팡질팡하게 될까? 당신은 그것이 불편하다고 생각할 수도 있고, 무엇을 해야 할지 모를 수도 있다.

스스로의 욕구에 관심을 갖고 살펴보는 것은 당신이 항상 원했던 일이면서 거의 경험해 보지 못한 일이기도 할 것이다. 당신에게는 그것이 놀라울 정도로 불편한 일이다. 그렇기 때문에 혼돈이 없는 정상적인 삶을 정상적이라고 느끼지 못하는 것이다.

아무 일도 일어나지 않았다: 신비화

성격장애자와의 관계에서 아무 일도 일어나지 않은 척 굴면서 상황을 무마하려 할 때, 당신은 스스로와 주변 사람들에게 불편한 거짓말을 하고 있는 셈이다. 표면적으로는 상황이 차분해 보일 때조차, 그 관계의 기저에는 불확실성, 불안, 불신과 같은 감정이 존재하고, 당신은 실제로 무슨 일이 일어나고 있고 앞으로 무슨 일이 일어날 것인지 제대로 알지 못한다.

이는 아이들과 당신에게 커다란 불안을 야기한다. 곧 다음 재앙이 닥쳐올지 누가 안단 말인가? 사실과는 다르게 상황이 괜찮은 척하는 것을 우리는 신비화라고 부른다. 이것은 관계에 더 많은 혼돈과 혼란을 야기한다. 화가 났을 때 행복한 척하는 것이나, 동의하지 않을 때 동의하는 척하는 것은 당신의 삶과 관계를 현실이 아닌 환상으로 만든다.

신비화는 많은 오해, 나쁜 의사소통, 잘못된 결론, 그리고 협상이 어려운 관계에서 기대에 따른 실망을 가져온다. 보호자가 범하는 가장 큰 신비화는 파트너에게 우리의 관계는 괜찮다고 이야기하는 것이다. 정신적으로 아픈 사람과 관계를 맺고 있다는 현실을 감추기 위해 당신은 얼마나 많은 에너지와 시간을 소비하는가?

그러는 동안 당신은 파트너가 '정상'이고 당신의 연극 같은 상호작용도 '정상'이라고 생각한다. 성격장애자들이 다른 사람들과 다르지 않고, 그저 '조금 더 강력할 뿐'이라는 생각 또한 신비화에 해당한다. 당신은 친구와 가족에게 성격장애자들의 이상하고 무례한 히스테리적 행동에 대해 무엇이라고 이야기하는가? 대부분의 신비화는 당신 자신이 그 대상이다.

과도하게 주의를 기울이는 것

성격장애자들과 관계를 맺는 보호자는, 오래지 않아 상대방에게 과도한 주의를 기울이거나 민감한 반응을 보이게 된다. 이것은 당신이 항상 예민한 상태에 놓여 있고, 성격장애자들의 분위기나 기분의 변화를 나타내는 모든 뉘앙스에 촉각을 곤두세운다는 것을 의미한다. 성격장애자들의 기분 변화는 아주 빠르게 일어나며 하나의 극단에서 다른 극단으로 격변한다. 따라서 만약 부정적이고 폭발적인 반응을 미리 예측하고 차단할 수 있다면, 성격장애자들을 진정시키고 차분하게 만드는 것이 더 쉬울 것이라고 당신은 생각하는 것이다.

보호자들은 초자연적인 힘을 지니고 싶어 한다. 이는 신체 언어를 읽고, 얼굴 표정의 변화를 매 시간 해석하고, 곧이어 발생할 문제를 예측할 수 있는 심리적 능력을 의미한다. 하지만 과도하게 주의를 기울이는 것은 피곤한 일이며, 공포나 불안, 또는 죽음에 대한 생각 등을 불러일으킬 수도 있다. 과도하게 주의를 기울인다는 것은 늘 높은 수준으로 위험을 경계하는 것이다. 이것은 매우 힘이 드는 일이다.

고립

시간이 지남에 따라, 보호자는 점점 더 고립된 상황에 처하게 된다. 당신은 정상적인 사교 활동은 즐기는 동시에, 성격장애자들과 함께해야 하는 사교 활동은 두려워하기 시작할 것이다.

"저는 친구나 가족들과 잦은 사교 활동을 하곤 했습니다. 척을 만나기 전까지는 말이죠. 그는 언제나 질투심에 가득 차 있었고, 제가 여자친구들과 점심을 먹거나 일이 끝나고 조카들을 보러 들를 때면 10번에서 15번 정도 전화를 했어요. 그는 항상 의심하며 저를 감시했죠. 제가 옛날 남자친구를 만난다는 이유로 대학 동창회에 나가는 것도 '금지'했어요. 부모님 댁에 저녁을 먹으러 가자고 제안할 때마다, 발작을 하거나 마지막 순간에 가지 않겠다고 말하곤 했죠. 그는 제가 좋아하는 사람은 그 누구도 좋아해 주지 않았어요. 양쪽을 조율하는 일은 너무 많은 에너지를 필요로 하는 일이었죠. 항상 변명을 하거나 마지막 순간에 약속을 취소하다 보니, 친구들이나 가족들은 제가 더 이상 그들에게 신경 쓰지 않는다고 생각하더군요. 척이 상처받을까봐 신경 쓰는 것 말고는 다른 누구에게도 신경 쓸 수 없게 되어버린 것 같아요." (메리, 37세, 자기애적 성격장애 남자친구가 있음.)

당신은 사교 활동을 해야 하는 상황에서는 성격장애자들을 믿을 수 없다는 사실을 알고 있다. 가정에서의 특별한 이벤트나 커플 이벤트를 기획하는 것조차 이들 성격장애자들에게는 예측하지 못한 불안이나 화를 불러일으킬 수도 있다.

"저는 기념일을 위해 멋진 저녁을 계획해 두었어요. 자넷이 가장 좋아하는 레스토랑에 예약을 해두고, 리무진을 빌려두고, 샴페인도 사두고요. 특별한 저녁 이벤트로 그녀를 놀라게 해줄 작정이었죠. 하지만 이 계획이 사전에 들통 났고, 그녀는 가기를 거부했어요. 가격이 걱정될 뿐더러, 아이들을 저녁 내내 홀로 두고 싶지 않다는 거였죠. 그리고 입을 옷도 없다고 했어요. 제가 모든 것을 다 준비해두었다고 하는데도, 그녀는 꼼짝하기도 싫어했죠. 저희는 그날 저녁을 서로 다른 방에서 보냈어요. 그날, 저는 제 자신만의 사교적인 삶을 살기로 결심했죠." (데이빗, 32세, 경계선 성격장애 아내가 있음.)

사회불안을 제대로 통제하지 못할 경우, 이는 많은 성격장애자들에게 커다란 문제가 된다. 예를 들어, 그들은 자신들이 관심의 중심이 되고, 앞으로 일어날 모든 일을 직접 결정할 수 있을 때에만 밖에 나가려고 할 것이다. 당신은 낙담이나 실망, 혹은 단순한 당황스러움 때문에라도 사교 활동을 계획하는 것을 포기하게 된다. 그리고 점점 더 사교성을 잃게 될 것이다. 게다가 많은 경계선 성격장애 및 자기애적 성격장애자들은 보호자를 가족이나 친구들로부터 고립시키고자 한다.

경계선 성격장애가 있는 한 남편은 그의 아내에게 자신의 어머니와 이야기하기 전에 항상 먼저 확인을 받으라고 말하기도 했다. 자기애적 성격장애가 있는 어떤 아내는 남편의 가족이 너무 지루하고 세련되지 못하다는 이유로, 그들과 시간을 보내기를 거부하기도 했다. 그녀는 남편을 깔보고, 그가 가족을 방문할 때마다 모욕했다. 남편이 혼자서 가족을 찾아가면, 버림받는다고 느끼기도 했다. 남편은 결국 포기해버렸다.

성격장애자들은 당신이 그들 없이 무언가를 하려 할 때마다 버려졌다고 강력하게 느낀다. 그들의 불안정을 다스리는 데에는 너무 많은 에너지가 든다. 친구와 10분 통화하기 위해 그들과 두 시간 동안 싸우는 것은 별로 가치 있는 일이 아닐 것이다. 따라서 시간이 지남에 따라, 당신은 친구들과의 우정이나 사교활동을 포기하게 된다.

성격장애자들은 당신의 에너지의 유일한 중심이 되고 싶어 한다. 아이들의 요구사항을 살피는 것조차 이들 성격장애자들의 요구사항을 살피는 것에 비해 부수적인 것이 되어야 한다. 당신은 밤이 되면 완전히 지친 상태로 침대에 쓰러지며 이렇게 물을 것이다.

이렇게밖에 할 수 없는 걸까? 고립되면 고립될수록, 당신은 자신의 욕구나 흥미에 대해 잊어버리게 된다. 그리고 성격장애자들에 관한 망상적 사고에 빨려 들어가게 된다. 그러면 주변에서 무슨 일이 일어나고 있는지 인식하는 것은 더 어려워진다. 친구나 가족처럼, 외부로부터 오는 지지나 사고의 틀이 없다면, 당신은 혼란스러운 악몽에 사로잡혀 빠져나올 수 없을 듯한 느낌을 받게 될 것이다.

친구들에게조차 성격장애자와 당신의 관계에서 무슨 일이 일어나고 있는지 이야기하는 것은 부끄러운 일일 수도 있다. 친구나 친척에게 관계의 진실을 설명하려고 해도, 듣는 사람은 당신이 겪는 장애의 수준이나 심각성을 거의 이해하지 못할 것이다. 따라서 당신은 더욱 고립되고 길을 잃은 것처럼 느끼게 될 것이다.

결정은 항상 성격장애자들이 한다

연인들이 무언가를 함께할 때, '싫어.'라고 말할 수 있는 사람이 언제나 무엇을 할지 결정하는 셈이 된다. 그러나 경계선 성격장애 및 자기애적 성격장애자와 보호자의 관계는, 보호자가 '싫어.'라고 말하는 것은 규칙에 어긋난다는 암묵적인 전제를 바탕으로 하고 있다. 당신이 '싫어.'라고 말하려고 할 때마다, 성격장애자들은 감정을 폭발시키거나, 회피하거나, 입술을 비죽이며 공격한다. 즉 이들 성격장애자들이 결정하는 것이라면 무엇이든 따라야 하는 것이 보호자의 의무인 것이다. 어쩌다 당신이 성격장애자들과 모든 것을 함께 결정할 수 있으리라 기대한다 해도, 당신이 원하는 일은 결코 할 수 없다. 이는 당신을 낙담시키는 중요한 요인 중 하나이다.

조작

경계선 성격장애 및 자기애적 성격장애자들은 조작의 대가이다. 하지만 이들과의 관계 속에서 당신 역시 조작의 대가가 되어 있을 것이다. 직접적인 접근을 통해 원하는 것을 얻어낼 수 없다면, 조작만이 유일한 해결책이다. 놀랍게도, 성격장애자들은 자신들에게 권력이 없다고 느낀다. 그 결과 이들의 관계는 유도와 조작으로 가득 차 있다. 이들 성격장애자들과의 관계에서 효과적으로 행동하기 위해, 당신은 상황을 조작하는 법을 배웠을 것이다. 당신과 아이들, 그리고 성격장애자들 모두에게서 효과를 보기 위해서는 특별한 전략이 필요하다.

한 보호자는 추수감사절에 남편의 가족을 초대하고 싶어서, 두 달 전에 남편에게 물어봤다고 했다. 남편은 그런 행사를 준비하려면 일 년이 필요하기 때문에 이미 너무 늦었다고 말했다. 그 보호자는 다음 일 년 동안 다른 친척들과 추수감사절 행사에 대한 이야기를 나누며, 남편이 가족들과 함께 그날을 보낼 준비를 할 수 있도록 심혈을 기울였다. 결국 남편은 추수감사절을 가족과 함께 보내는 데에 동의했다.

이 일화를 통해 성격장애자들로부터 변화를 이끌어내기 위해서는 얼마나 많은 에너지와 사고를 들여야 하는지 알 수 있다. 만약 당신이 이런 성격장애자들과 관계를 맺고 있다면, 조작을 통해 모든 것이 그들의 뜻대로 이루어졌다는 생각을 심어주는 것도 하나의 방법일 수 있다. 조작은 좋은 쪽으로도 나쁜 쪽으로도 이루어질 수 있다. 좋은 조작은 다른 사람에게 상처를 입히지 않고 모든 사람의 욕구를 만족시킨다. 나쁜 조작은 다른 사람들에게 상처를 입힌다. 그러나 지속적으로 조작을 하다 보면, 좋은 쪽으로만 그것을 사용하기란 쉽지 않다. 완전히 이타적이기만 한 사람은 없기 때문이다.

당신이 화가 나거나 낙담해서 무언가를 바꾸고 싶다는 욕구에 사로잡히면, 부정적인 조작을 생각할지도 모른다. 직접적이거나 합리적인 방법으로 원하는 결과를 얻을 수 없을 때, 당신은 수동적이고 공격적인 태도로 돌변하거나, 비열하게 굴거나, 욕을 하거나, 무시하거나, 심지어는 폭력을 행사하며 관계에서의 권력 변화를 추구할 수도 있다. 그러므로 스스로를 주의 깊게 살펴야 한다. 그렇지 않으면 성격장애 파트너처럼 부정적인 조작을 행하게 될 것이다.

비열한 보복이나 단순한 분노가 원인이 될 경우, 이것은 복수하고자 하는 욕구를 채워줄지는 몰라도, 관계를 바꾸는 데에 결코 효과적인 방법이 될 수 없다. 지나치게 오랜 시간동안 조작을 통해 상호작용하다 보면, 다른 방식으로는 원하는 것을 얻을 수 없으리라고 생각하게 된다.

경계선 성격장애 및 자기애적 성격장애자들에 의해서 길러진 보호자는, 직접적인 방법으로 욕구를 충족하는 능력이나 의지가 유독 약하다.

당신은 일생 동안 조작하는 법을 훈련받았다. 따라서 비록 효과적인 주장을 펼치는 방법을 알고 있고, 직장이나 학교, 또는 친구들과의 관계에서는 직설적으로 원하는 것을 요청할 줄 안다 하더라도, 성격장애자들과의 관계에서는 같은 방식으로 행동하기가 어렵다. 이 변화무쌍한 관계에서, 차이와 욕구를 해결할 수 있는 다른 방법을 배워본 적이 없기 때문이다.

이들 성격장애자들과의 관계에서 여태껏 문제를 해결해왔던 조작의 체계를 변화시키는 것은 무척 피곤한 일이다. 당신은 성격장애자들의 부정이나, 회피, 그들이 얼굴을 찡그리는 것뿐만 아니라, 화를 내거나 '싫어.'라고 말할 수 있는 그들의 능력이 두려울 것이다. 당신은 버려질까 봐 두려워하고, 알고 있는 패턴이 무너질까 봐, 그리고 성격장애자들이 공격성을 보일까 봐 두려워한다. 그러나 이런 두려움은 당신을 감정적 노예상태로 만든다. 당신은 스스로의 욕구는 무시하면서, 성격장애자들의 욕구는 충족시켜 주려고 한다. 이처럼 직설적인 대화보다 조작에 의존하는 것은 당신을 보호자의 역할에 가두어버린다.

나를 돌볼 시간이 없다

만약 당신이 성격장애자의 보호자라면, 당신은 자신을 돌보지 않는 이유로 그 사실을 내세울 것이다. 내가 보호자들에게 스스로를 어떻게 돌보는지 물어봤을 때, 대부분은 나를 멍하니 바라보았다. 어떤 이들은 성격장애자들이 그 자신들의 욕구에 대해서만 생각해 주는 쪽이 더 낫다고 설명했다. 당신은 성격장애자들을 돌보는 것이 곧 자신을 돌보는 일이라고 생각할지도 모른다. 그러나 이것은 당신과 성격장애자를 하나로 병합하는 사고의 좋은 예시일 뿐이다.

만약 둘 중 한 사람의 욕구만이 충족되어야 한다면, 그것은 언제나 당신의 욕구가 아닌 성격장애자의 욕구가 될 것이다.

어쩌면 당신은 너무 지친 상태라서 자신의 욕구가 충족되지 않는다는 사실조차 깨닫지 못할 수도 있다. 그러다 그 사실을 깨닫게 되면, 자신이 얻는 것이 너무 적다는 사실에 충격을 받거나 화를 내게 될 것이다. 이 책을 읽고 나면, 당신이 인생에서 얼마나 많은 것을 무시하고 있는지 알게 될 것이다. 그러면 당신은 성격장애자들을 비난하게 될지도 모른다. 아니면 그토록 많은 욕구를 가진 자기 자신을 비난하고 싶어질 수도 있다. 하지만 당신은 슈퍼맨이 아니라 인간이다. 당신에게는 그러한 욕구가 있을 수밖에 없다. 가장 큰 문제는 당신이 자신의 욕구가 무엇인지 모른다는 것이다. 당신은 행복해지고 싶다거나, 사랑받고 싶고 돌봄 받고 싶다는 막연한 생각 이외에, 자신이 원하는 것이 무엇인지 거의 알지 못한다. 이러한 일반적인 감정을 구체적인 행동 용어로 옮기지 않는 한, 욕구를 충족시키는 것은 먼 미래의 일이 될 것이다.

왜 나를 돌봐야 할까

욕구가 충족되지 않는다는 이야기를 하면, 당신의 친구나 상담사는 욕구를 충족하라고 이야기할 것이다. 보호자들에게는 이 말이 짜증스럽게 들린다.

성격장애자가 언젠가는 당신을 사랑해 주고, 당신이 필요로 하고 원하는 것을 신경 써 당신에게 제공해 줄 것이라는 믿음은 당신의 가장 깊은 환상 속에 자리한 것이다. 당신은 이들 성격장애자들의 욕구를 살피면서 일생을 보내왔다. 대체 언제쯤 당신의 차례가 될 것인가? 그것은 공평하지 못해 보인다. 실제로도 공평하지 않다. 당신은 자신의 에너지와 시간, 사랑을 성격장애자들에게 쏟아 부었다. 이들 성격장애자들과 다른 가족 구성원들을 위해 하는 일에 더해, 당신 자신의 욕구 역시 충족하는 것은 절대적으로 불가능한 일처럼 보인다. 언젠가는 이들 성격장애자들이 당신의 욕구를 충족시켜 줄 것이라는 희망과 환상을 버리는 것 또한 끔찍한 패배처럼 보인다. 그것은 당신이 얼마나 노력하든지, 이 관계가 서로 정상적으로 주고받는 관계가 될 수는 없다는 공포와 직면하는 것을 의미하기 때문이다.

당신의 행동이 성격장애자와의 관계에 의해 얼마나 많은 영향을 받고 얼마나 많은 방식으로 지배당하고 있는지 살펴보는 것은 불편한 일이다. 하지만 당신은 자신의 행동을 의식적으로 생각할 필요가 있다. 그리고 그 행동들이 진정으로 당신의 정체성과 욕구를 잘 대변해 주고 있는지 생각해 보아야 한다.

우리는 하나: 경계의 부족

서로 얽혀 있다는 생각, 그리고 둘 사이의 경계의 부족은 성격장애자들이 사랑과 보살핌을 정의하는 데 있어 필수적인 요소이다. 얽힘이란 당신과 성격장애자들이 하나로 뒤섞여 있다는 것을 의미한다. 서로 이야기를 나누고, 같은 생각을 하고, 어떤 상황에서 정확히 똑같이 반응하리라 기대하고, 사생활이 없고, 한 사람의 소유물은 다른 사람의 소유물이라고 생각하고, 항상 '나'라는 말 대신 '우리'라는 말을 사용하는 것(예를 들어 '우리 생각에' 또는 '우리가 느끼기에' 같은 표현들) 등을 예로 들 수 있다.

얽힘은 장기적인 관계에서라면 어느 정도 나타나는 현상이지만, 경계선 성격장애 및 자기애적 성격장애자와의 관계에서는 극단적으로 나타난다. 자신의 고유한 생각이나 의견, 감정을 가질 수 없다면, 이 얽힘은 당신의 자존심과 정체성을 공격하고 손상시킨다.

성격장애자들은 이를 통해 건강하지 못한 방식으로 당신을 통제한다. 자신의 욕구나 기대를 충족시키기 위해 당신을 교정하고, 당신에게 변화를 요구하는 것이다. 변화를 요청하는 것이 요구나 명령의 형태로 변질될 때, 관계는 모든 사람에게 건강하지 못한 형태가 된다. 보호자 역시 분리된 정체성을 가질 수 있는 능력이 있다. 그러나 당신은 성격장애자를 향한 사랑과 보살핌을 증명하기 위해서는, 그들과 하나로 얽혀들어야 한다는 믿음에 쉽게 빠져버린다. 이것은 당신이 화내는 것을 두려워하는 근본적 이유이기도 하다. 화를 내거나 반박을 하는 것은 당신과 성격장애자들이 동일하게 느끼거나 생각하지 않는다는 증거이기 때문이다. 성격장애자들은 당신이 화를 내는 것은 당신이 그들을 사랑하지 않는다는 증거라고 받아들인다. 당신도 마찬가지다. 따라서 성격장애자들과 얽혀 있다 보면, 당신은 다시 보호자의 역할을 맡아 그들의 욕구를 돌보게 된다.

제8장

무너진 자존감

    보호자는 제법 잘 정의된 자아감(SOS)을 가지고 있다. 이 관계에 들어서기 전까지, 당신은 아마 자신에 대해 많은 것을 알고 있었을 것이고, 일관성 있게 행동했을 것이다. 당신은 자신의 장단점을 알고 있었을 것이다. 당신의 가치관과 도덕체계는 잘 확립되어 있었을 것이다. 당신은 친구나 가족들이 당신을 묘사하는 것과 거의 동일하게 스스로를 바라보았을 것이다. 대개는 보살피기를 좋아하고, 양심적이며, 다정하고, 사려 깊고, 베풀기 좋아하는 사람으로 묘사되었을 것이다. 그러나 경계선 성격장애 및 자기애적 성격장애자와의 장기적 관계에 들어선 이후로, 당신은 자신이 어떤 사람인지 확신하지 못하게 되었을 것이다.

    성격장애자들이 당신을 묘사하는 방식은 매우 다양할 테지만, 보통 그들은 당신을 이기적이고, 생각이 없는 못된 사람으로 바라보기 때문이다. 가족이나 친구들이 바라보는 당신과 성격장애자들이 바라보는 당신 사이의 이와 같은 극명한 차이는 혼란스러울 수밖에 없다. 보호자들은 '좋은' 사람이 되고 싶어 한다. 특히 사랑하는 사람을 기쁘게 하고 싶어 하고, 그들의 칭찬을 쉽게 믿는다. 만약 성격장애자들이 당신에게 이 기적이라고 말한다면, 아마 당신은 친절한 사람이 되고자 최선을 다할 것이다. 그리고 당신에 대한 성격장애자들의 생각을 바꾸기 위해, 사려 깊은 사람이 되려고 지나칠 정도로 노력할 것이다.

만약 성격장애자들이 당신에게 못된 사람이라고 말한다면, 당신은 자신이 보살필 줄 아는 사람이라는 것을 보여주기 위해 그들에게 더 쉽게 굴복하게 될 것이다. 당신은 자신의 친절한 행동을 과장하는 동시에, 자신이 누구인가에 대한 스스로의 인식을 의심하기 시작할 것이다. 그러나 이러한 굴복과 포기는 성격장애자들의 비난을 강화시키기만 할 뿐이다. 그리고 당신 스스로에 대한 의심을 더욱 증가시킬 뿐이다. 당신의 자아감은 성격장애자들과 함께 있을 때 더욱 약해진다. 당신은 이들 성격장애자들이 당신과 같은 방식으로 당신을 바라보아 주기 바란다. 하지만 성격장애자들이 겪는 감정적이고 논리적인 왜곡 때문에, 이들은 당신이 누구인가에 대한 잘못된 그림을 볼 수밖에 없다. 그것은 쉽게 바뀌는 인식이 아니다. 당신이 보살필 줄 모르고 이기적이라고 주장하는 성격장애자 때문에, 당신은 좌절하거나 화가 날 것이다. 그러는 동시에 당신의 자아감을 점점 더 의심하게 될 것이다.

갈등의 장으로써의 자아감

자아감은 보호자와 성격장애자의 관계에서 주된 갈등의 장이다. 이 갈등은 누구의 자아감, 그러니까 누구의 아이디어와, 느낌, 생각, 믿음이 그 관계에서 주된 역할을 해야 하는가에 관한 갈등이다.

성격장애자들은, 당신이 그들과 같은 방식으로 느끼고, 생각하고, 행동하고, 믿어줄 때에 안정감을 느낀다. 이들은 당신에게 '올바른' 자아감을 따라줄 것을 요구한다. 그리고 이때, '올바른' 자아감이란 곧 그들의 자아감을 의미한다. 물론 당신은 성격장애자들의 자아감에 맞추기 위해 애를 쓸 것이다. 그러나 결국은 자신이 무가치하고, 보이지 않는 존재라고 느끼게 될 것이다. 마침내 당신의 자아감은 시들어 땅 속으로 들어가게 된다. 그렇게 되지 않으려면, 성격장애자들의 눈에 띄거나 그들에게 목소리를 낼 방법을 찾아야 한다.

하지만 당신이 이의를 제기하거나, 다른 감정을 가지거나, 성격장애자들이 원하는 것을 원하지 않을 때마다, 그들은 당신을 이기적이고, 충실하지 못하고, 돌보거나 사랑할 줄 모르는 사람으로 몰아간다. 당신이 자신의 관점을 내세우면, 성격장애자들은 그들의 관점을 내세우며 싸우게 될 것이다. 당신과 그들 사이에 하나의 자아감만이 있을 수 있고 또 그래야 한다는 가정 자체가 왜곡인 것이다.

혼란스럽게 변화하는 자아감

당신의 자아감은 친밀하지 않은 상호 관계에서는 잘 작동한다. 당신은 스스로에 대한 인식을 일관성 있게 발달시켜왔고, 그것은 직장이나 사회적 상황, 대부분의 친구들과의 관계에서 효과적으로 작동할 것이다. 그런 경우, 당신은 자신의 가치, 목표, 욕구, 그리고 자신이 원하는 것을 현실적이고 구체적인 용어로 밝힐 수 있다. 그러나 성격장애자와의 관계에서, 당신은 자신의 욕구나 정체성에 관해 '그냥 행복해지고 싶어.' 또는 '나는 보살필 줄 아는 사람이야.'와 같은 모호하고 감정적인 표현을 사용하게 된다. 당신은 또한 스스로의 가치와 자아감으로부터 멀어져 당신이 사랑하는 성격장애자의 가치에 순응하게 된다.

매리언의 이야기를 들어보자.

"제 남편(자기애적 성격장애)은 제 친구 중 한 명과 바람을 피우고 있었어요. 저는 그 사실에 정말 화가 났죠. 하지만 그 친구와 연락하는 시간을 제한하려다가, 저는 결국 그에게 더 많은 시간을 허락해 주는 셈이 되고 말았어요. 어떻게 그런 일이 일어났느냐고요? 저도 잘 모르겠어요. 사실 돌이켜 생각해 보면, 그 관계를 끝내도록 하거나 제가 그 남자를 떠나오는 대신, 그 두 사람이 연락하는 시간을 제한하려고 했다는 사실이 놀랍네요. 그가 떠나면 저 혼자서는 살아갈 수 없으리라는 사실에 겁을 먹고 굳었던 것이 기억나요."

매리언은 외과의사이며, 병원에서 많은 책임을 맡고 있다. 하지만 가정에서는 보호자로서의 역할을 맡고 있다. 이 때문에 그녀는 좋지 못한 결정을 내렸고, 남편과 불행한 상황에 처하게 되었다. 비록 직장에서는 좋은 자존감을 가지고 있다 하더라도, 자신을 무시하는 자기애적 성격장애 어머니와의 경험, 그리고 그녀를 거절하는 자기애적 성격장애 남편과의 경험 때문에 그녀는 개인적으로 사랑받지 못하고, 자격이 없다고 느끼며 혼자 남는 것을 두려워하게 된 것이다. 언젠가는 어머니와 남편이 자신을 받아들여 주리라는 희망 속에서, 그녀는 계속해서 그들을 기쁘게 하려고 노력한다. 어머니나 남편이 동의해 주지 않으면, 그녀는 스스로를 기쁘게 하거나, 자신의 행복을 위해 옳다고 믿는 것을 행하는 것을 어려워한다.

성격장애자들과 오래 함께하면 함께할수록, 당신은 자신이 누구인지 더욱 혼란스러워하게 된다. 당신이 스스로를 보는 방식과 성격장애 파트너를 보는 방식은 매우 다르다. 당신이 그들 주변에서 행동하는 방식도 매우 달라서, 당신은 스스로에 대해 더욱 혼란스러움을 느끼게 될 것이다.

숨겨진 부정적 자아감

당신은 경계선 성격장애자들의 부정적인 자아감에 대해 아주 잘 알고 있다. 그리고 자기애적 성격장애자들에게서 나타나는 숨겨진 비판과 부정적 기대 역시 알고 있다. 하지만 어느 정도는 당신 역시 이와 같은 부정적인 자아감을 가지고 있을 수도 있다. 보호자는 전형적으로 그들 자신이 강하고, 긍정적이며, 남을 돌보고, 건강한 사람이라고 생각한다. 대부분의 경우 그것은 사실이다. 하지만 보호자들도 내면 깊은 곳에는 부정적 자아감을 갖고 있다. 때로 그것은 당신 자신으로부터 감추어져 있기도 하다.

이러한 부정적 자아감은 긍정적 자아감의 바로 밑에 존재한다. 이것은 당신이 '마음으로 받아들이고' 내면화한 수많은 부정적 메시지들로 구성되어 있다. 이는 성격장애가 있는 부모나 배우자의 말과 태도, 평가의 결과이다.

스스로에게 계속해서 완벽을 요구하는 것, 성격장애자들의 인정을 받고 싶어 하는 것, 그리고 경계선 성격장애자를 '고치지' 못했다는 생각, 자기애적 성격장애자가 당신을 사랑하도록 만들지 못했다는 생각, 또는 어떤 방식으로든 다른 사람의 삶을 행복하게 만들지 못했다는 생각은 당신이 실패자라는 기분을 느끼게 한다.

당신은 관계에서 발생하는 모든 문제에 대해 자신의 탓을 하게 된다. 긍정적 자아감을 잃어버리거나 포기하게 되면, 결국 희망이 없는 삶으로 이어진다. 당신은 압도당한 느낌을 받거나, 만성적인 우울을 느끼게 될 것이다. 시간이 지날수록 당신은 과거에 가지고 있던 긍정적 사고나 무너지지 않았던 자신의 모습을 잃어버리게 될 것이다.

보호자가 되면 좋은 사람이 된다

당신이 스스로를 '좋은 사람'으로 보고 있다 하더라도, 내면 깊은 곳에서 당신은 가치 없고, 사랑받지 못하고, 망가진 존재라는 기분을 느끼고 있을 것이다. 어째서 보살핌 받는 대신 남을 보살피는 것이 당신의 운명이 되었는지 궁금해할지도 모른다. 왜 이토록 많은 요구사항을 충족하며 살아야 하는지 궁금해 해본 적이 있는가? 이러한 높은 기대 중 일부는 당신 스스로가 만들어낸 것이다.

성격장애자의 보호자라는 노예의 위치로부터 당신을 사면시키기 위해서는 제법 시간이 필요하다. 당신은 스스로를 강하고, 사랑을 베푸는 좋은 보호자로 바라보고 싶어 한다. 계속해서 보호자의 역할을 맡지 않으면, 그것은 당신이 보살필 줄 모르고, 냉정하며, 못되고 이기적인 존재라는 것을 의미하지는 않을까? 다시 말해, 성격장애자들이 원하는 것을 들어주지 않으면, 그들이 당신에게 말하던 것과 같은 사람이 되는 것은 아닐까?

많은 보호자들은 이러한 끔찍한 기분에 맞닥뜨리기를 거부한다. 심지어 그것이 그들을 더 행복한 삶으로 이끄는 일이라 해도 말이다. 그들은 좋은 사람이 되면서 보호자가 되지 않기란 절대적으로 불가능하다고 믿는다. 당신도 그러한가?

신경 쓰는 것과 돌보는 것

다른 사람을 돌보는 것과 신경 쓰는 것의 차이는 무엇일까? 다른 사람을 돌보는 것은 그들이 스스로 해야 할 일을 당신이 대신해 준다는 뜻이다. 가족 내에서, 아이들을 돌보는 일은 적절한 일이다. 하지만 어른들은 신경을 써 주기만 하면 된다. 다른 사람에게 신경을 쓴다는 것은, 그들을 존중하고 그들이 원하는 모습으로 살며 스스로를 돌보고, 자신의 행동에 책임을 질 수 있도록 자유를 준다는 것을 의미한다.

경계선 성격장애 및 자기애적 성격장애자를 돌보는 일은 당신의 관계나 가정이 제대로 잘 돌아가게 하기 위해 필수적인 일이다. 이는 성격장애자들의 감정에 져주고, 당신이 원하는 것을 포기함으로써 평화를 유지하고, 성격장애자들의 기분과 행동을 진정시키기 위해 다른 사람들을 비난하는 것도 포함한다.

보호자의 역할에 매달린다는 것은 스스로를 돌보는 일을 포기하고, 대신 당신의 모든 에너지를 사용해 성격장애자를 돌본다는 뜻이다. 원치 않게 그들에게 압도당하거나, 그들로부터 버려지는 것이 두렵기 때문이다. 반면에, 성격장애자들에게 신경을 쓴다는 것은 그들이 스스로의 삶을 살아갈 수 있도록 내버려둔다는 것을 의미한다. 이것은 그들이 화를 내거나, 상처 입고, 두려워할까 봐 신경은 쓰지만 그들의 기분을 좋게 만들려는 책임을 느끼지 않는 것이다. 그리고 당신이 이 문제를 '야기했다.'고 생각하지 않으며, 당신이 이들의 기분을 고쳐놓거나 이들이 원하는 대로 해줘야 한다고 느끼지 않는 것을 포함한다.

또한 성격장애자들에게 신경을 쓴다는 것은 그들이 경험하는 왜곡된 정신이나 감정으로부터 일정한 거리를 유지한다는 것을 의미한다. 이렇게 할 수 있는 유일한 방법은 진정한 자아를 찾는 것이다. 그리고 당신과 성격장애자들의 관계를 객관적으로 바라보는 것이다.

성격장애자들을 돌보는 대신 그저 신경 쓰기만 하는 것은 불가능해 보이거나 위험해 보일 수도 있다. 당신 자신을 돌보고, 성격장애자들은 스스로를 돌보도록 내버려두는 것이 어떻게 삶을 더 좋게 만들지 상상하기 어려울지도 모른다. 보호자가 아닌 당신은 이제 무엇이 되어야 하고, 보호자 이외에 다른 어떤 역할을 해야 하는지 모를 수도 있다.

다음 장은 보호자가 되는 대신 무엇을 할 수 있을지, 유용한 대안을 제시해 줄 것이다.

제9장
뒤틀어진 인간관계

    만약 당신의 감정, 사고, 행동, 자아감이 왜곡되어 있다면, 관계에 대한 당신의 생각도 왜곡되어 있을 것이다. 보호자와 성격장애자의 관계에는 많은 불균형이 있다. 이들과의 관계에서 보호자가 드러내는 왜곡된 태도에는 문제는 성격장애자들에게 있는 것이므로 자신은 바뀔 필요가 없다는 믿음, 이의를 제기하거나 화를 내는 것에 대한 두려움, 관계를 보호하기 위해 비밀을 만드는 것, 과거를 고치려고 하는 것, 가족 내 성인/아이 역할을 전복시키는 것, 그리고 희생자/구조자/박해자의 패턴을 유지하는 것 등이 있다.

왜 내가 변화해야 하는가

경계선 성격장애 및 자기애적 성격장애자와의 관계를 수용하기 위해 당신은 이미 엄청난 변화를 겪었다. 성격장애자들이 문제를 일으킬 때, 당신은 그들을 합리적이고, 논리적이고, 감정적으로 더 건강한 사람이 되도록 변화시키는 것만이 해결책이라고 생각할 것이다. 그러나 문제는, 이들 성격장애자들은 변화할 의지가 없거나 능력이 없다는 것이다. 이것이 성격장애의 어려운 부분이다.

성격장애자들은 변화가 필요하다는 것을 모르고, 변화에 위협을 느낀다. 그들은 종종 필요한 변화를 따라가지 못한다. 게다가 다른 사람을 변화시키는 데 너무 집중하다 보면, 당신은 이들과의 관계를 '자신의' 관점에서 살펴볼 수도 없고 당신 스스로 변화하는 법을 배울 수도 없게 된다. 따라서 성격장애자와의 관계를 변화시키고 싶다면, 당신이 먼저 달라져야 한다.

생각해 보아라. 그동안 계속해서 성격장애자를 변화시키려 애쓰고 또 애썼지만, 별다른 효과를 보지 못하지 않았는가? 당신은 자신이 무언가를 잘못했기 때문에 실패했다고 생각했을 것이다. 하지만 진실은 '당신은 경계선 성격장애 및 자기애적 성격장애자를 억지로 변화시킬 수 없다.'는 것이다. 사실 당신은 '그 누구에게도' 변화를 강요할 수 없다. 아무도 다른 사람을 바꿀 수 있는 힘은 가지고 있지 않다.

우리는 우리 자신을 변화시킬 수 있는 힘만을 갖고 있을 뿐이다. 당신은 지금껏 성격장애자들과의 관계에서 더 많은 권력을 차지할 수 있는 방법만을 모색해 왔다. 그것이 문제이다. 지금껏 잘못된 부분에 집중하고 있었던 것이다. 성격장애자들이 당신의 자존심을 무너뜨리는 것이 아니다. 당신이 자발적으로 모든 에너지를 이 성격장애자들에게 지속적으로 쏟아 부음으로써, 자신의 욕구나, 원하는 것, 가치관을 포기하는 것이다. 성격장애자를 바꾸려는 마음을 버리고 그들을 변화시키려 하는 것을 그만두어야 한다. 그리고 당신이 바꿀 수 있는 것에 집중하기 시작해야 한다. 당신 자신 말이다.

화에 대한 두려움

보호자들은 주로 성격장애자들이 화를 내는 상황을 피하기 위해, 그들이 원하는 대로 하고 그들에게 져주게 된다고 말한다. 그렇다. 경계선 성격장애 및 자기애적 성격장애자는 다른 사람을 통제하는 방법으로 분노를 사용한다. 그러나 왜 그들의 분노에 그토록 민감하게 굴어야 할까? 그들의 분노가 당신을 찌르는 칼날처럼 느껴져서, 곧 제거되거나 절벽에서 떨어질 것 같은 느낌을 받는가? 보호자들은 주로 그렇게 말한다. 하지만 분노에 대한 지나친 공포감은 건강하고 효과적인 관계를 맺지 못하도록 방해한다. 그리고 당신을 분노에 의해 쉽게 조작당하거나 협박당하게끔 만든다.

당신이 약해지지 않고 제대로 행동하기 위해서는, 당당하게 이의를 제기하는 방법, 그리고 성격장애자들의 화를 다루는 방법을 배워야 한다. 성격장애자들의 화에 대한 당신의 두려움은 그들이 화를 내고 당신이 그들의 요구에 져줄 때마다, 감정적 협박이라는 패턴을 더욱 강화시킨다. 당신은 왜 이들의 분노를 두려워하는가? 다른 사람의 분노 역시 그토록 두려워하는가? 아니라면, 왜 그런가? 왜 당신은 몇 시간 또는 며칠 동안 성격장애자가 화를 내도록 내버려 둘 수 없는가? 왜 성격장애자들이 화를 낼 때 그토록 비참해지는가? 어떤 두려움이 표면으로 올라오는 것인가? 성격장애자들이 화를 낼 때 당신의 불안을 다스리는 법을 알고 있는가? 이들이 화를 낼 때 당신은 실질적인 위험에 처하는가?

성격장애자가 화를 낼 때 당신이 실제로 두려워하는 것이 무엇인지 알아차릴 수 있으면, 이들과의 관계를 눈에 띄게 호전시킬 수 있다. 화에 의해 쉽게 조작당한다는 것은 관계에서 자신의 권력을 포기한다는 것을 의미한다.

모든 것을 비밀로 하는 것

보호자는 성격장애자와의 어렵고 불편한 관계를 비밀로 하려는 경향이 있다. 그렇게 함으로써 세상 사람들에게 당신의 관계가 좋아보이게끔 만드는 것이다. 당신은 관계의 본질을 세상으로부터 숨길 뿐만 아니라, 당신 자신으로부터도 숨길 수 있다. 당신이 스스로를 보호자의 역할에 매어두는 것은, 당신이 관계에 대한 환상적 이미지를 유지하기 때문이다.

환상적 이미지란 실제가 아닌 당신이 보고 싶어 하는 모습을 뜻한다.

성격장애자와의 실제 관계를 무시하거나, 억압하고, 숨기는 데 도가 텄다면, 당신은 가족이나 친구들로부터 유용한 지지나 현실적인 점검을 받아내기 어렵다. 성격장애자들과의 관계를 비밀로 하면, 그들이 지금의 상태를 유지하고 계속해서 당신을 통제하게끔 허락해 주는 셈이 된다. 당신은 문제에 직면하고 싶지 않다는 이유로, 당신의 관계가 문제가 있다는 사실을 다른 사람들이 눈치 채지 못하게 하는가? 상황을 바꾸고 싶고 더 많은 지지를 얻고 싶다면, 비밀로 하는 것을 그만두어야 한다. 솔직하게 앞으로 나가 도움을 청해야 한다.

과거를 고치려고 노력하는 것

프로이트는 사람들은 이성 부모와 닮은 사람을 결혼상대로 고른다고 이야기했다. 하지만 그보다 더 업데이트된 선택 과정이 발견되었다. 기능장애가 있는 가정에서 자란 사람들은 그들이 '아직 해결되지 못한 문제'(제랄드 코리(Gerald Corey), "상담과 심리치료의 이론과 실제"(Theory and Practice of Counseling and Psychotherapy), 6판, 벨몬트, 캘리포니아: 브룩스/콜(Brooks/Cole), 2001. 198-99쪽.)를 가지고 있는 주요 가족 구성원과 가장 닮은 이를 결혼상대로 선택한다는 것이다. 즉 당신이 경계선 성격장애 및 자기애적 성격장애 부모나 조부모, 형제자매가 있는 집안 출신이라면, 같은 성격장애가 있는 배우자를 선택할 가능성이 훨씬 높다.

가족 구성원을 통해 가정에서 보호자의 역할을 학습한 사람이라면, 성인이 된 이후 관계에서 더욱 쉽게 보호자의 역할을 맡게 될 것이다. 자라나면서 이런 패턴을 학습한 사람일 경우, 당신은 기꺼이 동등하지 않은 관계를 참아내고, 다른 사람을 위해 자신의 욕구를 포기하고, 스스로에게 더욱 성숙하고 책임감 있는 행동을 기대하게 된다. 그렇다면 아직 해결되지 못한 문제란 무엇일까? 이것은 친밀한 상호관계나, 감정, 믿음처럼, 당신이 경계선 성격장애 및 자기애적 성격장애자와의 관계에서 지속하고 있는 일련의 행동들을 의미한다.

이는 당신의 어린 시절 시작되어 그것이 작동하지 않는다는 사실을 알게 된 지금까지도 계속되고 있는 것이다. 어린 시절 성격장애자나 부모와의 관계 문제를 해결하지 못했을 경우, 성인이 되어서도 같은 문제를 해결할 수 있는 관계를 찾을 가능성이 높다.

다음과 같은 예시를 살펴보자.

- 만약 당신이 부모에게 이해받지 못했다면, 당신은 자신을 이해해 주지 못하는 파트너를 찾을 것이다.
- 만약 당신이 부모나 형제자매에게 지나치게 자주 비판을 받았다면, 당신은 자신을 비판하는 파트너를 찾을 것이다.
- 만약 당신이 부모에게 거절당했다고 느낀다면, 당신은 자신을 거절하는 배우자를 찾을 것이다.
- 만약 당신이 부모로부터 적절한 감정적 위안을 얻지 못했다면, 당신은 자신을 지지해 주지 않는 파트너를 고를 것이다.

- 만약 당신이 기능장애가 있는 형제자매의 행동에 대해 책임을 져야 했다면, 당신은 현재 파트너의 성격장애 행동에도 쉽게 책임감을 느낄 것이다.

경계선 성격장애 및 자기애적 성격장애 파트너와 처음으로 사랑에 빠졌을 때, 그 사람은 당신이 과거에 보았던 성격장애 및 기능장애가 있는 가족 구성원과는 다르게 보였을 것이다. 하지만 관계가 점점 더 친밀해짐에 따라, 당신의 파트너는 생각했던 것보다 당신의 가족과 비슷한 모습을 보일 것이다.

결혼 관계에서 이처럼 해결되지 못한 문제가 반복된다는 것은 이미 수십 년 동안 관찰된 패턴이다. 그리고 이들은 알코올 중독이나, 여러 번의 이혼, 조기 임신, 학대, 잦은 갈등과 같은 문제를 수반했다. 당신이 의식적으로 바꾸려고 하지 않는 이상, 당신이 나고 자란 가족은 앞으로 어떤 당신이 관계를 맺고 살아갈지에 관한 틀을 결정한다.

어른/아이 역할을 전복시키는 것

성격장애자들과 함께 지내면서, 당신은 가정에서 성격장애가 있는 성인과 어린아이들 사이의 규칙이나 역할을 전복시킬 수 있다. 당신은 아이들에게 성인인 성격장애자들보다 더욱 성숙하게 행동할 것을 요구한다. 아이들에게는 집안의 규칙을 따르고 집안일을 하고 예의바르게 굴 것을 요구하지만, 말싸움을 두려워한 나머지 성인인 성격장애자들에게는 이 같은 것을 요구하지 않는다. 아이들은 이 성격장애자들이 지속적으로 가족의 규칙과 기대를 어기면서도 아무 소리도 듣지 않는 것에 대해 혼란스러워 하거나 화를 낼 것이다. 물론 당신은 진퇴양난의 상황에 처해 있다.

성격장애자들의 행동을 통제할 수는 없지만, 아이들을 어른스럽게 행동하도록 하는 것은 가능하다. 따라서 당신은 자신이 할 수 있는 일을 하는 것이다. 하지만 이러한 역할전도는 현실을 명백하게 볼 수 있는 아이들의 능력에 혼란을 야기한다. 그리고 그들을 또 다른 해결되지 않은 문제로 이끈다.

박해자/희생자/구조자 패턴

문제가 있는 관계에서 가장 많이 반복되는 패턴은 2장에서 설명한 박해자/희생자/구조자 패턴이다. 보호자는 스스로를 '좋은' 사람이라고 인식하고 싶어 한다. 이것은 구조자가 된다는 것을 의미한다. 성격장애자들을 치료하고, 위로하고, 안심시키고, 돌보고, 달래려는 노력은 모두 구조의 한 형태이다. 당신이 이 패턴에서 제시된 세 가지 역할 중 하나를 맡는 한, 당신은 보호자의 역할에 갇히게 되는 것이다.

가정에서 이 패턴은 결코 건강한 것이 아니다. 이것은 아무도 치료해 주지 않고, 오히려 가족 구성원의 성장을 저해한다. 감정이나 사고, 행동, 자아감, 그리고 관계에서의 왜곡은 모두 당신을 보호자의 역할에 가두어 놓는다. 성격장애자들과의 관계에서, 당신은 완전하고 진정한 자아를 찾는 것과는 정반대 방향으로 살아온 셈이다. 이러한 왜곡과 두려움 때문에, 당신은 스스로가 누구인지 알 수 없었고, 자신이 원하는 것을 깨닫거나, 당신이 정말로 좋아하는 삶을 살 수도 없었다. 성격장애자들의 경우, 자신이 경험하는 왜곡으로부터 벗어나는 것이 거의 불가능하다. 하지만 당신은 현실을 똑바로 볼 수 있고, 행동하는 방식을 바꿀 수 있는 능력도 있다.

지금껏 겪어온 이와 같은 왜곡을 바꾸어 진정한 자아를 되찾고 자신의 삶과 다른 사람의 삶에 기여할 용기가 있는가?

《제2부》
더 이상
당하지 않기

어떻게 변화할 수 있을까

　지금껏 경험해온 왜곡을 어떻게 바꿀 수 있을까? 당신 자신의 믿음, 목표, 욕망을 일생 동안 포기하게 만들었던 성격장애자와의 관계를 어떻게 변화시킬 수 있을까? 이들 성격장애자들과 상호작용할 때마다 느꼈던 대립, 무능력, 분노를 어떻게 하면 없앨 수 있을까? 어떻게 해야 성격장애자를 돌보는 일을 멈추고 자신의 삶을 찾을 수 있을까?

　당신은 생각과 언어, 그리고 일을 하는 기본적인 방법에서 많은 것을 변화시킬 필요가 있다. 이것은 당신이 생각하는 것보다 어렵기도 하면서, 쉽기도 한 일이다. 이 새로운 삶의 변화 과정을 시작할 때, 화가 나거나 안심이 되거나, 믿을 수 없거나, 지나치게 기쁘거나, 혹은 무서운 감정을 느끼게 된다 하더라도 놀라지 마라. 중요한 것은, 보호자로서의 역할에서 회복하는 것은 혼자 힘으로는 이루어낼 수 없는 일이라는 점이다.

　이것은 '혼자 힘으로 일어서라'와 같은 종류의 문제가 아니다. 특히 당신이 가까운 성격장애 가족과 함께 자랐다면, 스트레스를 받거나 다른 성격장애자를 만났을 때, 그동안 겪어왔던 장기적인 기능장애가 자동적으로 튀어나올 것이다.

앞선 장에서 설명한 기본적인 믿음을 바꾸는 것은 혼자서 하기에는 매우 어렵거나 불가능한 일이다. 그러므로 다른 사람으로부터 도움을 받는 것이 매우 중요하다. 건강한 관계가 어떻게 이루어지는지를 배우기 위해서는 모델과 지시가 필요하다. 함께 새로운 행동을 연습해 볼 수 있고, 당신을 격려하고 지지해 줄 수 있는 건강한 사람들이 주변에 있다는 것은 좋은 일이다.

주변의 건강한 사람들이나, 다른 건강한 관계들을 살펴보아라.

예를 들어, 직장 동료나 다른 가족 구성원, 친구들을 살펴보는 것이다. 이에 더해, 경계선 성격장애 및 자기애적 성격장애자들과 만나 본 경험이 있는 저명한 치료사를 찾아보는 것도 좋다. 보호자 역할로부터의 회복을 중심으로 하는 개인 또는 집단 치료는 당신이 목표를 향해 보다 빨리 나아가도록 도움을 줄 것이다.

제10장

치유의 단계

  몇 년 전, 나는 엘리자베스 퀴블러 로스(Elizabeth-Kubler Ross)가 '죽음의 단계'라고 이름붙인 개념을 접하게 되었다. 그녀는 분명 그 단계를 통해 스스로를 해방시키고, 상실을 극복하고, 새로운 삶을 다시 시작하곤 하는 우리네의 보편적인 삶의 과정을 말한 것이 틀림없었다. 나는 우리가 살면서 거칠 수밖에 없는 중요한 전환의 시기에 그 단계를 적용해 볼 수 있겠다는 생각이 들었다. 또한 그 단계가 보호자의 회복 과정과도 무척 통하는 면이 있을 거라는 확신이 들었다.

  이번 장에서 나는 로스의 단계를 응용하여 '치유의 단계'를 묘사하고자 한다. 단 로스의 단계만으로는 보호자가 기존의 역할에서 빠져나와 자기 돌봄의 단계로 들어서는 과정을 설명하기에 부족함이 있어 세 단계를 추가하였다.

부정

부정은 현상 유지의 단계이다. 당신이 이 단계에 들어서면 무언가 잘못되었다는 느낌을 인지하기 시작한다. 그러나 그것을 실제로 들여다보려고 하지는 않는다. 어쩌면 당신이 이 책을 처음 발견하고 집어 들었을 때 당신은 부정의 단계에 있었을지도 모른다. 당시 당신은 삶이 매우 잘못되고 있다는 느낌이 드는데 무엇이 잘못되었는지를 콕 짚어낼 수는 없었을 것이다.

당신의 삶에 들어와 있는 경계선/자기애적 성격장애자가 정상적이지는 않다고 느끼면서도, 의심과 불확실성이라는 안개에 둘러싸여 진짜로 '미친' 사람은 나일수도 있다는 생각까지 했을지도 모른다.

당신은 짐작컨대 수년 동안 경계선/자기애적 성격장애자를 변화시키려 노력했지만 별다른 성과를 얻지는 못했을 것이다. 그래서 당신은 뭘 어떻게 해도 상황이 바뀌지 않을 것이라는 생각을 갖게 되었을 수도 있다. 아니면 정반대로, 당신은 미혹에 사로잡혀 오로지 선(善)과 긍정적인 가능성만을 보고 있을 수도 있다. 아직도 당신은 경계선/자기애적 성격장애자가 "정상적"인 행동과 "예의 바른" 행동을 보이면 그가 스스로의 문제를 정말로 이해했으니 앞으로는 바뀔 것이라고 기대한다.

바로 이러한 생각들과 감정들이 부정의 단계에 속한다. 경계선/자기애적 성격장애자가 결국에는 당신을 바라보고, 당신의 목소리를 듣고, 배려와 공유의 방법을 이해할 것이라는 믿음은 스스로에게 강력한 동기를 부여한다. 경계선/자기애적 성격장애자가 당신에게 어떤 행동을 하고 있는지 스스로 직시하기를 바라는 간절한 욕구, 또는 관계를 변화시키고 치유하고자 하는 욕구는 전부 부정의 단계에 해당한다.

당신이 부정을 하는 동안 당신은 원하는 긍정적인 방향으로 삶을 이끌어나가는 데 필요한 조치들을 취하지 못하게 된다. 당신이 먼저 상황을 변화시키기 위한 조치들을 취하는 것이 아니라 경계선/자기애적 성격장애자가 먼저 변해 주기를 바라고, 믿고, 요구하기만 하는 한, 당신은 부정의 단계에서 벗어나지 못한다. 부정은 부동(不動)의 단계이다.

이 단계는 자신의 삶에서 실제로 어떤 일이 벌어지고 있는지를 직시하려 하지 않으려는 단계이다. 당신은 반드시 취해야 할 중요한 조치들을 애써 모른 척한다.

내가 몇 년 전에 들었던 다음의 명언이 바로 이러한 상황을 명쾌하게 정리해 준다.

"혼란은 마음이 시간을 끄는 수단이다."

경계선/자기애적 성격장애자가 함께 산다는 것은 분명 혼란스러운 일이다. 그러나 그 혼란 속에 머무는 것은 부정의 한 형태이다. 당신은 이 부정의 단계에 머물며 시간을 끈다. 즉 당신은 상황이 어떻게든 나아질 것이라고 생각만 할 뿐, 현 상태를 중단시키려 하지도 않고, 상황을 전환시킬 수 있는 조치를 취하지도 않는다. 예를 들어 당신은 관계를 끝내지도 않고, 극적인 상황을 만들려고 하지도 않고, 상대방을 화나게 하지도 않고, 거부반응을 유도하지도 않는다.

몇 년 혹은 몇십 년 동안 부정의 단계에서 버텨내는 보호자의 능력에 주변 친구들과 가족들은 혀를 내두른다. 많은 사람들의 눈에 당신은 혼란과 소란 속에서 허공을 줄타기하는 사람처럼 보인다. 당신은 극한의 불안과 긴장을 껴안고 사는 것처럼 보인다. 반면 당신의 입장에서는 부정 단계에 너무나도 깊이 들어가 있는데다가 그것에 이미 너무 익숙해졌기 때문에, 부정으로부터 벗어난다는 생각이 매우 두렵게 느껴질 수도 있다.

보호자는 경계선/자기애적 성격장애자가 보호자인 자신을 위해서라도 스스로를 변화시키고 새로운 삶을 살아야 된다고 압박한다. 그러나 놀랍게도 보호자는 바로 이러한 행동을 통해 계속 부정 단계에 갇히게 된다.

보호자는 몇 번을 실패해도 늘 경계선/자기애적 성격장애자가 '마땅히' 보여야 할 변화에만 집중한다. 보호자는 그들이 더 감사한 마음을 가지길, 덜 비난하길, 쉽게 화를 내지 않길, 좀 더 협조적인 태도를 보이길, 자신과 상대를 위해 최선을 다해 주는 사람이 되길 바란다.

이것들은 일견 합리적인 요구인 것처럼 보인다. 그러나 당신이 하고 있는 행동은 실제로는 부정에 불과하다. 즉 당신은 '경계선/자기애적 성격장애자가 이렇게 변할 수 없다.' 내지는 '그들은 그렇게 변하지 않을 것이다.'라고 생각한다.

당신이 마음 깊이 부정하고 있는 것이 또 있다. 당신이 원하는 삶을 만들어낼 수 있는 사람은 바로 당신밖에 없다는 점이다. 당신은 경계선/자기애적 성격장애자에게 자신을 맞춘다는 일념으로 이미 셀 수 없이 많이 자신을 변화시켜왔다고 생각할 수도 있다. 그것은 사실이다. 당신은 말하는 방식이며 사용하는 단어며 억양까지 바꾸었을 수도 있다. 당신은 경계선/자기애적 성격장애자의 유약한 감정을 돌보는 일에 모든 관심과 에너지를 쏟아 부었을 수도 있다.

당신은 경계선/자기애적 성격장애자의 변덕스러운 기분과 요구 등 온갖 것들에 맞춰줄 수 있을 만큼의 굉장한 융통성을 갖게 되었을지도 모른다. 그건 당신의 말이 맞다. 그런데 당신이 만들어낸 그 모든 변화는 경계선/자기애적 성격장애자와 당신의 관계에 존재하는 기능 장애를 고치지는 못한다. 즉 그동안 당신은 관계를 바꾸지 못 했을 뿐더러 당신의 상호작용 패턴도 바꾸지 못한 것이다.

당신은 그러한 변화들을 통해 단지 경계선/자기애적 성격장애자에게 맞춰주는 융통성을 갖게 된 것뿐이다. 그러한 변화는 당신을 위해서나 경계선/자기애적 성격장애자를 위해서나 더 나은 관계를 만들어내지는 못한다. 사실상 당신이 변화시켰다고 하는 것들은 경계선/자기애적 성격장애자의 기능 장애 행동을 강화시켰을지도 모른다. 아마 당신은 그런 식으로 자신을 바꾸는 데 힘을 쓰느라 완전히 소진한 상태가 되었을 것이다.

진짜 변화를 만들어내려면 다음이 선행되어야 한다. 자기 자신과 이 세계를 다르게 바라보고, 당신을 대하는 경계선/자기애적 성격장애자의 행동에 제한을 설정하고, 경계선/자기애적 성격장애자에게 현재진행형으로 존재하는 정신질환의 실재를 받아들여야 한다. 그저 최선의 것을 희망하고 경계선/자기애적 성격장애자의 행동에 반응하는 차원에서 그쳐서는 안 된다.

완전히 새로운 사고 체계, 새로운 믿음 체계, 새로운 행동 체계를 만드는 데 힘써야 진짜 변화가 일어날 수 있다. 이러한 진짜 변화가 실현

되기 위해서는 당신이 지금까지 쏟아온 것보다 더 많은 시간, 더 많은 자원, 더 많은 용기가 필요하다. 그렇기 때문에 당신은 더더욱 부정 단계에 머물고 싶은 것일 수도 있다. 그편이 훨씬 더 편하니까 말이다. 하지만 당신이 이 책을 집어든 순간, 혹은 치료를 받으러 가겠다고 마음먹은 순간, 또는 '생명줄의 끄트머리'를 붙잡는 순간, 부정의 단계는 시험대에 오른다.

분노

분노 단계는 보통 '부정' 단계에 익숙해진 보호자가 갑작스러운 외부 자극을 받았을 때 시작된다. 일반적으로 분노는 부정과 번갈아가며 나타난다. 분노는 경계선/자기애적 성격장애자가 '미치광이처럼' 행동하거나, 적대적인 태도를 보이거나, 상처를 주거나, 이기적으로 행동하거나, 비논리적으로 행동할 때 가장 자주 찾아온다. 그리고 그들의 상태가 비교적 정상으로 돌아가면 다시 부정이 분노의 자리를 대체한다.

보호자는 대체로 화내는 것을 좋아하지 않는다. 때문에 보호자는 금방 분노 단계에서 다시 부정 단계로 후퇴하곤 한다. 처음으로 분노 단계를 경험해 본 보호자는 분노를 상처, 당혹, 충격, 불신, 혼란 등으로 인식한다. 즉 초기에 분노는 상당 부분 부정과 뒤섞여 있다. 분노라는 감정은 '경계선/자기애적 성격장애자가 정상적으로 행동할 것이다.', '정상적으로 행동해야 한다.', '정상적으로 행동할 수 있다.'는 식의 기대에서 생겨난다.

경계선/자기애적 성격장애자가 실제로 영구적인 정신장애를 갖고 있다는 사실을 아직까지 인정하지 못하는 것이다. 분노는 당신이 경계선/자기애적 성격장애자를 '교정'할 수 있다거나 그래야 한다는 생각 때문에 발생하기도 한다. 또한 경계선/자기애적 성격장애자가 당신을 사랑한다면 분명 더 다정하고 긍정적으로 행동할 것이라는 믿음, 아니면 적어도 그래야 한다는 믿음도 분노의 원인이 될 수 있다.

이러한 믿음은 결국 당신으로 하여금 당신이 무능력하고 사랑받지 못하고 있다는 느낌을 갖게 만듦으로써 다시 분노를 야기한다. 당신은 경계선/자기애적 성격장애자가 자신이 상대방을 얼마나 화나게 했는지 이해하기만 한다면, 나쁜 행동을 그만둘 것이고, 모든 문제가 해결될 것이라고 믿을지도 모른다. 그래서 보호자는 경계선/자기애적 환자들에게 자신이 얼마나 괴로운지를 알려줘야 한다고 생각할 때가 있다. 그러면 그들이 더욱 다정하고 사려 깊은 존재로 바뀔 것이라고 생각하기 때문이다. 그러나 이 방법은 어떤 변화도 가져오지 못할 것이다.

이런 종류의 관계에서는 당신이 분노를 표출하는 행위가 금지되어 있기 때문이다. 경계선/자기애적 성격장애자는 당신의 분노보다 더 격렬한 분노로 반응한다. 이에 당신은 수치심을 느끼고 상처를 받게 돼 있다. 결국 당신은 가슴속에 화를 담아둘 수밖에 없다. 당신은 가슴속을 더 많은 분노로 채워간다. 그 결과 당신은 갈수록 더 많은 억울함과 상처를 쌓게 된다.

분노 단계의 긍정적인 부분은 어떤 문제가 있다는 사실을 인정했다는 점에 있다. 부정 단계와 달리, 당신은 그 문제 때문에 행복하지 않다는 사실을 받아들인다. 인식이라는 차원에서 볼 때 이것은 하나의 중요한 진전이다. 관계가 흘러가는 방식이 못마땅하다고 본인이 느껴야만 그것을 바꾸기 위해 무엇이든 해볼 수 있기 때문이다. 분노는 경계선/자기애적 성격장애자가 당신을 함부로 대하고 있다는 것, 그리고 당신이 그것을 싫어한다는 것을 스스로 인정했다는 첫 번째 신호이다.

당신은 경계선/자기애적 성격장애자의 관계가 당신에게 불공평하다고, 그 관계가 당신이 원하는 친밀한 관계의 상과 맞지 않는다고 느끼기 시작한 것이다. 당신이 분노 단계로 더 깊이 접어들면 당신은 자기 자신에게로 향하는 분노를 인지하게 될 것이다. 자기를 향한 분노가 경계선/자기애적 성격장애자를 향한 분노와 번갈아 나타날 수 있다. 충분한 사랑을 주지 못하는 당신 자신을 향했던 비난의 화살은 방향을 바꾼다. 그리고 보다 정상적으로 행동하지 못하는 경계선/자기애적 성격장애자를 향한다.

애초에 경계선/자기애적 성격장애자를 선택한 자신에게 화가 날 수도 있다. 대부분의 보호자는 경계선/자기애적 성격장애자를 변화시키지 못했다는 이유로 스스로에게 분노를 느낀다. 이처럼 분노 단계에서는 당신과 경계선/자기애적 성격장애자의 관계에서 실제로 어떤 일이 벌어지고 있는지를 스스로 인지하기 시작한다. 당신은 그 관계로 인해 발생한 상처와 적대감뿐만 아니라 부당함도 느끼고 알게 된다. 당신은 더는 이대로 둘 수 없다고 생각하기 시작한다. 그러나 정말로 이 관계를 변화시킨다는 것은 상당히 벅차고, 불확실하고, 어렵고, 거의 불가능에 가까운 일이다.

당신이 이미 이런저런 일들을 해결하느라 모든 에너지를 다 소진한 상태라면, 삶을 완전히 다른 방향으로 전환시키는 일이 버겁게 느껴질 수 있다. 게다가 분노 단계에 머무는 한, 당신은 여전히 경계선/자기애적 성격장애자에 의한 변화가 논리적으로 가능하다고 생각하기 마련이다. 그러나 당연히 그런 일은 일어나지 않을 것이고, 당신의 분노는 더욱더 커지기만 할 것이다.

협상

협상 단계는 완전한 부정 단계에서는 벗어났지만 아직은 큰 변화를 시도할 준비가 되지 않은 단계라고 할 수 있다. 내가 목격한 보호자의 협상 시도들은 다음과 같다.

보호자들은 관계를 개선하기 위해 휴가를 떠나거나, 관계로부터 관심을 돌리기 위해 일자리를 구하거나, 일시적으로 별거를 시작하거나, 외도를 하거나, 아이를 갖거나, 상대방이 진정으로 문제를 알고 변할 수 있게끔 부부 상담치료를 받으러 가거나, 변하지 않으면 이혼하겠다고 협박하거나, 중독(소비, 알코올, 섭식)에 빠지거나, 새 집을 산다거나, 사업을 시작한다거나, 잔소리를 한다거나, 방에 틀어박혀 나오지도 않는다거나, 계속해서 적개심을 내보이거나 한다. 어떻든지 간에 협상 단계까지는 여전히 (겉보기에는 훨씬 큰 변화 같은) 작은 변화를 만들어내려고 노력한다.

그렇다.

당신 자신의 행동에 변화를 주려고 한다. 그러나 협상 차원의 변화는 실제로 관계의 패턴이나 핵심적인 부분을 바꾸지는 못한다. 협상은 당신이 이제 막 느끼기 시작한 분노와 고통에 대한 시선을 다른 곳으로 돌리기 위한 미봉책에 불과하다. '변화' 이후에도 똑같은 문제가 계속 나타난다면, 그건 진짜 변화가 아니라 협상이 이루어졌다는 확실한 증거이다.

진짜 변화는 이 관계의 핵심적인 문제를 해결하는 것과 관련이 있다. 특히 경계선/자기애적 성격장애자가 정신질환을 앓고 있다는 사실을 인정했을 때 가능하다. 인간이라면 누구나 신체적 질병, 심지어는 죽음을 놓고도 협상하려고 한다. 따라서 우리가 정신질환을 놓고 협상하려고 하는 것도 그리 놀랄 일은 아니다. 정신질환은 훨씬 덜 구체적이고, 더 혼란스러운 문제이기 때문이다. 그래서 보호자는 이렇게 생각한다.

내가 더 사랑을 준다면, 내가 기도를 더 많이 한다면, 내가 그를 이해시킬 수 있다면, 그녀가 먼저 생각을 좀 하고 말한다면, 내가 문제들에 크게 신경을 쓰지 않는다면, 상황이 나아질 것이라고. 이러한 생각이 모두 협상에 해당한다. 협상에 휘말리지 않기란 매우 어려운 일이다.

당신은 경계선/자기애적 성격장애자를 지금도 사랑하고 있고(혹은 사랑했거나), 이미 오랜 기간 관계에 노력을 기울였으며, 아이를 키우고 있을 수도 있고, 대출금이 있을 수도 있고, 상대방과 함께할 인생 계획을 세워두었을 수도 있기 때문이다.

경계선/자기애적 성격장애자의 경우 외부 사람들에게는 완전히 정상적인 사람으로 보이곤 한다. 때문에 당신은 선의를 가진 친구, 친척, 목사, 상담가로부터 조언을 많이 받아보기도 했을 것이다. 이런 조언은 당신이 계속해서 기대하고 노력할 수 있게끔 힘을 실어준다. 당신은 경계선/자기애적 성격장애자가 심각한 정신질환을 갖고 있다는 불편한 진실 하나와 당신이 지금껏 해왔던 것보다 훨씬 더 큰 변화가 필요하다는 또 다른 불편한 진실을 받아들이지 못한다. 즉 당신은 협상 단계에 머물게 된다.

부정, 분노, 협상은 주기적으로 나타나는 경향이 있다. 이번 장의 마지막 부분에 실린 그림 10.1을 보아라.

분노는 부정적인 사건이 당신의 부정을 몰아낼 때 찾아온다. 그러나 이러한 분노를 매우 거북하게 받아들이는 보호자의 경우, 판 전체를 지나치게 흔들지 않으면서 부분적인 변화를 도모하는 협상의 단계로 나아간다. 협상을 통한 해결책은 며칠이나 몇 달 정도는 효과를 발휘할 수도 있다. 그러다가 어느 시점이 되면 당신은 잘못된 것이 아무것도 없다는 부정 단계로 후퇴할지도 모른다. 그리고 경계선/자기애적 성격장애자의 부정적인 행동이 다시 불쑥 나타나면 모든 것이 처음으로 돌아가 새로운 주기가 다시 시작된다.

이러한 부정, 분노, 협상의 세 단계를 몇 년 혹은 몇십 년 동안 주기적으로 반복하면서 거의 아무런 진전을 보이지 않는 경우도 가끔 있다. 보호자가 본인의 희망을 버리지 못하고, 친구 및 친지들이 좋은 의도로 건넨 조언을 있는 그대로 받아들이고, 협상 차원의 해결책으로 문제를 봉합하다 보면 이 세 단계를 오랫동안 주기적으로 반복하며 사는 것이 가능해진다.

그리고 그러한 주기적 반복이 오래되면 오래될수록, 거기에서 스스로 탈출하기가 더욱 어려워진다. 자신이 그동안 협상에 쏟은 모든 것을 전부 잃게 될 것이라고 생각하기 때문이다.

보호자와 경계선/자기애적 성격장애자 사이의 관계가 자녀에게 부정적인 영향을 미칠 경우, 보호자는 대개 자신의 고장 난 관계를 진지하게 들여다보게 된다. 자녀가 학교생활을 잘하지 못하거나, 또는 친구 사귀는 일에 어려움을 겪거나, 우울해하거나, 집 또는 심지어 공공장소에서도 버릇없이 굴기 시작하면, 가족들은 진짜 근본적인 문제의 심각성을 인식하게 된다. 아니면 보호자인 당신이 지쳐 나가떨어지거나 희망을 잃을 수도 있다. 아니면 경계선/자기애적 성격장애자가 더욱더 극적이고 과격한 행동을 보일 수도 있다. 그러면 당신은 무언가 심각하게 잘못되었다는 사실을 인식하게 된다. 그리고 당신은 협상 차원의 해결이 전혀 효과가 없다는 사실도 깨닫기 시작한다.

이러한 과정을 거치면 이제 당신은 우울 단계로 넘어갈 수도 있다.

우울

당신이 시도한 모든 것이 아무런 효과가 없었고 문제들이 전혀 해결되지 않은 채 여전히 지속되고 있다는 것을 깨닫게 되면, 당신은 상황이 변할 것이라는 믿음을 잃고 무기력한 상태에 빠질 것이다.

실망이 쌓이고, 논리적인 '해결책'은 실패를 거듭한다. 당신이 애써 이뤄낸 변화들은 오래 지속되는 법이 없다. 경계선/자기애적 성격장애자는 변하지 않는다. 당신은 점점 과부하에 걸리고 문제를 해결할 힘을 점점 잃어간다. 당신은 자신이 그 관계를 바꿀 수 없다는 사실을 점점 깨닫기 시작한다. 당신은 경계선/자기애적 성격장애자가 정말 티끌만큼도 변하지 않는다는 사실을 인식한다.

당신은 자신의 현실 감각을 의심하기 시작한다. 당신은 이제 가족 모두가 느끼고 있는 그 고통스러운 상황에 대한 해결책을 찾을 것이란 희망을 버린다. 당신은 상당한 우울 또는 불안을 느낄 수도 있고, 또한 공황 발작, 편두통, 과식, 심하면 심장 압박 등의 신체적 증상을 호소할 수도 있다.

당신은 그동안 꿈꿔왔던 관계를 포기하고 경계선/자기애적 성격장애자에게 꿈꿨던 건강한 모습을 포기해야만 하는 상황에 직면한다. 당신의 자아상도 위축된다. 당신은 상황을 개선시키는 데 있어 당신이 할 수 있는 일이 거의 없다는 사실을 깨닫게 된다. 우울 단계로의 진입은 사실상 무엇으로도 경계선/자기애적 성격장애자를 또는 그와의 관계를 변화시킬 수 없다는 사실을 진심으로 깨닫기 시작했다는 신호이다. 그동안 품었던 꿈들을 전부 잃는 것은 애석한 일이다. 이러한 자각이 가져다주는 무력감도 사람을 우울하게 만든다.

그러나 이는 당신이 관계의 역학을 전보다 명확하게, 전보다 현실적으로 보게 되었다는 신호이기도 하다. 오랫동안 자기 자신은 거의 돌보지 않고 정신질환을 가진 사람을 돌보는 일에 집중하다 보면 누구든 반드시 우울해지기 마련이다.

경계선/자기애적 성격장애자의 비현실적으로 왜곡된 세계에 홀로 대응하다 보면 누구든 결국에는 우울해진다. 건강한 정상 가정에서나 효과적일 방법을 경계선/자기애적 장애자가 있는 가정에 똑같이 적용한다면 실패는 불을 보듯 뻔하다. 우울 단계는 당신이 경계선/자기애적 성격장애자를 치료하거나 변화시키는 일이 불가능하다는 사실을 받아들였다는 것, 그리고 부정, 분노, 타협의 반복을 단념할 준비가 되었다는 것을 나타내는 신호이다.

그때부터 당신은 자신이 처한 상황을 새로운 눈으로 보려는 의지를 갖게 된다. 당신은 경계선/자기애적 성격장애자의 관계 방식과 자기 자신을 보다 근본적으로 변화시켜보려는 마음을 먹을 것이다. 상대방과의 관계에서 유일하게 변화가 가능한 부분은 당신이 수행하는 역할에 한정된다. 우울 단계에서는 당신이 바로 이것을 인식하는 순간, 이전까지와는 전혀 다른 방법을 찾는 일에 의욕을 갖게 된다. 그러나 근본적인 변화를 이끌어내는 조치들은 직관적으로 잘 이해되지 않는 경우가 많다. 때문에 어떠한 변화를 대상으로 삼아야 하는지를 아는 것 자체가 매우 어려운 일이 될 수 있다.

수용

당신은 경계선/자기애적 성격장애자를 변화시키기에는 자신이 무력하다는 사실을 깨달았을 때 수용 단계로 들어선다. 사실 수용은 안도감과 평온함을 가져다준다. 당신이 경계선/자기애적 성격장애자의 행동이나 감정, 생각을 고칠 방법이 전혀 없다는 사실을 마침내 깨닫게 되는 시점이 바로 이 수용 단계이다. 이 깨달음은 당신에게 안정을 가져다준다. 이제 더는 자기 자신이나 경계선/자기애적 성격장애자에게 분노할 필요가 조금도 없다는 사실을 알기 때문이다. 더는 상황을 개선하기 위해 에너지와 시간을 들여 경계선/자기애적 성격장애자에게 져주거나, 회유책을 쓰거나, 무언가를 요구하거나, 속일 필요가 없다. 더는 경계선/자기애적 성격장애자가 왜 이런 행동을 하는지 이해하려고 노력할 필요도 없다.

이 책의 목표들 중 하나는 당신을 이 수용 단계로 이끄는 것이다. 경계선/자기애적 성격장애자의 관계는 결코 정상적일 수가 없다. 그들과 함께하는 한 당신은 항상 정신질환을 가진 사람의 보호자가 되어야 한다. 그렇다면 문제는 바로 다음과 같다. 당신은 이 사람을 앞으로도 계속 돌보고 싶은가? 지금까지 당신이 보호자로서 취해온 방식을 버려야 한다면 앞으로는 타인을 어떤 식으로 보살필 것인가?

경계선/자기애적 성격장애자에게 지금보다 더 효과적으로 대응할 방법이 있는가? 당신이 경계선/자기애적 성격장애자와 함께하든 그렇지 않든 간에, 더 나은 삶을 위해 당신 스스로 도모해야 할 변화는 무엇일까?

경계선/자기애적 성격장애자가 늘 하던 방식대로 행동하고 그 모습이 당신을 뛸 듯이 기쁘게 해주지는 못하더라도, 당신은 그 모습을 지켜볼 수 있겠는가? 당신이 경계선/자기애적 성격장애자와 함께할지라도 당신 자신은 건강한 삶을 영위해나갈 수 있겠는가?

당신은 경계선/자기애적 성격장애자의 격노와 분노, 수동적 공격성 행동, 교묘한 조종에 분별력 있게 대응할 수 있는가?

위의 문제들은 이 책의 나머지 부분에서 중점적으로 다뤄질 것이다.

수용 단계에 진입하기까지는 기나긴 시련을 거쳐야 할지도 모른다. 그러나 이는 삶에 질서를 바로 잡기 위해, 그리고 보다 즐겁고, 보다 생산적이고, 보다 인간적인 새로운 삶의 방식을 창조하기 위해 반드시 넘어야 하는 관문이다. 또한 당신은 경계선/자기애적 성격장애자의 관계에서 나타나는 몇몇 부정적인 양상들에 대한 책임이 당신에게도 있다는 사실을 수용해야 한다.

여기에서 말하는 수용은 당신이 그동안 지나치게 많이 해왔을 자기비난과는 다르다. 수용이란 궁극적으로 경계선/자기애적 성격장애자의 관계를 변화시키는 일이 전적으로 당신에 달려있다는 사실을 깨닫는 것을 의미한다. 당신에게는 버거운 작업일 수도 있다. 그러나 이것은 관계를 변화시킬 힘이 당신에게 있다는 것, 그리고 당신이 이전과 다른 방식을 시도한다면 변화가 가능하다는 것을 인식하게 해주는 열쇠가 될 것이다. 당신이 경계선/자기애적 성격장애가 평생 지속되는 정신질환이라는 사실을 수용한다면 당신은 분노와 상처, 무력감을 떨쳐버릴 수 있는 통찰력을 갖게 될 것이다.

경계선/자기애적 성격장애자에게 현실적으로 기대할 수 있는 것이 무엇인지, 상황에 어떻게 대처해야 하는지를 알면 당신이 보호자였을 때와는 완전히 다른 입장에서 문제를 해결할 수 있게 된다.

경계선/자기애적 성격장애자의 행동은 여전히 당신의 마음에 들지 않을 수 있다. 그러나 수용 단계에 진입한 당신은 마침내 완전히 다른 시각으로 상황을 바라보게 된다. 경계선/자기애적 성격장애가 '치료'될 수 없는 질환이라면 당신에게는 그들을 치료할 책임이 없다. 당신은 자신이 극도로 힘겨운 상황 속에서 최선을 다했다는 사실을 자각하고 수용함으로써 자기비난을 멈출 수 있다. 이는 자존감을 높여주며, 자신의 삶에 스스로 방향성을 부여하는 힘을 갖고 있다는 느낌을 강화시켜 준다. 이로써 당신은 자신을 보다 긍정적으로 생각하기 시작하고 내가 내 삶의 주인이 될 수 있다는 것도 깨닫게 된다.

퀴블러 로스가 제시한 단계는 여기까지다.

나는 보호자의 치유 과정에 필요하다고 생각되는 세 단계를 다음에 추가했다. 보호자가 자기 돌봄의 단계에 이르기 위해서는 경계를 설정하고, 스스로를 해방시키고, 재건하는 작업이 필요하다.

경계 설정

경계를 설정하는 법을 배우고 그것을 실행에 옮기는 작업에는 당신의 믿음과 태도를 바꾸고 일련의 기술을 터득하는 일도 포함된다. 새롭고도 견고한 경계를 설정하지 않고서는 나 자신을 잘 돌보겠다는 목표에 다가설 수 없다. 사실 경계를 설정하지 않으면 나 자신과 나의 삶을 명확하게 인식하는 것조차 불가능하다.

경계는 나와 다른 사람을 분리하는 보이지 않는 선을 의미한다. 경계는 나(나의 생각, 감정, 책임, 욕구, 필요 등)라는 사람이 시작되고 끝나는 지점을 규정한다. 경계선/자기애적 성격장애자의 관계에서는 나와 그 사이에 그 어떤 경계도 없어야 한다는, '사람을 미치게 만드는' 규칙이 존재한다. 경계 설정은 내가 나만의 욕구, 나만의 권리, 나만의 인생관을 가진 유일무이한 사람임을 인정하고 승인하는 중요한 수단이다. 경계를 가진 개별적인 존재임을 확인하는 일은 당신이 사랑받고, 인정받고, 존중받는 때와 그렇지 않은 때를 구별하는 데 있어 꼭 필요한 작업이다. 당신은 "나는 이런 사람이지 그런 사람이 아니야." 혹은 "나는 이걸 믿지 그걸 믿는 게 아니야."라는 식의 식별을 통해 자기 자신이 어떤 사람인지 알게 된다.

이 세상에 당신과 동일한 사람은 단 한 명도 없다.

나에게는 단 한 번의 생이 주어진다는 것을 생각해 보면, '나'인 사람은 전적으로 '나'밖에 없다는 것이 말이 되지 않는가? 당신과 경계선/자기애적 성격장애자는 하나가 아니다. 심지어 닮은 구석도 별로 없다. 보호자는 자기 자신을 경계선/자기애적 성격장애자와 뒤섞는다.

당신은 다른 사람에게 맞추는 일에 능숙하다. 당신은 그동안 자신이 원하는 것을 희생하면서 경계선/자기애적 성격장애자의 요구를 기꺼이

들어주었다. 당신은 그들의 평정과 협조적인 태도를 유지시키기 위해 경계를 허물고 그와 당신이 뒤섞인 관계를 만들어왔다.

하지만 이제는 경계선/자기애적 성격장애자에게 당신의 모든 에너지와 시간을 집중시켜왔던 습관을 버려야 한다. 대신에 당신은 '내가 원하고', '내가 느끼고', '내가 필요로 하고', '내가 좋아하고', '내가 싫어하는' 것 등에 초점을 맞추어 경계를 설정하기 시작해야 한다. 이것이 바로 세상에 '나'라는 존재를 드러내기에 앞서 가장 첫 번째로 만들어야 하는 경계이다.

당신이 경계를 세우기 시작하면, 마치 피부가 몸을 보호하듯, 당신은 자아를 정의하고 보호하기 시작한다. 경계는 당신에게 해가 될 수도 있는 타인의 감정이나 견해, 요구, 우선순위 등의 이질적인 요소들로부터 자아를 보호한다. 경계가 있으면 나 자신의 내적인 욕구, 정체성, 삶을 인식하고 따르는 일이 수월해진다. 또한 경계를 설정함으로써 경계선/자기애적 성격장애자의 관계에 실질적이고도 중요한 변화를 가져올 수 있다. 경계를 설정하는 방법은 이후의 장들에 개략적으로 설명되어 있다.

경계를 설정하는 일반적인 방법 중에는 "싫어."라고 말하는 것, 스스로 결정하고 선택하는 것, 내가 아끼는 사람이 다른 감정을 느낀다고 해서 나의 감정을 거기에 맞추지 않는 것, 나의 문제만 해결하는 것, 나의 신념과 견해를 바탕으로 삶을 구축하고 삶의 방향을 설정하는 것 등이 있다. 이것은 다시 말해 완전히 새로운 존재가 되는 것을 말한다. 경계설정은 남을 돌보는 존재에서 자기를 돌보는 존재로 변화하기 위해 넘어야 할 중요한 문턱이다.

해방

당신이 분명하고 일관된 경계를 세우기 시작할 때 당신은 마침내 스스로를 해방시키기 시작한다. 해방 단계에 이르면, 당신은 경계선/자기애적 성격장애자에게 과도하게 집중하고 관여해왔던 행동을 멈추게 된다. 이전까지 당신은 경계선/자기애적 성격장애자의 필요에 따라 모든 관심과 선택, 행동을 결정했다. 그러나 당신이 자기 자신을 돌보는 일에 책임감을 갖게 되면 경계선/자기애적 성격장애자에 대한 책임감에서 해방되기 시작한다.

해방이 일상에 어떻게 적용될 수 있을까? 그것은 당신 자신, 당신이 생각하는 것, 당신이 좋아하는 것, 당신이 느끼는 것을 경계선/자기애적 성격장애자의 욕망이나 소망에 따라 바꾸지 않는 것이다. 해방에는 경계선/자기애적 성격장애자를 기쁘게 해주고, 달래주고, 통제하고 싶은 당신의 욕구를 포기하는 일도 포함된다. 또한 경계선/자기애적 성격장애자가 어떻게 행동하고 무엇을 원하든 간에 그를 바꾸려 하지 않고 있는 그대로의 그를 받아들일 수 있는 수준에 도달하기 위해서는 당신과 그를 확실하게 분리해 줄 수 있는 강력한 경계를 구축해야 한다. 또한 당신은 경계선/자기애적 성격장애자가 당신의 내부에 존재하는 것들을 바꾸지 못하게 해야 한다.

당신이 경계선/자기애적 성격장애자와 관계를 맺겠다면, 서로 같은 두 사람이 아닌 서로 다른 두 사람이 관계한다는 전제를 설정하고 끝까지 이 전제를 지켜야 한다. 이 과제를 성취할 수 있는 방법에 대해서는 이후의 장들에서 설명할 것이다.

해방은 당신의 불안과 우울을 해소하는 데 있어 매우 중요하다. 경계선/자기애적 성격장애자가 그렇게 된 것은 더 이상 당신의 책임이 아니다. 더는 경계선/자기애적 성격장애자에게 어떤 식으로든 맞춰줄 필요도 없다. 그렇다면 당신은 더 이상 완벽해져야 한다는 압박, 경계선/자기애적 성격장애자를 즐겁게 해줘야 한다는 압박, 그들을 치료하거나 개선해 주어야 한다는 압박을 느낄 필요도 없다. 이로써 당신은 어깨를 짓눌렀던 엄청난 짐을 덜 수 있으며 자기 자신을 잘 돌보는 데 필요한 에너지와 열의를 갖게 될 것이다.

재구축

남을 돌보는 존재에서 자기를 돌보는 존재로 나아가는 치유의 마지막 단계는 재구축 단계이다. 이 단계에서 당신은 자신의 개별성, 자존감, '내'가 '나'로서 존재할 권리에 대한 믿음을 재구축하게 된다. 당신은 스스로 설계한 삶을 살아감으로써 자율권을 되찾고 자아를 안정시킨다. 재구축 활동에는 건강한 사람을 사귀는 것, 부정적인 혼잣말을 긍정적인 혼잣말로 바꾸는 것, 자신을 사랑하는 것, 자신을 소중히 여기는 것, 불안에서 해방되는 것, 우울에서 빠져나오는 것, 대인관계 기술을 쌓는 것, 자신이 원하는 삶을 살기 위해 자신과 세계를 새롭고 자유로운 방식으로 바라보는 것 등이 포함된다.

  이는 당신이 경계선/자기애적 성격장애자를 돌보는 것이 아니라 자신을 돌볼 때만 할 수 있는 일들이다. 자아란 당신이 유전 받은 것, 삶의 기술, 꿈, 신체적 경험과 감정적 경험, 생각, 욕구, 자기 주도적 삶에 대한 열망을 재료로 삼아 당신의 내면에 구축한 심리적인 구조물이다.

  이 세상에 당신과 동일한 자아를 가진 사람은 또 없다. 당신의 삶은 당신이 세상에 남기는 유산이다. 또한 당신의 최우선적인 책무는 당신의 개별적 자아를 보호하고, 양성하고, 표현하는 것이다.

  당신은 그동안 보호자 역할을 위해 자아를 포기했으며 자아를 계발하거나 보호하지도 못했다. 걱정할 필요는 없다. 자신을 돌보면서 동시에 다른 사람을 돌보는 것이 충분히 가능하기 때문이다. 그러나 남을 돌본답시고 자신을 유기해서는 안 된다. 그럴 경우 당신은 당신의 유일무이한 삶이라는 선물을 누리지 못하게 된다. 당신이 수용의 단계로 넘어가기 전까지는 부정, 분노, 협상, 우울의 첫 네 단계를 계속 반복하는 것처럼, 당신이 진정한 자기 돌봄의 단계로 넘어가기 전까지는 경계 설정, 해방, 재구축이라는 마지막 세 단계를 계속 반복해야 한다.

  그림 10.1의 도식을 보면 이 과정을 명확하게 이해할 수 있을 것이다.

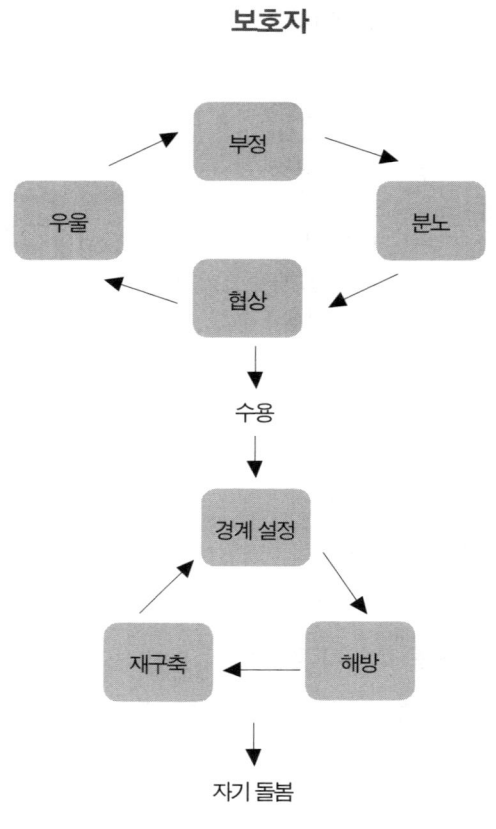

그림 10.1 수용의 단계

자기 돌봄

우선 자기 돌봄이 타인을 돌보고 존중하는 행위를 금하는 것이 아니라는 사실을 명심해야 한다. 사실상, 자신을 진정으로 사랑하고 돌보는 사람이야말로 타인을 가장 제대로 사랑할 줄 아는 사람이다. 많은 보호자들이 삶의 지침으로 삼는 '황금률'은 이렇다.

"남이 네게 해주기를 바라는 그대로 남에게 해주어라."

당신은 그동안 보호자로서 사랑을 주고 베푸는 행위를 한다는 생각을 갖고 있었는지도 모르겠다. 그러나 궁극적으로 당신이 한 행동은 통제 불능의 상황을 통제하고자 노력했던 것에 지나지 않는다. 다시 말해 당신은 받기 위해 주었다. 당신은 경계선/자기애적 성격장애자로부터 받고 싶은 것이 있었다.

당신은 되돌려 받기를 바라는 마음에서 당신이 받고 싶은 것을 그에게 먼저 주었다. 즉 당신의 베풂은 당신 자신의 결핍감에서 나왔다. 그리고 당신이 결핍감을 갖게 된 것은 당신이 스스로를 돌보지 않았기 때문이다. 반면 자기 돌봄은 정반대의 시나리오를 따른다. 즉 내가 스스로 나의 결핍을 채움으로써 남이 나의 결핍을 채우지 않아도 되는 지점에 도달하는 것이다. 그렇게 되면 베풂은 결핍을 채우기 위한 행위가 아닌 풍요를 나누기 위한 행위로 바뀔 것이다. 이로써 당신은 준만큼 받아야 된다는 생각을 하지 않게 된다. 당신은 베풀 때나 받을 때나 감사한 마음을 갖게 된다.

당신은 자기 돌봄을 통해서 자신의 욕구와 개별성을 존중하듯이 경계선/자기애적 성격장애자를 있는 그대로 존중하게 된다. 당신이 자기 돌봄 단계에 도달하게 되면 관계는 상호의 선택과 사랑, 존중, 수용을 바탕으로 이뤄진다. 다음의 장들에서는 이 치유 모델에 대해 보다 상세하게 설명할 것이다.

제11장
성격장애자와 규칙 정하기

진실 받아들이기

당신이 보호자 역할을 그만두려면 경계선/자기애적 성격장애자의 변덕과 요구를 최우선시하는 가족규칙에 맞서 도전해야 할 것이다. 당신은 타인의 생각과 감정에 맞추어 살아가는 삶을 그만둘 준비가 되었는가? 당신은 자녀를 위해서라도 보호자 역할에서 완전히 벗어나고 싶은가?

당신은 자신을 긍정적으로 생각하고, 스스로 결정을 내리고, 스스로 선택한 활동과 관계를 향유하고 싶은가? 당신은 평화롭고 담담하고 느긋한 삶을 살고 싶은가? 당신은 그러한 삶을 위해 과감한 행동을 취할 의향이 있는가?

보호자 역할을 그만두는 유일한 방법은 경계선/자기애적 성격장애자의 박해자/희생자/구조자 게임을 그만두는 것이다. 당신이 정상적인 삶을 살고 싶다면 경계선/자기애적 성격장애자가 당신을 묶어두기 위해 만든 규칙을 깨버려야 한다. 이러한 변화를 꾀하려면 용기와 결단이 필요하다. 당신이 그 말도 안 되는 규칙들을 완벽하게 지키기 위해 얼마나 노력했든 간에 그것은 일단 제쳐두고 먼저 다음과 같은 질문에 스스로 답해 보아라.

당신은 그들이 원하는 것을 완벽하게 충족시킬 수 있었는가? 당신이 경계선/자기애적 성격장애자를 달래주고 구해 주기 위해 노력한 결과 그에게서 유의미한 변화가 일어났는가? 당신의 노력이 그를 더 행복하게 만들었는가? 그가 당신을 더 많이 사랑해 주었는가? 그와의 사이가 더 좋아졌는가? 정신질환을 가진 사람이 만든 규칙들에 실효성이 있다고 생각하는가?

설마 절대로 그럴 리가 없다. 그나저나 어떤 규칙이 일리가 있고, 어떤 규칙이 실효성을 가지며, 어떤 규칙이 실효성을 갖지 못할까? 우선 경계선/자기애적 성격장애자의 관계에 존재하는 규칙들을 모두 적어보자. 경계선/자기애적 성격장애자 및 당신이 실제로 어떻게 행동하는지를 떠올려보고 다음 질문들에 스스로 답해 보아라.

- 누가 어떤 책임을 지고 있는가?
- 누구에게 어떤 감정이 허용되는가?
- 당신이 반드시 동의해야 하는 것은 무엇인가?
- 당신이 동의하지 않아도 괜찮은 것은 무엇인가?
- 두 사람의 의견이 일치하지 않을 경우 어떤 방식으로 결정이 내려

지는가?
- 사회적 활동과 관련된 결정은 누가 내리는가?
- 당신이 어떤 사회적 활동에 동의하지 않을 경우 어떤 방식으로 결정이 내려지는가?
- 두 사람 각자에게 표출이 허용된 감정은 무엇인가?
- 돈은 어떻게 관리하는가?

보다시피 위 질문들은 '누가 어떻게 가사 일을 분담하느냐.'와 같은 단순한 질문이 아니다. 그보다는 두 사람 사이에서 결정이 어떻게 내려지는지, 두 사람이 어떤 방식으로 함께 살아가는지를 묻고 있다. 그럴듯하게 꾸며낸 관계 방식이나 희망하는 관계 방식이 아니라, 당신들이 매일 실질적으로 관계하는 방식을 계속 관찰해야 한다.

예를 들면 내가 어렸을 적에 우리 집에는 '네가 원한다고 해서 무엇이든 요구해서는 안 된다.'는 규칙이 작동했다. 내가 그것이 규칙이라는 것을 알게 된 것은 가족 중에 어떤 사람이 뭔가를 요구할 때마다 그 사람이 왜 그것을 가질 수 없는지, 또는 왜 가져서는 안 되는지를 말하는 것이 나머지 사람들에게 허용되었기 때문이다. 그리고 시간이 흘러 몇 년 후의 일이다. 당시 나는 용기를 내어 내가 원하는 것을 요구했다. 그러자 가족들은 내가 그것을 진짜로 원하는 게 아니라며 또는 원해서는 안 된다며 내가 그것을 진짜로 원하는지 시험했다.

나는 포기하지 않았고 계속해서 요구했다. 덕분에 나는 다음과 같은 또 하나의 비밀 규칙을 알아낼 수 있었다.

네가 계속 요구하면 결국에는 들어줄 수밖에 없다. 그것은 매우 충격적인 발견이었다. 이러한 발견으로부터 용기를 얻은 나는 가족들 간의 상호작용 규칙들을 꾸준히 관찰했고 그 규칙들이 실제로 어떻게 작동하는지를 연구했다.

당신도 그런 규칙들을 찾아 적어보아라. 공공연한 규칙, 비밀 규칙 무엇이든 다 좋다. 그런 다음 그 규칙들을 머릿속에 새기고 당신이 새로운 상황과 맞닥뜨렸을 때도 그 규칙들을 식별할 수 있는지 시험해 보아라. 당신들의 관계에 건강과 화목을 가져다주지 못하는 규칙들을 바꾸고, 고치고, 없애기 위한 계획을 세워보아라.

이 장에서는 경계선/자기애적 성격장애자의 관계에 보편적으로 존재하는 규칙들과 그 규칙들에 도전하는 방법들을 대략적으로 살펴볼 것이다. 당신이 경계선/자기애적 성격장애자의 규칙을 깨는 순간 다른 모든 사람들이 매우 불편해할 거라는 사실을 당신은 이미 알고 있다. 또는 경계선/자기애적 성격장애자가 당신에게 화를 낼 수도 있다. 그럴 때마다 당신은 당신 자신과 자녀, 심지어는 경계선/자기애적 성격장애자를 포함한 모든 사람을 돕기 위해 이러한 변화를 시도하고 있다는 사실을 잊지 말아야 한다. 당신이 늘 예의 있고 단호하고 결단력 있는 태도를 보인다면 그것이 분명 도움이 될 것이다. 당신은 애정과 인정을 받지 못하는 상황을 견뎌내는 것이 쉽지 않을 것이란 사실을 알고 있다.

경계선/자기애적 성격장애자들 역시 이 사실을 알고 있기에 그것을 이용해 당신을 단념시키려 할 것이다. 그러나 당신은 원하는 변화를 눈으로 확인하게 될 때까지 멈추지 않고 계속 나아가야 한다. 이어지는 소제목들에서는 사람을 미치게 만드는 규칙들에 대한 도전과 당신이 보호자 역할에서 벗어나기 위해 극복해야 할 시련에 대해 묘사할 것이다.

당신과 경계선/자기애적 성격장애자는 하나가 아니다

당신은 경계선/자기애적 성격장애자와 똑같지 않다. 당신은 그의 복제인간처럼 굴 필요가 없다. 당신은 이 세상에서 당신 자신으로서 존재하고, 당신이 원하는 것을 원하고, 당신의 감정을 가질 권리를 갖고 있다. 앞서 말한 새로운 행동을 취하고 더 나은 삶을 살기 위해서는 그에게 모든 것을 맞춰야 한다는 규칙, 하나로 합체해야 한다는 규칙, 그의 복사본이 되어달라는 요구를 반드시 거부해야 한다.

아마도 그동안 당신은 그와 똑같이 생각하고, 똑같이 행동하고, 똑같이 느껴야 한다는 규칙이 얼마나 강력한 힘을 갖고 있는지 알아채지 못했을 것이다. 왜냐하면 그 규칙에는 관계가 반드시 이러한 방식으로 이루어져야 한다는 경계선/자기애적 성격장애자의 전제가 들어 있기 때문이다.

사실 경계선/자기애적 성격장애자는 이 규칙을 인식하지 못한다. 그는 단지 표면적으로 그것이 유일한 생존 방법이라고 짐작할 뿐이다. 그러나 이 규칙은 당신의 정체성을 말살한다. 결과적으로 당신은 완전하고 건강하고 행복한 한 인간으로서 존재할 기회를 완전히 박탈당한다.

당신을 그토록 분노하게 하는 것이 바로 이 규칙이다. 당신을 그토록 우울하게 만드는 것 역시 이 규칙이다. 당신이 이 규칙에 복종하는 한 유일무이한 개별적 인간으로서의 당신은 존재하지 못한다. 당신과 경계선/자기애적 성격장애자는 서로 분리된 다른 존재이다. 당신은 관점의 차이, 견해의 차이, 감정의 차이, 욕구의 차이, 필요의 차이를 계속 느끼게 될 것이다.

당신은 자신의 권리를 온전히 누리는 한 사람으로서 존재하겠다고 선택하는 순간, 경계선/자기애적 성격장애자는 불안, 분노, 절망적인 적개심을 드러낼 것이고 당신은 그에 대한 두려움을 극복해야 할 것이다. 이제는 당신이 경계선/자기애적 성격장애자와 똑같아져야 한다는 규칙을 깰 것인지 결정해야 할 때이다. 그 규칙은 경계선/자기애적 성격장애자의 내면에 깊숙이 자리 잡고 있듯이 당신의 내면에도 깊숙이 뿌리를 내리고 있다.

이 세상에 완벽하게 똑같은 두 사람은 없다. 그럴 가능성은 적지만 심지어 당신이 일란성 쌍둥이라고 해도 예외는 아니다. 당신의 욕구와 필요가 경계선/자기애적 성격장애자의 정신질환 때문에 저해되어야 할 이유는 조금도 없다. 당신의 우울과 불안은 당신의 내적 자아가 자유로워지고 싶어 하고, 표현하고 싶어 하고, 그저 나 자신이 되고 싶어 한다는 것을 나타내는 증상이다. 당신은 이 책에서 얻은 생각들을 실행에 옮기기에 앞서, 그 제정신이 아닌 규칙에 대한 도전이 얼마나 중요한지를 먼저 이해해야 한다.

사실 받아들이기

경계선/자기애적 성격장애자는 정신질환을 앓고 있으며 살아있는 동안 낫는 일은 없을 것이다. 그러나 경계선/자기애적 성격장애자는 이 사실을 부인한다.(그는 당신이 미쳤다고 생각한다.) 그리고 당신 역시 이러한 사실 왜곡에 동참한다.

당신이 도와주고, 방향을 이끌어주고, 져주고, 그가 하는 온갖 행동을 참아주면 그가 어떻게든 나아질 것이라는 기대와 환상을 버려야 한다. 당신이 보호자 역할을 계속하는 한 당신은 경계선/자기애적 성격장애자의 정신 이상 행동을 강화하기만 할 뿐이다. 당신은 이 사실을 반드시 깨닫고 받아들여야 한다. 당신은 경계선/자기애적 성격장애자를 변화시킬 수 없다. 당신은 자신의 한계를 받아들이고 경계선/자기애적 성격장애자를 있는 그대로 인정해야 한다. 어떻게 그럴 수 있느냐고?

그저 받아들이는 것 외에 다른 선택지가 있는가? 지금까지 당신은 그가 정신질환을 앓고 있다는 사실을 단호하게 부인해왔을 것이다. 당신은 그가 당신을 짜증나게 하고 열 받게 만들기 위해 일부러 그런 행동을 한 게 틀림없다고 생각했을 것이다. 그런데 당신이 그동안 그렇게 노력하고, 요구하고, 애원하고, 져준 결과 그가 조금이라도 변했는가? 그가 변했으면 좋겠다는 당신의 욕구가 그동안 어떤 변화라도 가져왔는가? 그에 대한 당신의 분노가 뭐라도 바꿔놓은 게 있는가? 그가 바뀌었으면 하는 당신의 필요와 욕구와 바람이 그동안 한 번이라도 뭔가를 바꿔놓은 적이 있다면, 아마도 당신은 이 책을 읽고 있지 않을 것이다.

이제는 그가 변할 수 없다는 사실과 그에게는 변하고자 하는 마음도 없다는 사실을 받아들여야 한다. 이와 동시에 당신은 자신이 무엇을 느끼는지, 자신이 어떤 사람인지, 자신이 무엇을 원하는지가 당신의 삶을 구성하는 사실들이고 타당한 사실이라는 점을 받아들여야 한다. 부정과 분노와 협상을 그만두고, 그가 달라질 것이라는 희망을 버리고, 그가 당신이 원하는 대로 행동할 것이라는 기대를 버리고, 현실에 대한 진정한 사실을 받아들이고 난 다음에야, 더 나은 삶에 대한 아이디어가 마침내 떠오르기 시작할 것이다.

'이런 일이 일어났으면 좋겠다.' 혹은 '이런 일은 일어나지 않았으면 좋겠다.'는 식의 집착을 버려야, 지금 '벌어지고 있는' 일에 관심이 가게 되어 있다. 지금 일어나는 일보다 일어나길 바라는 일에 초점을 맞춰온 삶의 방식이야말로 당신을 그토록 좌절시키고, 분노하게 하고, 상처받게 한 부분적인 원인이라고 할 수 있다. 그렇다고 경계선/자기애적 성격장애자와 함께한 경험의 일부가 당신을 불쾌하게 하고 심란하게 만든 원인이라고 비난하려는 것은 아니다. 그러나 당신이 겪은 분노, 혼란, 우유부단의 대부분은 당신이 바라는 현실과 지금 일어나고 있는 일 사이의 모순, 경계선/자기애적 성격장애자가 꾸며내는 현실과 실제 현실 사이의 모순으로 인해 발생했다.

당신은 경계선/자기애적 성격장애자에게 인정받지 않아도 된다

당신은 경계선/자기애적 성격장애자가 당신에게 화를 내고, 극적인 감정을 보이고, 부정적인 감정이 생긴 원인을 당신 탓으로 돌리고, 당신을 비난하고, 당신을 떠나겠다고 협박할까 봐 두려워한다.

경계선/자기애적 성격장애자는 바로 이러한 당신의 두려움을 이용해 당신에게 막강한 영향력을 행사한다. 경계선/자기애적 성격장애자가 자신 또는 당신이나 자녀에게 폭력을 사용하겠다고 협박할 경우, 당신은 가능한 한 빨리 그를 정신질환자 입원 시설에 데려가야 한다.

119에 전화하고, 경계선/자기애적 성격장애자의 상담사나 담당의에게 연락한 다음, 당신 자신과 자녀들을 안전한 곳으로 대피시켜야 한다.

경계선/자기애적 성격장애자가 실제로 행동에 옮길 정도로 심각한 상태는 아니라며 부정하면 안 된다. 당신 혼자서 그 상황을 해결할 수 있다고 생각하면 오산이다! 보호자들이 가장 많이 저지르는 실수들 중 하나가 경계선/자기애적 성격장애자의 위협을 그냥 넘겨버린다는 것이다. 당신은 자신이 심각한 정신질환을 상대하고 있다는 사실을 명심해야 한다.

경계선/자기애적 성격장애자가 평소에 거의 정상인처럼 보이고 정상적인 행동을 보인다고 할지라도 말이다.

다른 한편으로, 보호자들은 경계선/자기애적 성격장애자가 분노로 발작하고, 소리를 지르고, 갑자기 울음을 터뜨리고, 떠나겠다고 협박하는 것을 필요 이상으로 심각하게 받아들이는 경우가 많다. 보호자들은 경계선/자기애적 장애자가 폭력을 행사하겠다고 협박하는 것보다 그들의 단순한 분노를 몇 배는 더 심하게 두려워할 때가 많다.

당신이 보호자 역할을 하다 보니 경계선/자기애적 성격장애자의 감정적인 반응에 극도로 예민해져 버린 것이다. 그러나 경계선/자기애적 성격장애자가 분노를 터뜨릴 때 당신이 냉정을 잃는 모습을 보이면 그들은 더욱더 크게 분노할 것이다.

당신이 그들의 요구를 들어주면 들어줄수록 그들은 더 많은 요구를 해올 것이다. 그들의 잘못된 행동에 대한 책임을 당신이 떠맡는다면 그들은 당신을 더욱더 심하게 비난할 것이다. 당신은 침착하고 꿋꿋한 태도를 유지할 수 있어야 한다. 방어적인 태도를 보여서는 안 된다. 경계선/자기애적 성격장애자가 당신을 깎아내리는 말을 한다거나 감정적으로 공격을 해도 그것에 어떤 의미가 있다고 생각해서는 안 된다.

경계선/자기애적 성격장애자를 화'나게 한 것'에 용서를 구해서는 안 된다. 경계선/자기애적 성격장애자가 화산처럼 폭발하는 것을 목격했다면 그것을 잊어버려서는 안 된다.

경계선/자기애적 성격장애자의 감정 사이클에 끌려 들어가서는 안 된다. 당신과 친구나 직장 동료들과의 관계에서는 그런 일이 일어나지 않는다는 사실이야말로 그런 일들을 유발한 원인이 당신이 아니라는 점을 말해 준다. 따라서 당신은 정신을 집중하고 똑바로 들여다보아야 한다. 그러면 당신은 경계선/자기애적 성격장애자가 당신의 두려움을 먹이로 삼아 당신을 조종하는 힘을 키워나간다는 것을 이해하게 될 것이다.

당신을 감정의 허리케인 속에 빠뜨린 것은 당신이 경계선/자기애적 성격장애자의 인정을 받지 못하는 것에 대한 두려움과 고통이다. 경계선/자기애적 성격장애자가 감정의 폭풍우를 토해내는 와중에 당신에 대해 말한 것, 당신에 대해 생각한 것, 당신에게 느끼는 것, 당신 때문이라고 말하는 것은 진짜일 수도 있고 진짜가 아닐 수도 있다. 그러나 그런 것들은 그 순간의 사실과는 항상 무관하다.

경계선/자기애적 성격장애자가 격노나 분노를 터뜨릴 때는 망상에 사로잡혀 있다. 그들은 이성적이지 못한, 한마디로 '제정신이 아닌' 상태이다. 따라서 그런 상황에서 경계선/자기애적 성격장애자가 하는 말과 행위가 당신 또는 제3자나 현실과 관련지어 생각할 필요가 없다.

당신의 자아에 대한 인정은 당신 자신의 행동과 결정이라는 사실을 기반으로 해야지, 감정적 악몽에 사로잡힌 사람의 고함소리에서 찾으려 하면 안 된다. 대신, 당신이 어떤 사람인지, 당신이 친절을 베풀고 있는지 아니면 이기적으로 행동하고 있는지를 제대로 말해 줄 수 있는 다른 사람들, 즉 친구, 직장 동료, 상담사를 찾아야 한다.

당신이 경계선/자기애적 성격장애자의 가족들을 위한 상담 집단에 참여한다면 '사람을 미치게 하는' 이 관계를 다루는 데 필요한 힘과 지지와 인정을 얻을 수 있다. 당신은 경계선/자기애적 성격장애자의 관계 바깥에 자기편을 만들고 자존감을 높여야 한다. 당신이 지지를 필요로 할 때 경계선/자기애적 성격장애자가 그렇게 해줄 것이라고 기대해서는 안 된다. 경계선/자기애적 성격장애자가 당신의 가치를 정확하게 알아봐 줄 것이라고 기대해서도 안 된다.

소통 방식을 바꿔라

경계선/자기애적 성격장애자의 소통 방식은 보통 모호하고, 난해하고, 혼란스럽다. 그들은 한 가지 주제로 시작해서 손으로 다 꼽지도 못할 만큼 많은 주제들로 변형을 거듭한 다음 그 어떤 결론이나 결정도 내리지 않고 끝내버린다. 당신은 당신이 동의하지 않는 것에 동의를 하게 되기도 하고, 또 당신은 이것이 결론이라고 생각했는데 경계선/자기애적 성격장애자는 저것이 결론이라고 주장하는 상황이 발생한다.

이런 유형의 소통 방식은 경계선/자기애적 성격장애자에 의해 당신을 조종하고 통제하는 수단으로 사용된다. 당신이 자신을 괴롭히는 것에 대해 분명하게 말하고 싶을 때, 예일 소통(Yale communication) 모델이 하나의 좋은 본보기가 될 수 있다. 우선은 당신 스스로에게 이 모델을 사용하여 당신이 진정으로 느끼고 원하는 바를 구체적으로 묘사해 보자. 그 다음에는 자녀들에게도 이 모델을 사용하여 말해 보자. 이 모델은 아이들에게 대단히 효과가 좋다. 그리고 나서 친구와 직장 동료들과 소통할 때도 이 모델을 사용해 보자.

이 모델을 활용하는 데 자신감이 생기면 경계선/자기애적 성격장애자에게도 시도해 보자.

1. ____이(가) 발생하면
2. 나는 ____를(을) 느낀다.
3. 나는 ____(하)고 싶다.

4. 그렇지 않으면 나는 _____(해)야 할 것이다.

이 모델은 어떤 사람에게든 의사를 명확히 전달할 수 있는 강력한 수단이다. 특히 극도로 예민한 사람이나 타인을 조종하려는 사람과 소통할 때 효과적이다. 이 모델은 당신이 문제라고 생각하는 것, 당신이 그 문제에 대해 느끼는 것, 당신이 원하는 것을 전달하게 해준다.

이것은 명확하고, 구체적이며, 비감정적이고, 비심판적인 소통을 위해 설계된 모델이다. 그래서 이 모델에 따라 의사를 전달하면 이야기를 하다가 다른 길로 새거나 상대방을 공격할 가능성이 낮아진다. 또한 경계선/자기애적 성격장애자에게는 듣는 것 이외의 별다른 노력을 요구하지 않는다.

이 모델은 경계선/자기애적 성격장애자의 힘겨운 의사소통에 대한 만병통치약은 아니지만 하나의 효과적인 도구가 될 수는 있다. 이 모델은 객관적으로 관찰 가능한 사실에 대한 진술로 시작한다. 예컨대 '거실 바닥에 더러운 옷들이 있는 것을 보면…….', '큰 목소리로 날카로운 말을 하면…….', '계좌에서 초과인출이 되었다는 고지서를 받으면…….', '5시에 저녁을 먹을 거라고 생각했는데 9시가 될 때까지 저녁이 준비되지 않으면…….'라는 식으로 시작하는 것이다.

이때 어떤 특정한 사람에게 진술을 전달하는 것은 괜찮지만 그 누구도 비난해서는 안 된다. 당신은 관찰 가능한 사실을 진술함으로써 상대방의 방어적인 응답을 저지시킬 수 있다. 상대방은 당신의 다음 말을 듣고자 잠자코 기다릴 것이다. 당신은 '너/당신'이라는 단어를 쓰지 않도록 주의해야 한다.

'넌/당신은 이래.', '네가/당신이 그랬잖아.', '넌/당신은 항상…….', '넌/당신은 한번도…….' 등과 같은 말은 싸우자는 말과 다르지 않다.

'너/당신'이라는 말을 빼고 말하면 상대방의 방어적 반응을 완화시킨다.

'너/당신'이라는 말을 하지 않으면 상대방이 자신의 이야기를 경청할 가능성이 높아지며 경계선/자기애적 성격장애자의 즉각적인 방어를 취할 가능성을 낮출 수 있다. 그 다음 단계는 사건에 대한 당신의 감정을 분명하게 진술하는 것이다. 가령 "나는 이용당한 것 같은 기분이야." 나 "나는 화가 나고, 마음이 아프고, 모욕당한 느낌이 들어."라고 말하면, 그 사건이 당신에게 어떤 영향을 주었는지를 상대방에게 알려줄 수 있다. 이때도 '너/당신'이라는 단어는 절대 금물이다.

상대방이 당신으로 하여금 그렇게 '느끼게 만들었다.'고 말해서도 안 된다. 당신 감정에 대한 책임은 스스로 짊어지고 책임공방을 끝내야 한다. 당신이 어떤 감정을 느끼는 것은 당신이 그렇게 느끼기 때문이다. 당신이 자신의 감정을 스스로 수용한다면 상대방이 당신의 감정을 진심으로 받아들일 가능성이 높아진다. 또한 당신이 자신의 감정을 말로 옮기고, 당시 상황이 당신에게 어떤 영향을 미쳤는지를 인식하고, 궁극적으로 당신이 무엇을 원하는지를 파악하는 일이 매우 중요하다.

이러한 방법들을 통해 당신은 스스로를 인정할 수 있고 스스로가 더욱 강한 사람이 되었다는 느낌을 가질 수 있기 때문이다. 대부분의 사람들에게는 이 두 가지 진술만으로도 당신이 느끼는 바를 명확히 전달할 수 있을 것이다. 사실 사람들에게 당신의 감정을 말하는 것보다 더 친밀한 대화는 없다. 당신의 감정이야말로 당신의 사적이고 내밀한 모습을 비추는 거울이기 때문이다. 당신을 사랑하고 존중하고, 당신의 감정에 마음을 쓰는 사람들이라면 적절한 관심을 보이고 응답해 줄 것이다. 그들은 당신에게 다음 단계의 진술을 요청하는 질문을 할지도 모른다.

"네가/당신이 원하는 게 어떤 거야?"라고.

세 번째 단계는 당신이 원하는 바를 상대방에게 알려주는 것이다.

예컨대 "나는 조용한 목소리로 대화했으면 해.", "나는 지금 당장 바닥에 있는 게 치워졌으면 좋겠어.", "네가/당신이 약속 시간에 늦을 때 내게 미리 말해 주면 정말 고마울 거야." 등의 문장은 현재 벌어지고 있는 상황과 관련된 행동이나 변화를 요청할 때 사용할 수 있는 것들이다. 상대방의 규칙이나 행동에 대해 이의를 제기할 때는 구체적으로 말할수록 더 효과적이다. '행복해지고 싶다.', '지지받고 싶다.', '보살핌 받고 싶다.'는 식의 말은 너무 모호하다. 때문에 상대방이 들었을 때는 달리 어떻게 해야 할지가 명확하지가 않다.

당신이 원하는 것을 요구하는 행위는 하나의 도전일 수 있다. 원하는 것을 요구하는 행위를 스스로 허용하는 일 자체가 어렵게 느껴질 수도 있다. 또한 당신이 어떤 것을 원한다고 말하는 것보다 어떤 것이 필요하다고 말하는 것이 더 효과가 좋지 않나 하는 생각이 들 수도 있다. 그러나 경계선/자기애적 성격장애자는 당신이 필요로 하는 것보다 당신이 원하는 것에 더 많은 영향을 받는다. 가령 당신에게 딱히 필요한 것은 아니지만 당신이 어떤 것이 필요하다고 말했다고 해야 한다. 그러면 경계선/자기애적 성격장애자는 이의를 제기하면서 당신이 실제로는 그것을 필요로 하지 않는다고 설득하려 할 것이다.

반면에 당신이 무언가를 원한다고 말하면 경계선/자기애적 성격장애자의 입장에서는 당신을 설득하는 것이 어려워진다. 당신은 당신이 방금 전에 원한다고 말한 것을 실제로는 원하지 않는다고 말하기는 억지스러운 면이 있기 때문이다. 당신이 원하는 바를 제대로 표현하지 못한다면, 당신이 선택할 수 있는 방법은 상대방을 조종하여 당신의 마음을 읽어내게 만들거나 혹은 상대방이 내 마음을 읽어주기를 기대하는 것밖에 없다. 그 방법도 아니면 원하는 것을 모두 포기하는 수밖에.

당신이 원하는 삶을 성취하는 어른이 되고 싶다면 자신이 원하는 바를 정중하게 요청할 수 있는 용기를 가져야만 한다. 당신은 예일 소통 모델의 마지막 단계로 넘어가기 전에 먼저 상대방이 무엇을 하려고 하는지 살펴보아야 한다. 이때 상대방이 당신에게 협조하려고 하고 당신이 요청한 것을 해주려는 것처럼 보이면 당신은 대화를 성공적으로 마무리할 수 있을 것이다. 그렇지 않을 경우 상대방은 이쯤에서 당신과 협상을 시도하려고 할 수도 있다.

다음의 사례들을 살펴보자.

"좀 더 조용히 말하도록 할게. 그렇지만 나는 지금 정말로 이 문제를 짚고 넘어갔으면 해."

"늦어서 미안해. 네게 전화했었는데 전화기가 꺼져 있는 것 같았어."

이때 경계선/자기애적 성격장애자가 다음과 같은 수동적공격성 반응을 보이는지 세심히 관찰해야 한다.

"네가 그렇게 생각하면 안 되지."
"그렇다고 네가 나한테 이래라 저래라 하는 건 좀 아닌 것 같은데."
"항상 너만 원하는 게 뭔지 얘기하고 내가 원하는 건 안중에도 없지."

혹은 아무런 응답이 없을 수도 있다. 여하간 이런 반응들은 상대방이 변하고 싶어 하지 않는다는 것, 무엇이든 지금과 다른 방식으로는 하고 싶어 하지 않는다는 것, 당신의 감정과 욕구를 존중하지 않는다는 것을 나타낸다. 상대방이 당신의 요청을 거부할 때 선택할 수 있는 건강한 방법은 다음과 같다.

"난 정말 그것을 하고 싶지 않아."
"나는 지금 당장은 그렇게 하고 싶은 마음이 없어."

동의하지 않는다는 의사를 솔직하게 표현하면 당신과 상대방은 협상을 할 수 있다. 두 사람 모두에게 만족스러울만한 제3의 해답을 찾아낼 수도 있다. 경계선/자기애적 성격장애자는 자신의 요구와 욕구가 무시당할 것이라고 확신하기 때문에 좀처럼 협상하지 않으려 한다. 그들은 여태까지 협상하지 않고도 자신이 원하는 것을 요구하고 충족시키는 나름의 방법을 터득해왔다.

당신은 이 새로운 소통 모델을 사용함으로써 그들에게 협상이라는 개념을 소개해 줄 수가 있다. 당신은 이 소통 모델의 시연을 통해 그들의 말을 경청할 뿐만 아니라 그들도 당신의 말을 경청해야 한다는 점을 보여줘야 한다. 만일 상대방이 당신을 무시한다면 단호하게 '싫어.'라고 말해야 한다. 또는 상대방이 공격성 반응을 보인다면 소통 모델의 마지막 단계를 사용하는 것도 좋다.

'그렇지 않으면 나는 …… (해)야 할 거야.'라는 마지막 진술은 협박을 하거나 처벌을 내리기 위한 것이 아니다. 그저 상대방이 협조해 주지 않을 경우 당신은 스스로를 돌보는 방법을 취하겠다는 의미를 담은 진술이다. 가령 "네가/당신이 목소리를 낮추지 않으면 나는 이 대화를 그만해야 할 것 같아."라고 말하는 것이다. 이 단계에서 당신에게 주어진 가장 강력한 수단은 상대방과의 소통을 그만두는 것이다. 당신이 협조하지 않으면 당신은 상대방에게 이용당하지 않을 수 있고, 또 당신을 소모시키기만 하는 대화를 그만둘 수 있다. 이 시점에서 당신이 취하는 조치는 당연히 당신 자신의 행동에 달린 것이어야지 상대방의 행동에 달린 것이어서는 안 된다.

이대로 하면 당신은 어떤 관계든 변화시킬 수 있다. 당신은 언제든 당신이 원하면 소통의 단계를 조절할 수 있고 당신이 결정한 것을 바꿀 수가 있다. 단 당신이 하겠다고 말한 것은 반드시 지켜야 한다는 사실을 명심해야 한다. 그렇지 않으면 나중에는 상대방이 당신의 말을 진지하게 받아들이지 않을 것이다. 예일 소통 모델의 전 단계를 적용한 사례를 아래에 소개한다.

1. "대화의 주제가 너무 많이 바뀌면 나는 혼란스러워."
2. "내가 네 말을 못 따라가고 있는 것 같아. 나도 마음 같아서는 다른 주제들에 대해서도 이야기를 하면 좋겠어."
3. "나는 지금 당장은 한 가지 주제에만 집중하고 싶어." [응답 기다리기]
4. "그렇지 않으면 내가 지금처럼 혼란스럽지 않은 다른 때에 이 대화를 이어가야 할 것 같아."

다음과 같은 사례도 가능하다.

1. "나는 지금 이 파티를 별로 즐기지 못하는 것 같아."
2. "나는 집에 가는 게 좋겠어."
3. "너는/당신은 어떻게 하고 싶어?" [응답 기다리기]
4. "그럼 나는 지금 집으로 돌아갈게."

또 다른 사례다.

1. "내가 수업을 마치고 10시에 집에 왔을 때 부엌에 저녁에 먹었던 접시가 그대로 남아 있으면."
2. "나는 서운한 마음이 들어."
3. "내가 아침을 해먹을 수 있게 아침까지는 깨끗이 치워줬으면 좋겠어." [응답 기다리기]
4. "그렇지 않으면 나는 아침에 팬케이크를 해먹을 수 없을 거야."

이 소통 모델은 침착하고 자신감 있는 차분한 목소리로 말할 때 가장 큰 효과를 발휘한다. 이때 위협적인 어조로 말하거나 히스테리를 부리지 않는 것이 중요하다. 또한 당신은 예상치 못한 장벽에 부딪힐 각오도 해야 한다.

그 누구도 상대방의 행동을 완벽하게 예측할 수는 없다. 때문에 상대방이 어떤 결정을 내리든 자신을 돌보는 일에 집중할 수 있도록 마음의 준비를 해야 한다. 당신은 '싫어.'라는 말을 들을 수도 있고, 경계선/자기애적 성격장애자가 어떤 이유로 화를 내거나 못마땅해 할 수도 있다. 상대방이 원하는 것을 말하려고 할 때는 말하도록 내버려두는 것이 좋다. 단 이때 당신이 구조자 역할을 해서는 안 되며 전처럼 요구하는 대로 다 들어주어선 안 된다. 또한 경계선/자기애적 성격장애자는 당신의 논점을 흐리고자 아무 관련도 없는 말을 할 수도 있다.

자기 자신을 돌보아야 한다. 그리고 스스로 하겠다고 말한 바를 지켜야 한다. 당신이 새로운 조치를 취하겠다고 말하고 지키지 않으면 경계선/자기애적 성격장애자는 그것이 진지한 요구가 아니었다고 생각하게 된다. 당신이 정말로 더 나은 삶을 살고 싶다면 무엇을 하고 싶은지 충분히 생각하고, 계획을 세우고, 새로운 조치를 취해야 한다.

당신은 '싫어.'라고 말할 권리가 있다

경계선/자기애적 성격장애자에게 '싫어.'라고 말하는 것은 매우 어렵다. '싫어.'라는 말은 당신을 경계선/자기애적 성격장애자와 분리시킨다. 이것은 책상에 줄을 그어 짝꿍의 공간과 자신의 공간을 구분하는 것과 비슷하다. 경계선/자기애적 성격장애자의 욕구 및 필요를 자신의 욕구 및 필요와 구별하는 것이다. '싫어.'라는 말은 "난 동의하지 않아.", "내 생각/감정은 달라.", "난 너와/당신과 같지 않아."라는 메시지를 전달한다. 당신이 자기주장을 굽히지 않으면 경계선/자기애적 성격장애자는 다음과 같은 격렬한 반응을 보일 수도 있다.

경계선/자기애적 성격장애자는 위협을 하거나, 욕설을 하거나, 고함을 치거나, 동의하라는 요구를 할 수도 있다. 경계선/자기애적 성격장애자는 당신이 '싫어.'라는 말을 하지 않은 것처럼 행동하면서 당신의 의사를 무시할 수도 있다. 경계선/자기애적 성격장애자는 당신이 진심으로 그런 말을 한 게 아니라고 주장하면서 당신을 미혹에 빠뜨릴 수도 있다. 경계선/자기애적 성격장애자는 당신의 마음을 바꾸기 위해 당신을 버리겠다고 협박하거나 욕설을 퍼부을 수도 있다.

당신이 '싫어.'라고 말하면 경계선/자기애적 성격장애자는 당신을 비난하려 할 것이고, 이것은 또 당신에게 죄책감을 불러일으킬 것이다. 따라서 당신은 이 죄책감에 굴복당하지 않을 마음의 준비를 해야 한다. 실제로 당신이 '싫다.'라고 말했을 때 펼쳐질 수 있는 상황을 아래에 묘사했다.

경계선/자기애적 성격장애자가 먼저 입을 연다.

"파이 한 조각 더 먹을래?"
"아니 괜찮아. [당신은 매우 정중한 태도로 말한다]"
"절대 그럴 리 없어. 난 엄청 맛있는데."
"난 괜찮아. [당신은 부연설명 없이 같은 의사를 표현한다]"
"왜 한 조각 더 안 먹는 건데?"
"난 괜찮아. [계속 똑같이 반복한다]"
"자, 작은 거 한 조각 더 먹는다고 탈 안 나. [당신 접시에 한 조각 덜어주면서] 당신은 내가 만든 건 한 번도 좋아해 준 적이 없어."
"난 괜찮아. [미소는 짓지만 먹지는 않는다]"
"왜 내가 준 파이를 안 먹는 건데? 당신 날 정말 싫어하는구나. 그렇지?"
"난 괜찮아. [당신은 대화에 참여하지 않는다]"

당신도 알겠지만 이런 식의 대화는 꽤 오랫동안 이어질 수도 있다. 심지어는 다른 가족들까지 대화에 참여해서 경계선/자기애적 성격장애자의 질문을 따라 하며 보호자 역할로 돌아갈 것을 당신에게 요구할 수도 있다. 이때 취할 수 있는 가장 좋은 행동은 대화 주제를 바꾼다거나, 일어나서 화장실에 간다거나, 다른 사람에게 사적인 질문을 하는 것이다.
이렇게 분위기를 전환시키는 전략은 경계선/자기애적 성격장애자에게 꽤 효과가 있다. 그들은 감정의 강도가 약해지면 다른 곳으로 관심을 돌리고는 한다. 실제로 당신이 '싫어.'라고 말했을 때 제일 통과하기 어려운 지점은 당신 자신의 죄책감과 싸우는 일이다. 당신의 머릿속에서는 자신이 너무 고집을 부리는 게 아닌가, 경계선/자기애적 성격장애자에게 상처주고 있는 게 아닌가, 고마워할 줄도 모르고 자기 생각만 하는 것이 아닌가, 아프리카에서 굶어 죽어가는 아이들을 망각한 행동이 아닌가 하는 생각들이 떠오를 수 있다.

당신은 가족이 부탁을 했을 때 그 부탁이 사소한 부탁일지라도 '싫어.'라고 말하는 건 비도덕적인 행위라고 배워왔을 수도 있고 그래서 그게 몸에 배었을 수도 있다. 계속 연습해야 한다. 어떤 음식이 '싫다.'고 말하는 것에서부터 시작해서 당신이 원하지 않는 활동에 대해 '싫다.'고 말하고, 당신이 더 이상 원하지 않는 삶의 방식에 대해서도 '싫다.'고 말하는 데까지 나아가야 한다. 때로는 져줘야 한다는 생각을 떨쳐버리지 못해 고통스러울 수도 있다. 특히 경계선/자기애적 성격장애자가 또 다른 막강한 경계선/자기애적 성격장애자와 힘을 합할 경우에 그럴 수 있다.

다음의 사례를 보자.

상담을 받으러 온 프란신(Francine) 양은 그녀의 어머니가 자꾸 별거 중인 남편과 재결합하라면서 자신을 들들 볶는다고 하소연했다.
"저는 엄마에게 말했어요. '엄마, 제가 진짜 대니(Danny)랑 다시 합쳤으면 좋겠어요? 그 사람은 알코올 중독자예요. 게다가 7살밖에 안 된 우리 아들이 포르노를 보게 내버려둔다고요. 그 사람은 저에게 소리를 지르고 저를 때려요. 전 그 사람과 다시 합치고 싶지 않아요.' 그랬더니 엄마가 뭐라고 하셨는지 아세요? 엄마는 이렇게 말씀하시더군요. '분명 그이도 스스로 깨달았을 거야. 게다가 지난밤에 슈퍼에서 마주쳤는데 나한테 정말 상냥하게 하더구나.' 저는 그 사람이 저한테는 상냥하지 않다고 말했죠. 그랬더니 엄마가 …… 그것도 저를 낳아준 엄마가 저한테 이렇게 말하는 거예요. '그건 네가 너무 까다로워서 그런 거야.' 이 상황이 믿어지시나요?"

가족이나 친구가 경계선/자기애적 성격장애자에게 져주라고 당신을 압박하더라도, 일단 싸움을 시작했다면 처음의 원칙을 끝까지 밀고 가는 것이 매우 중요하다. 그렇지 않으면 당신이 말한 것이 상대방에게 진심이 아니었던 것처럼 보일 수 있기 때문이다.

경계선/자기애적 성격장애자로부터 받는 압박도 강력하긴 하지만, 진짜 극심한 압박은 당신이 스스로에게 거는 압박이다. 자신이 대우받을 자격이 없는 사람이라는 생각, 자신이 이기적인 사람이라는 생각, 다른 사람을 불쾌하게 만든 것에 대한 불편함 등이 당신의 의지를 약하게 만든다. 혼자 있을 때 '싫어.'라고 말해 보고 그때 당신이 어떤 식으로 말하는지 면밀히 관찰해 보자. 어째서 당신이 남보다 못한 대접을 받아야 하는가?

"아니, 난 괜찮아."라는 말이 왜 이기적인가?

경계선/자기애적 성격장애자를 좀 불쾌하게 만들면 안 될 이유가 무엇인가? 이 질문들에 대한 대답은 중요한 의미를 지닌다. 스스로 대답을 구해 보자.

당신은 원하는 것을 요청할 권리가 있다

당신이 원하는 것을 요구하는 것은 "싫어."라고 말하는 것과 매우 비슷하다. 다시 말해 그것은 경계선/자기애적 성격장애자와 당신을 분리시켜 준다. 당신은 원하는 것을 요구하는 행동이 너무 이기적인 행동이라거나 타인에게 상처를 주는 행동이라고 배웠을 수도 있다. 보호자인 당신은 주는 것은 쉽게 하지만 받는 것을 어색하게 느낄 수도 있다.

당신은 요구하는 것을 사람들에게 짐을 지우는 것처럼 느낄 수도 있다. 아니면 당신은 이렇게 생각할 수도 있다. 당신을 사랑하는 사람이라면 당신이 요구하지 않아도 당신이 원하는 것을 해줘야 하는 거 아니냐고 말이다. 하지만 당신이 이렇게 생각하는 것은 당신이 요구하는 것을 나쁘게 생각하기 때문이다. 어째서 당신은 그런 대접을 받을 자격이 없는 사람이라고 생각하는가? 사랑하는 사람에게 자신을 보살펴달라고 요구하는 것이 어째서 짐을 지우는 행동이 되는가?

왜 당신은 요구하는 것을 두려워하는가? 경계선/자기애적 성격장애자가 만든 "요구하지 않기" 규칙을 거부하려면 작은 것에서부터 시작해야 한다. 당신은 점점 힘을 키워가면서 점차 더 어려운 것을 요구해나가야 한다. 경계선/자기애적 성격장애자에게 바로 도전하기 전에 먼저 믿을 만한 친구나 성격이 좋은 가족 구성원과 연습해 볼 것을 권한다.

아래에 결혼 18년차인 젠(Jenn)의 사례를 소개한다.

"남편은 바로 제 옆에 앉아서 TV를 함께 보고 있는데도 저한테 맥

주를 갖다달라고 요구한 게 지난 수년간 도대체 몇 번이나 되는지 셀 수도 없을 정도예요. 그래서 저는 남편이 다음에 부엌에 갈 때 물 한 잔 가져다 달라고 해야지 하고 마음먹었어요. 그런데 부탁하는 것 자체가 저한테는 어찌나 어렵던지. 그냥 일어나서 직접 물을 뜨러 가는 게 저한테는 훨씬 쉬운 일이더라고요. 저는 한참 만에 부탁하는데 성공했어요. 그랬더니 남편이 '그래, 물론이지.'라고 대답하고는 물을 갖다 주더라고요. 그렇게 사소한 일로 저는 남편을 전보다 훨씬 더 많이 사랑하게 됐고 그게 정말 놀라웠어요. 저는 남편이 제 부탁을 받아주지 않을 거라고 지레짐작했던 거예요. 하지만 남편은 조금도 망설이지 않고 제 부탁을 들어줬죠. 저는 그때 제가 남편에게 정말로 중요한 사람이라는 느낌을 받았어요."

당신의 결정에 설명이나 이유를 대지 마라

당신이 경계선/자기애적 성격장애자가 원하는 것이 아닌 다른 것을 해보기로 결심했다고 해야 한다. 당신은 때로 혼자 있어볼 수도 있고, 옷차림을 바꿔볼 수도 있으며, 색다른 책을 읽어볼 수도 있고, 다른 종류의 음식을 음미해 볼 수도 있다. 그때마다 당신은 그러한 시도를 그만둬야 한다는 압박에 흔들리게 될 것이다.

경계선/자기애적 성격장애자는 당신의 변화를 '그릇된' 행동으로 간주한다. 당신이 '우리는 하나임(us • ness)'을 버린 것 때문에 경계선/자기애적 성격장애자가 당신을 거부하고 모욕할까 봐 당신은 두려울 것이다. 그러나 당신이 경계선/자기애적 성격장애자의 인정을 받으려 노력하는 것이 아니라 당신이 스스로를 인정해 주려고 꾸준히 노력한다면 당신은 계속 앞으로 나아갈 수 있을 것이다. 경계선/자기애적 성격장애자는 당신을 다시 '올바른' 방향으로 데려오려고 당신을 설득하려 할 것이다. 그때 그들이 가장 많이 사용하는 방법 중 하나는 다음과 같이 이유를 묻는 것이다.

"그래, 당신은 왜 그렇게 하고 싶어진 거야?"

"당신은 어떻게 해서 그런 생각을 갖게 됐어?"

그들은 이러한 전략적인 질문들을 던짐으로써 당신 스스로를 해명하게 한다. 경계선/자기애적 성격장애자는 당신의 대답에서 얻어낸 정보를 활용하여, 당신의 선택, 당신의 감정, 당신의 욕구, 심지어는 당신이라는 사람 자체가 잘못되었다는 점을 증명하려고 한다. 믿기 어렵겠지만 당신이 원하지 않는 한 당신이 하는 일에 대해 그 이유를 말하거나 설명할 필요가 없다. 당신이 경계선/자기애적 성격장애자와 이미 수년을 함께한 사람이라면 이 말이 엄청난 복음으로 들릴지도 모르겠다. 다시 한 번 말하지만 당신은 그 누구에게도 당신이 하고 싶은 것에 대해 구체적인 이유나 설명을 제시할 필요가 전혀 없다.

경계선/자기애적 성격장애자는 주변 사람들의 모든 정보를 반드시 손에 넣어야 직성이 풀릴 것처럼 굴 때가 있다. 그렇지만 당신은 그의 요구를 심각하게 받아들이지 않아도 된다.

나를 찾아온 상담 환자 중에 노라(Nora)라는 사람이 있었는데 그녀는 심각한 경계선 성격장애를 앓고 있었다. 내가 그녀를 만났을 때 나는 임신 중이었다.

나와 남편은 첫 3개월 동안을 지켜보았고, 임신이 안정기에 접어들면 내담자들에게 소식을 알리기로 했다. 나는 노라에게 가장 먼저 소식을 전하기로 했다. 노라의 경우 상담 의사인 나의 변화를 받아들이는 데 시간이 좀 더 필요할 것이라고 생각했기 때문이다. 나는 일전에 경계선 성격장애자는 상담 의사가 임신을 하면 자신을 버릴 것이라고 생각하는 경우가 종종 있다는 연구 결과를 두어 개 읽은 적이 있었다. 나는 다음 상담 시간에 노라에게 나의 임신 사실을 전하면서 내가 출산하고 나면 넉 달간은 상담을 쉬어야 할 것 같다고 말했다. 그리고 내가 상담을 쉬는 넉 달 동안 그녀가 어떻게 치료를 지속할 수 있을지 이야기를 해보자고 했다. 그녀는 충격받은 표정을 짓더니 언제 임신을 했는지, 왜 바로 알려주지 않았는지 말해달라며 나에게 따져 물었다. 나는 그녀의 질문에 담긴 내용을 무시하고 어떤 부분이 걱정스러운지 물었다. 그녀는 내가 치료 기간 동안에 임신할 계획을 갖고 있으면서 왜 말해 주지 않았는지 알고 싶어 했다. 또다시 나는 그녀에게 무엇이 걱정스러운지 물었다.

그러자 갑자기 그녀는 내가 아이를 낳다가 죽어서 자기를 치료하러 오지 못하면 어떡하느냐며 두려움을 표출했다. 만일 내가 임신한 이유를 설명해 주었거나 그녀의 질문에 대답했더라면, 내가 상담의 중심인물이 되었을 것이다. 그리고 그녀가 나의 사적인 문제들을 공격하기 쉬운 상황이 되어버렸을 것이다. 몇 달의 공백 기간이 생긴 것은 둘째 치고 우리의 상담 관계 자체가 무너질 수도 있었다. 그러나 나는 계속 그녀의 두려움에 집중했고 그 결과 나는 다그침과 해명의 악순환을 면할 수 있었다.

경계선/자기애적 성격장애자는 주변의 상황이나 사람이 바뀔 때 엄청난 두려움과 불안을 느낀다. 그들이 "왜"라는 질문을 하면 당신은 그들의 두려움과 걱정에 대해 질문해야 한다. 아니면 "내가 하고 싶은 것은 이거야. 그리고 이것이 당신이 하고 싶은 것과 다르다는 말은 알겠어."라는 말을 똑같이 반복해야 한다.

당신이 내린 결정에 대한 이유나 설명을 제공하지 않음으로써 당신은 자기만의 생각과 감정과 행동에 대한 통제력을 갖게 된다. 이로써 당신은 자신이 어떤 사람인지를 말할 수 있게 된다.

옳고 그름을 따지는 논쟁에 휘말릴 필요가 없다. 이를 통해 당신은 조종, 무시, 거부라는 규칙을 따라야 하는 게임에 참여하지 않겠다고 거부하는 것이다.

당신이 시도해 볼 수 있는 조치들

◈ 행동으로 말하자

말로 경계선/자기애적 성격장애자를 바꿀 가능성은 거의 없다. 경계선/자기애적 성격장애자는 부정(否定)과 망상에 매우 능하다. 그들은 순식간에 이 주제에서 저 주제로 이동하며 논리적이기보다는 감정적이다. 그들은 격한 감정이 오갔던 이야기도 전부 잊어버린다. 경계선/자기애적 성격장애자의 관계에 변화를 가져오려면 새로운 전략이 필요하다. 합의를 하거나 이해를 공유하는 방식으로는 성공할 수 없다.

새로운 조치를 취하려면 먼저 무엇을 바꾸고 싶은지 결정해야 한다. 당신 삶에서 바뀌었으면 하는 것이 무엇인지 들여다보고 당신의 삶을 그 방향으로 이끌어가려면 어떤 조치를 취해야 할지 생각해 보자.

아래에 몇 가지 예시가 있다.

- 경계선/자기애적 성격장애자가 더 이상 거짓 약속을 못 하게 만들고 싶다면 더는 약속을 받아내려 해서는 안 된다.
- 경계선/자기애적 성격장애자와 싸우는 것을 그만두고 싶다면 방어적으로 반응하지 말고 논쟁해서도 안 된다. 그 대신 예일 소통 모델을 활용해야 한다.
- 경계선/자기애적 성격장애자가 어떤 일을 해줬으면 하는데 그가 완강히 거부한다면 당신이 직접 해야 한다.
- 경계선/자기애적 성격장애자들 외에 다른 사람들을 만나고 인간관계를 넓히고 싶다면 밖에 나가서 친구들을 만나자.
- 경계선/자기애적 성격장애자와 같이 살고 싶지 않다면 따로 살자.
- 경계선/자기애적 성격장애자가 당신을 비난하고 깎아내린다면 그것을 당신에 대한 진술로 받아들여서는 안 된다.

- 대화가 좀처럼 긍정적인 방향으로 흐르지 않는다면 대화를 그만두어야 한다.

어떤 일이 벌어지고 있는지, 당신이 무엇을 원하는지를 당신이 명확히 이해하고 나면 꼭 경계선/자기애적 성격장애자가 협조하지 않아도 당신이 무엇을 할 수 있는지 보다 쉽게 파악할 수 있다.

드라마 삼각관계에서 탈출하기

보호자 역할을 그만두기 위해 취해야 할 가장 중요한 조치는 드라마 삼각관계에서 빠져나오는 것이다. 이는 당신이 박해자, 구조자, 희생자 역할을 더 이상 맡지 않아야 한다는 것을 의미한다. 이러한 역할들은 한 사람을 우월한 사람, 올바른 사람, 좋은 사람, 상대방보다 나은 사람으로 만들고, 다른 한 사람을 열등한 사람, 잘못된 사람, 나쁜 사람, 상대방보다 못한 사람으로 만든다. 보호자 역할을 그만두려면 이렇게 두 사람을 갑/을 관계로 규정하는 게임을 멈추어야만 한다. 보호자 역할은 당신이 경계선/자기애적 성격장애자를 보다 더 잘 아는 사람, 더 유능한 사람이 된 것처럼 생각하고 행동하게 만든다.

당신은 경계선/자기애적 성격장애자를 통제하고, 이끌고, 개선할 권리가 있다고 여긴다. 그렇지 않으면 정반대로, 당신은 항상 져주어야만 하는 사람이라고 생각할 수도 있다. 그동안 경계선/자기애적 성격장애자는 당신을 통제하고, 이끌고, 개선하려고 할 것이다. 그는 당신의 생각과 감정을 자신의 것에 동화시키고자 노력한다. 다음에 소개된 조치들은 당신이 드라마 삼각관계의 사고와 행동에서 빠져나올 수 있도록 도와줄 것이다.

◈ 갑이 되는 것도 을이 되는 것도 거부하자

진짜 변화를 만들고 싶다면 경계선/자기애적 성격장애자의 갑/을 관계 게임을 그만둘 각오를 해야 한다. 경계선/자기애적 성격장애자의 관계에서 이루어지는 상호작용은 대개 누가 더 낫고 누가 더 못났는지, 누가 맞고 누가 틀린지, 누가 비난을 받아야 마땅하고 누가 방어할 자격이 있는지, 누가 더 갖고 누가 덜 가져야 하는지 등을 따지는 것에 바탕을 두고 있다.

박해자, 희생자, 구조자 놀이는 항상 갑/을 게임의 형태를 띤다. 갑/을 게임의 규칙을 깨려면 자신과 타인의 차이점과 유사점을 수용하되 거기에 좋고 나쁨을 따지지 않는 법을 배워야 한다. 이것이 가능해지면 당신이 좋아하는 것과 싫어하는 것을 있는 그대로 받아들이는 게 될 것이다.

당신이 내린 결정에 스스로 책임을 지고 경계선/자기애적 성격장애자도 자기 결정에 스스로 책임을 진다면, 당신도 그도 좋은 사람 혹은 나쁜 사람이 될 필요가 없다. 드라마 삼각관계, 즉 갑/을 게임을 멈춘다는 것은 매우 큰 문턱을 넘는다는 것을 의미한다. 우월함과 열등함을 기준으로 자신과 타인을 판단하지 않고 산다는 것은 어떤 것일까? 그것은 이제 다시는 구조자, 희생자, 박해자로 살지 않는다는 것을 의미한다. 그것은 당신이 경계선/자기애적 성격장애자가 아닌 당신 자신을 책임진다는 것을 의미한다. 그것은 당신에게는 스스로 결정할 권리가 있으며 당신은 고유한 감정과 행동, 생각, 해석을 갖고 있다는 것을 의미한다. 그것은 당신이 당신 자신과 경계선/자기애적 성격장애자를 각각 독특한 장점과 단점을 가진 개별적인 존재로 볼 수 있다는 것을 의미한다. 그것은 당신이 두 사람을 잘난 사람, 못난 사람으로 또는 옳고 그름으로 구별하지 않는다는 것을 의미한다. 이는 곧 당신이 경계선/자기애적 성격장애자의 희생자로 전락하지 않는다는 의미이기도 하다. 그것은 당신이 경계선/자기애적 성격장애자나 자신을 고치려 하거나, 개선하려 하거나, 박해하려 하지도 않는다는 것을 의미한다.

그것은 당신이 더는 경계선/자기애적 성격장애자를 돕거나 구조하려고 하지 않는다는 것을 의미한다. 그것은 당신이 자신과 경계선/자기애적 성격장애자를 있는 그대로 받아들이게 된다는 것을 의미한다.

당신이 먼저 그렇게 변해야 당신과 가족 모두에게 효과적일 수 있는 해결책과 소통방식을 찾아낼 수 있다.

❖ '불쌍한 나' 게임 그만두기: 희생자 역할에서 벗어나기

당신이 자신의 욕구와 필요를 무시하고, 자신의 견해를 부정하고, 경계선/자기애적 성격장애자가 원한다면 해로운 요구도 들어주고, 모든 비난과 책임을 떠맡고, 있는 그대로의 자신과 자신이 원하는 삶을 포기한다면, 당신은 희생자 역할에서 영영 벗어날 수 없다.

당신은 친절과 도움을 베풀었다고 생각할지도 모르겠다. 그러나 당신의 행동은 그저 경계선/자기애적 성격장애자가 강요한 가족 규칙과 기능 장애를 영속시킨 것에 불과하다. 또한 당신은 그러한 행동들을 통해 자신의 소심함과 두려움을 모른척하려고 한다. 그 결과 당신은 수동성과 무력함을 느낀다.

궁극적으로 당신은 삶을 더욱 행복하고 자유롭고 건강한 삶으로 변화시킬 수 있는 조치를 취하지 않으려 하게 된다. 상황이 너무 버겁고 해결할 수 없다는 생각이 들고, 우울하고, 혼자 있고 싶다는 생각이 들기 시작하면, 그것은 당신이 희생자 역할에 빠져들고 있다는 신호이다.

당신이 을의 입장, 희생자의 입장이기를 거부하기 시작할 때 당신은 드라마 삼각관계를 무너뜨리는 여정에 들어서게 된다.

이전까지는 박해자, 희생자, 구조자의 역할만이 당신과 경계선/자기애적 성격장애자에게 허용되었지만 이제 당신 앞에는 다른 수많은 선택지들이 존재한다. 당신은 당신이 진짜로 무엇을 느끼는지, 당신이 진짜로 무엇을 원하는지, 삶을 새로운 방향으로 끌고 가기 위해 어떠한 조치를 취해야 하는지를 여유를 갖고 생각할 수 있는 능력을 갖고 있다.

경계선/자기애적 성격장애자는 규정된 역할에서 벗어날 수도 없고 그러려고 하지도 않을 테지만, 당신은 선택을 할 수 있고 게임의 규칙을 통째로 바꿔버릴 수 있다. 희생자 역할을 그만두려면 먼저 정신질환을 가진 경계선/자기애적 성격장애자와 당신의 관계가 처한 실상을 기꺼이 받아들여야 할 것이다. 어떤 변화든 그 변화를 만드는 주체는 당신이 되어야 한다는 사실을 직시해야 한다. 또한 당신은 두려움에 맞서 새로운 조치를 취하고, 새로운 기술을 익히고, 새로운 결정도 내려야 할 것이다. 이어지는 장에서는 이러한 변화를 만들어내는 데 필요한 도구와 통찰을 제공할 것이다.

◈ 책임 공방 그만두기: 박해자 역할에서 벗어나기

경계선/자기애적 성격장애자와 지내다 보면 타인을 비난하는 법을 배우게 된다. 당신이 다른 사람에게 어떤 행동을 수정해달라고 요청할 때 그 방법을 모른다면 타인을 비난하는 습관을 버리기가 어려울 것이다.

앞서 소개했던 소통 모델을 참고하면 습관을 버릴 수 있는 길을 찾을 수 있을 것이다.

"너 손 안 닦았잖아." 또는 "네가 잘못된 서류를 줬잖아."라는 식의 화법을 피해야 한다. 즉 일어나지 않은 일에 집중하지 말고 당신이 무엇을 원하는지에 집중해 보자. 대부분의 경우 소통 모델에 제시한 '나는 …… 하고 싶다.'라는 진술을 사용하는 것만으로도 충분히 해결된다. 가령

"나는 네가 저녁 먹기 전에 손을 닦았으면 좋겠어." 또는 "나는 네가 8쪽을 찾아주면 고맙겠어."라는 식으로 말하는 것이다.

잘못된 행동을 비난하기보다 당신이 원하는 것을 말하고 방향을 지시해 주면 일을 성공시키는 방법을 보여줄 수도 있고 기분도 훨씬 좋다. 또한 사람들로부터 훨씬 더 많은 협조를 받게 될 가능성도 높아진다. 이렇게 말함으로써 당신은 경계선/자기애적 성격장애자와 함께 있을 때 당신의 행동과 감정의 주인이 그가 아니라 당신이라는 것을 보여줄 수 있다. 이것은 경계선/자기애적 성격장애자가 당신의 마음에 들지 않는 행동을 했을 경우 당신이 그것에 대해 말하거나 어떤 행동을 취한다는 것을 의미한다. 당신은 당신의 응답, 감정, 행동 방식을 스스로 선택하는 '나', 당신의 감정과 행동에 대한 원인을 경계선/자기애적 성격장애자에게 돌리지 않는다는 '나'를 인정하게 된다.

◈ 더 이상 경계선/자기애적 장애자를 바로잡거나 구하려고 하지 않기

보호자라는 역할은 당신이 평생 맡아온 역할이자 당신의 정체성이었을지도 모른다. 이런 경우 보호자이기를 그만두는 것은 고치기 어려운 습관을 버리는 일과도 같다. 그동안 당신은 보호자 역할을 해야 한다는 의무감에 시달려왔다. 또는 보호자 역할을 하지 않았다는 죄책감에 시달려왔다.

경계선/자기애적 성격장애자의 자녀는 삶을 그나마 견딜 만한 것으로 만들기 위해 어쩔 수 없이 보호자 역할을 택해야 했을지도 모른다. 당신은 조력자 내지 좋은 사람이 된 것 같은 우월한 기분을 즐겼을 수도 있다.

경계선/자기애적 성격장애자가 언젠가는 책임감 있고 베풀 줄 아는 어른으로서, 배우자로서, 부모로서 역할을 해줄 것이라는 헛된 희망을 포기하는 것은 매우 어려울 것이다. 그러나 당신은 닳을 대로 닳아버린 환상과 감정과 믿음을 똑바로 직시하고 그것들로부터 벗어나야 한다. 그래야만 당신은 경계선/자기애적 성격장애자를 바로잡으려 하고, 구조하려 하는 보호자의 역할을 그만둘 수 있다.

당신은 지금까지 평화를 유지하고, 망상을 유지하고, 환상을 유지하고, 가족을 결속시키고, 경계선/자기애적 성격장애자를 달래기 위한 방법의 하나로 보호자 역할을 맡아왔다. 그러나 직시해야 한다. 지금껏 보호자로서 여러 방법을 써보았겠지만 그중 몇 분 또는 며칠 이상 효과를 발휘한 것이 하나도 없지 않은가. 경계선/자기애적 성격장애자의 구조를 포기하려면 말이 아닌 행동을 취해야 한다. 그것은 경계선/자기애적 성격장애자에게 뭔가를 선언하는 것이 아니다. 그것은 그들과 협상하는 것이 아니다. 그것은 그들을 위협하는 것이 아니다. 처음부터 끝까지 행동이어야 한다.

회전목마처럼 계속 같은 자리를 돌고 도는 소통 방식에 참여하기를 멈추는 것, 언쟁을 멈추는 것, 경계선/자기애적 성격장애자가 다음에 어떤 행동을 할지 걱정하는 것을 멈추는 것, 경계선/자기애적 성격장애자가 당신의 욕구를 충족시켜 주리라는 기대를 멈추는 것이다. 경계선/자기애적 성격장애자에게 관심을 가지고 사랑을 주는 것까지 멈추라는 말이 아니다. 당신에게 더 도움이 되고 경계선/자기애적 장애자에게도 도움이 되는 선택과 행동을 취한다면 당신은 구조자 역할에서 벗어날 수 있다. 다음 사례가 이를 보여준다.

린다(Linda)는 경계선 성격장애자인 어머니를 두었다. 그녀의 어머니는 지나치게 감정적이었고, 린다를 하나의 개별적인 존재로 생각하지 못했으며, 전반적으로 양육과 자녀에 대한 관심이 부족했다. 린다는 이러한 어머니로부터 꽤 많은 영향을 받았다. 린다가 치료를 시작했을 때 그녀는 마음의 상처와 두려움을 갖고 있었다. 린다는 어머니에게 헌신적이었고 보호자 역할을 극도로 완벽하게 해내려고 했다. 어머니에게 자신의 감정을 이해받고 싶다는 기대와 보호자 역할로부터 린다가 해방될 수 있도록 하는 데 치료의 초점을 맞추었다. 치료가 시작된 지 1년이 지난 어느 날, 치료를 받으러 온 린다는 엄마가 볼일을 보러가기 전까지 함께한 하루 일화에 대해 이렇게 말해 주었다.

"엄마를 도운 건 순전히 제 선택이었어요. 엄마는 볼일이 있어 밖에 나가기로 되어 있었어요. 그렇지만 저는 엄마가 완전히 지칠 대로 지친 데다 히스테리 상태가 됐다는 걸 알았죠. 엄마는 안절부절못하기 시작했어요. 저는 차로 태워다줄 테니 일을 보러 가겠냐고 물었어요. 옛날에는 엄마가 저를 좋은 딸로 생각했으면 해서 그렇게 하곤 했었죠. 아니면 엄마가 화를 내면서 아빠랑 같이 가지 않겠다고 난리를 칠까 봐 그런 상황까지 가는 걸 막으려고 그렇게 했는지도 몰라요. 어쨌든 저는 오후 시간이 비어 있었고, 엄마가 진정할 수 있게 돕고 싶었어요. 운전은 제가 했어요. 엄마가 운전대를 잡으면 우리 둘 다 미쳐버리는 상황이 되거든요. 보통 엄마는 어디에서 꺾어야 되는지, 어느 차선을 타야 되는지, 어디에 주차해야 되는지 등등 옆에서 끊임없이 지시를 해요. 그게 저를 화나게 하곤 했죠. 하지만 이번에는 아니었어요. 왜냐하면 제가 선택한 일이라는 걸 알고 있었기 때문이죠. 엄마는 원래 그런 사람인 걸요. 저는 제가 언제 그 일을 떠맡겠다고 했는지도 알고 있어요. 미리 분명한 규칙도 세워뒀어요. 엄마가 교통 체증 때문에 겁을 먹고 제게 소리를 지르거나 절 나무라기 시작하면 저는 차를 세우고 엄마가 스스로 진정될 때까지 움직이지 않겠다고 했어요. 또 엄마가 그런 행동을 두 번 이상 하면 집으로 돌아가겠다고 했죠. 엄마는 제가 자진해서 엄마를 돕고 있다는 사실에 기뻐했어요. 엄마는 딱 한 번 소리를 질렀고, 저는 그때 차를 세웠어요. 그 이후로는 꽤 순탄하게 하루가 흘렀고, 엄마는 제게 고맙다고까지 했어요. 게다가 제 도움이 없었다면 그 모든 일을 혼자 해낼 수 없었을 거라고도 말했죠. 전 무척 기분이 좋았어요. 저는 상황을 통제했고, 진정한 어른으로서 엄마와의 어려운 소통을 해낼 수 있었고, 게다가 규칙대로 한 게 효과가 있었으니까요."

린다는 어머니가 자신이 원하는 어머니로 변하는 일은 없을 거라는 사실을 이제 알고 있다. 그녀는 지금도 남아 있는 상처와 분노로 힘들어하고 있긴 하지만 어머니와 소통할 때는 상황을 확실히 통제하고 있다. 자기 자신만이 자신의 삶과 어머니와의 관계를 변화시킬 수 있다는 사실을 알고 있는 것이다. 그녀에게 어머니란 영원히 지금 옆에 있는 이 어머니밖에 없다. 린다는 자신이 어떤 식의 상호작용을 선택하고 있는지도 분명히 인식하고 있다. 그 결과 그녀는 어머니와 함께하는 시간을 전보다 훨씬 더 줄였지만 보다 긍정적인 관계를 맺을 수 있게 되었다. 그녀는 이제 자신을 훨씬 더 긍정적으로 바라본다.

◈ 돌봄의 삼각관계를 사용하자

방금 전에 언급한 새로운 행동을 습관으로 만들기 위해서는 새로운 삼각관계를 그려보는 것이 도움이 될 수 있다. 박해자의 역할을 그만두는 대신 주장하는 식의 새로운 행동을 취하는 것이다. 당신은 자신이 원하는 것을 다른 사람에게 해달라고 강요하는 행위를 그만두어야 한다. 당신의 마음에 들지 않는다고 해서 다른 사람을 비난하거나 행위를 그만두어야 한다.

당신은 하기로 결정한 조치를 행동으로 옮겨야 한다. 당신은 원하는 것을 요청하고, 자기 자신을 대표해 행동하고, 긍정적인 조치를 취해야 한다. 당신은 희생자의 역할을 하는 대신, 현재 처해 있는 상황을 받아들이고, 책임을 지고, 더욱 건강하고 행복한 삶을 가져올 수 있는 결정을 내릴 수 있다. 당신이 무엇을 원하는지, 그것을 어떻게 얻어낼 것인지를 스스로 진지하게 고민해 보고 변화를 실현하기 위한 조치를 취해야 한다. 당신은 구조자의 역할을 하는 대신에, 경계선/자기애적 성격장애자가 직접 자신의 문제를 해결하고, 자신의 감정을 해결하고, 자신의 해결책을 택하게 해주어야 한다.

당신은 경계선/자기애적 성격장애자가 당신이 어떤 사람인지에 대해 말하거나 행동하는 것을 얼마든지 무시해버릴 수도 있다. 당신은 당신이 경계선/자기애적 성격장애자의 보호자 역할을 원하지 않을 때도 그 역할을 맡게끔 당신을 조종하고 제어했던 두려움, 의무감, 죄책감에서 스스로를 해방시킬 수 있다.

당신이 어떠한 태도를 취하느냐에 따라 당신은 드라마 삼각관계에서 벗어날 수도 있고 그렇지 못할 수도 있다. 돌봄의 삼각관계 도식은 그림 11.1에서 확인할 수 있다.

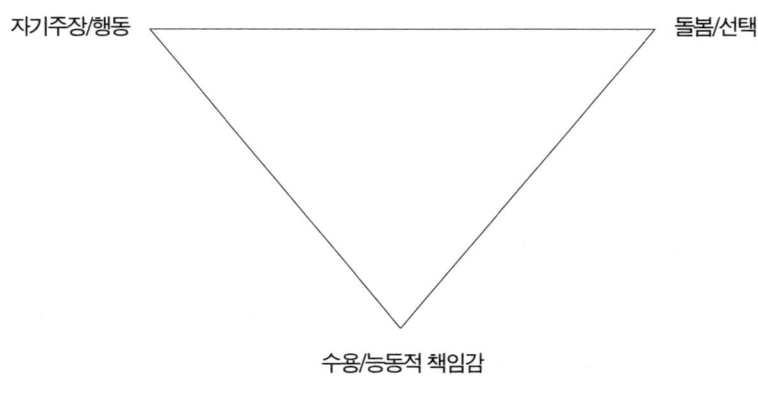

그림 11.1 돌봄의 삼각관계

계속하자 그러면 상황이 변하기 시작할 것이다

경계선/자기애적 성격장애자가 만들어낸 규칙이나 역할에 반기를 드는 것은 감당하기 어려운 일처럼 느껴질 수 있다. 그러나 당신이 정말로 보호자 역할을 그만두고 더 나은 삶을 살고 싶다면, 모든 것은 당신에게 달려 있다. 하지만 우선은 경계선/자기애적 성격장애를 갖고 있지 않은 친구나 가족을 상대로 새로운 조치를 시험해 보는 게 좋다. 거기서 어떤 결과가 나오는지 관찰해 보자.

당신이 경계선/자기애적 성격장애자가 상처받고 분노하고 두려워하는 모습을 보고도 단호한 태도를 유지할 수 있다고 생각될 때까지 연습해 보아야 한다. 당신이 기존의 규칙과 소통방식에 따르지 않으면 경계선/자기애적 성격장애자는 적어도 얼마간은 화를 낼 수도 있다.

경계선/자기애적 성격장애자가 그런 반응을 보일 때마다 2살짜리 아이가 떼를 쓰고 있다고 생각해야 한다. 그러면 당신의 새로운 규칙을 굳게 지키는 일이 훨씬 더 쉬워질 것이다. 게다가 그런 떼쓰기는 지나가기 마련이다. 다음의 사례에 주인공인 케빈(Kevin)도 이것을 발견했다.

케빈은 상담치료를 받은 지 7년째 되는 해에 마침내 경계선 성격장애가 있는 아내 나탈리의 보호자 역할을 그만두기로 결심했다. 그의 아내는 사회생활에 대한 두려움을 갖고 있었고 그로 인해 그는 자연히 다른 사람들과 관계가 소원해졌다. 그는 자신이 신경을 쓰지 못한 탓에 친구관계가 멀어졌다는 사실을 깨달았다. 또한 자신과 나탈리에게는 알고 지내는 다른 부부나 커플이 없었다. 그래서 그는 금요일 저녁에는 퇴근

후 직장 동료들과 시간을 보낼 것이며 그녀가 동행하든 말든 아이들 학교의 사교모임에도 참석할 것이라고 말했다.

그의 말에 그녀는 그가 바람을 피운다고, 그녀를 떠나고 싶어 한다고, 그녀를 부끄러워한다고, 그녀를 싫어한다고 말하며 그를 비난했다. 그녀는 비행기를 타고 미주리 주에 사는 자매의 집에 가겠다고도 했다. 예전 같았으면 그는 스스로를 변호하려고 애썼을 터였다. 예전의 그라면 자신이 한눈을 팔지 않았다고 말하고 그녀를 사랑한다고 말하면서 그녀를 안심시키려 했을 것이다. 그러다 끝내는 화가 나서 자포자기했을 것이다. 또한 미주리로 떠난 그녀에게 몇 번씩 전화를 걸어 잘 지내고 있는지 묻고 관계를 회복하려고 애썼을 것이었다.

그러나 이번은 달랐다. 그는 자기 자신이 무엇을 원하는지 확실히 알고 있었다. 그는 옛날의 방식으로 대응해서는 상황을 조금도 변화시킬 수 없다는 사실을 잊지 않았다. 이번에 그는 아무렇지 않게 말했다.

"당신이 사교 모임을 좋아하지 않는다는 건 알지만, 나는 그걸 좋아해. 나는 친구들이랑 시간 보내는 걸 좋아하고, 앞으로 그렇게 하기로 했어. 미주리에서 가족과 있으면서 기분이 나아지기를 바랄게."

그녀는 미주리에 가서 3주 동안 돌아오지 않았다. 그는 단 한 번도 전화를 걸지 않았다. 그는 결심한 것을 그대로 실천에 옮겼다. 그는 3주 동안 사교 모임에 몇 차례 참석했다. 그로부터 1주일이 지나자 그녀는 매일매일 그에게 전화를 걸기 시작했다. 그는 먼저 전화를 걸지는 않았다. 그렇지만 전화가 걸려오면 그녀가 보고 싶다고 그녀가 좋은 시간을 보내고 있기를 바란다고 말했다. 집으로 돌아온 그녀는 그가 친구들을 만나고 그녀 없이 사교모임에 참석한 것에 대해 아무런 말도 하지 않았다. 마치 항상 그렇게 지내왔던 것처럼 행동했다.

그는 그녀가 새로운 변화를 이렇게나 빨리 수용했다는 점에 놀랐다. 이제야 그는 그동안 자신의 변화가 실제로 일어날 때까지 노력한 적이 한 번도 없었다는 사실을 깨달았다.

자신을 위한 삶을 설계하자

이제까지 제시된 사례는 자기 자신을 위한 삶을 만든다는 것이 어떤 것인지를 조금이나마 보여준다. 당신의 삶을 결정할 수 있는 사람은 오로지 당신뿐이다. 당신이 원하는 삶을 만들어낼 수 있는 사람도 당신뿐이다.

경계선/자기애적 성격장애자가 그 삶을 좋아해 줄 것이라고, 인정해 줄 것이라고, 지지해 줄 것이라고 기대해서는 안 된다. 당신이 그들의 반대를 견디는 법을 익히고, 그들도 조금만 지나면 제풀에 지친다는 사실을 알고 나면, 아직 불안하기는 하겠지만, 새로운 조치를 취하는 일이 생각보다 할 만하다는 사실을 알게 될 것이다.

만일 지금까지 소개한 조치들을 시도했을 때 경계선/자기애적 성격장애자의 상태가 악화되어 정신병원에 입원하게 된다거나, 또는 그가 당신을 협박하거나 학대한다면, 당신만의 삶을 만들어가는 일은 경계선/자기애적 성격장애자를 완전히 배제해야만 가능할 것이다.

모든 것은 당신이 어떤 삶을 살고 싶은지를 파악하는 것에서부터 시작된다.

당신은 어떻게 느끼고 생각하고 행동하고 싶은가? 지금부터 생각해 보아라. 더는 미루어서는 안 된다. 이번만큼은 당신 자신을 생각하는 일에 집중해 보자. 당신은 지금 하고 싶은 일을 하고 있는가? 살고 싶은 곳에서 살고 있는가? 원하는 사람들과 관계를 맺고 있는가? 사생활을 즐기고 있는가? 당신은 자신이 원하는 부모의 모습을 아이들에게 보여주고 있는가? 당신의 자녀들에 대해서도 생각해 보자. 당신이 이제껏 경계선/자기애적 성격장애자와 살아오면서 보여준 행동을 보고 아이들이 삶에 대해 무엇을 배웠을지 생각해 보자. 당신은 자녀가 배웠으면 하는 관계의 모습을 보여주었는가? 당신의 자녀는 바깥세상으로 나가 좋은 삶을 꾸릴 준비가 되었는가? 당신이 살아온 방식을 아이들이 똑같이 따라 하겠다고 하면 그들을 응원해 줄 수 있는가?

당신이 자녀에게 더 나은 삶을 주고 싶다는 비전과 희망을 갖고 있으면 변화가 더 쉽게 시작될 수도 있다.

그러나 오로지 자녀만을 위해서 변하겠다는 생각은 좋지 않다. 변화는 당신 스스로를 위한 것이되 그 변화의 촉매가 아이들이 될 수 있으면 좋다. 당신은 당신의 삶을 바꿀 수 있다. 쉽지는 않다. 수천, 수만 명의 보호자들이 경계선/자기애적 성격장애자를 떠났거나 그들과의 관계를 개선했다. 당신도 할 수 있다.

개별 치료를 받거나 보호자 회복 모임에 참여하면 많은 지지와 인정을 받을 수 있을 것이다. 당신의 직장 동료나 이웃이나 친구나 연인이 경계선/자기애적 성격장애자라면 당신은 단기간에 효과를 볼 수 있는 조치들을 이 책에서 얻어갈 수 있을 것이다.

경계선/자기애적 성격장애자가 당신의 배우자나 부모라면 먼저 스스로에게 물어보자. 당신 혼자서 변화를 꾀하는 것만으로도 당신이 행복을 되찾을 수 있는 관계인지, 아니면 회복이 불가능할 정도로 망가진 관계인지 말이다. 스스로 변화를 만들어내고 어떤 일이 벌어지는지 지켜보자. 당신이 어떤 사람인지, 어떤 삶을 살고자 하는지를 명확하게 파악할 수 있다면 경계선/자기애적 성격장애자와 자신이 어떤 식의 관계를 맺고 있는지도 보다 분명하게 볼 수 있다. 혹시 아는가? 관계가 호전될지도.

제12장

새로운 믿음과 행동하기

당신이 듣는 말을 모두 믿어서는 안 된다

당신이 오랫동안 보호자 역할을 해왔다면 많은 자기개발서 심리학 서적을 읽었을 것이다. 그리고 책에서 제안하는 방법들을 시도해 보면서, 삶이 나아진 경험도 해보았을 것이다. 그러나 경계선/자기애적 성격장애자와의 관계를 개선하지는 못했을 것이다. 또한 가까운 관계를 건강한 방식으로 유지하는 능력에 대해 회의를 느끼는 경우도 있을 것이다.

관계에 관한 서적에서 제안하는 수많은 방법들이나, 당신에게 도움을 주려고 하는 친구들의 충고 역시 당신이 처한 상황에 곧바로 적용할 수 있는 것은 아니다. 이런 방법들이 당신이 처한 상황에 맞지 않을 수 있기 때문이다. 그 이유는 성격장애를 제대로 이해하고 있는 사람이 실제로 많지 않기 때문이다.

이번 장에서는 경계선/자기애적 성격장애자와 관계를 맺어야 할 때 어떻게 생각과 행동을 바꿔야 하는지에 대해 설명할 것이다. 이번 장에서 제시하는 방법은 가족이 처한 어려운 상황에서도 실제로 도움이 될 것이다.

정신적으로 건강한 것

"어떤 가족이 정상적인 가족인지는 모르겠어요. 하지만 저희 가족은 확실히 아니에요."

마리에라는 여성이 첫 번째 상담에서 이렇게 말했다.

"우리 가족은 다른 보통 가족들과 다를 게 없고 우리도 그렇게 행동하고 있어요. 하지만 사실은 그렇지 않아요."

그녀가 덧붙였다.

나는 "그걸 어떻게 알 수 있죠?"라고 물었다. 그러자 그녀는 "한 번도 정상적으로 느껴지지 않았어요."라고 답했다.

보호자들이 무엇이 정상인지에 대해서 고민하는 것을 흔히 볼 수 있다. 당신은 당신한테 문제가 있는 것이 아닐까라고 생각할 수도 있다. 분명 당신은 경계선 성격장애 또는 자기애적 성격장애자와 당신과의 관계가 정상이 아님을 알고 있다.

경계선/자기애적 성격장애자인 형제, 자매와 함께 자랐거나 또는 결혼한 사람이 겪는 상황은 누구나 겪는 정상적인 상황은 결코 아니다. 경계선/자기애적 성격장애자와의 관계는 혼란스럽고 예측 불가능하고 감정적이어서 이해가 안 될 때가 대부분이다. 때로는 당신에게 문제가 있는지 아니면 그들에게 문제가 있는지 헷갈릴 수도 있다.

부모나 성인이 된 자녀 또는 배우자에게 문제가 있다는 것을 이미 인식하고 있다면 비정상적인 사람과 항상 함께여야 한다는 사실이 커다란 부담일 수 있다. 그래서 당신 자신에게 문제가 있다고 생각하는 것이 마음이 편할 수도 있다. 그렇게 생각하면 적어도 당신만 변하면 문제를 해결할 수 있다고 믿을 수 있기 때문이다. 그래서 자기 자신을 비정상적으로 보는 것은 성격장애를 겪는 가족 구성원과 큰 문제를 일으키지 않으면서 상황을 변화시키는 안전한 방법처럼 느껴질 수 있다.

경계선/자기애적 성격장애자와 당신의 관계는 결코 일반적인 관계처럼 느껴지지 않을 것이다. 편안하거나 안전하거나 따뜻하게 느껴지지도 않을 것이다. 관계를 개선시키기 위해서 수년간 노력해 왔겠지만 문제는 조금도 나아지지 않았을 수도 있다. 당신은 성격장애자와의 관계가 정상이 아님을 알고 있지만 그렇다고 어떤 대안이 있는지는 모르고 있다. 당신이 그들과 관계를 형성하고 있음을 보여주는 몇 가지 단서는 다음과 같다.

- 가족 간에 싸워도 문제를 바꾸거나 개선하지 않는다.
- 어른들 간의 싸움이 마치 어린아이들 싸움 같다.

- 서로를 탓하는 경우가 많다.
- 용서하는 일이 없다.
- 싸울 때에는 갑자기 공격하다가도 또 그렇게 공격한 것을 바로 사과하는 경우가 많다.
- 불화가 극적이고 감정적이고 위협적인 경우가 많다.

긴밀하고 가까운 관계 속에서 어떤 것이 '정상'이라고 정의하기는 매우 어렵다. 문화, 신념, 종교, 지역에 따라 가족의 형태가 매우 달라지기 때문이다. 따라서 어떠한 관계가 '건강'한지를 논의하는 것이 낫다. 관계 속에서 정신적으로 건강한 사람들은 스스로에 대해 자부심을 갖는다. 그렇다면 정신적으로 건강하고 정상적이고 생산적인 사람이 되기 위한 요건이 무엇인지 살펴보자.

어떠한 행동, 태도 그리고 사회성을 가져야 사람은 행복해질 수 있을까? 긴밀한 관계를 형성하고 싶게 만드는 요소는 무엇일까? 매일 현실을 직시할 수 있는 능력은 어떻게 만들어질까?

우리 삶을 즐겁게 만들기 위해서 어떠한 태도가 필요한지 생각해 보자.

가족 구성원 중에 경계선/자기애적 성격장애자가 있는 가족은 정해진 규칙, 의식, 행동 패턴(behavior interactions)을 만들어 놓음으로써 가족의 안정성을 기하려고 한다. 정신적으로 건강한 사람이 되기 위해 보호자의 역할을 그만둔다면 당신의 가족, 그리고 당신과 가족과의 관계를 망칠 수도 있다는 것을 염두에 두어야 한다. 보호자 역할을 그만두면 당신은 예전으로 돌아갈 수 없게 된다.

세상을 더 이해하게 되고 사회성이 발달해 성숙해질수록 우리는 대체로 세상을 잘 모르던 시절 혹은 사회성이 없던 시절로 돌아가고 싶어 하지 않는다. 이는 당신이 책을 읽는 법을 알게 되거나 자전거를 타는 법을 배우거나 지구가 둥글다는 사실, 물은 위에서 아래로 흐른다는 사실을 알게 된 순간 이것들을 모르던 때로 돌아갈 수 없는 것과 마찬가지이다. 한 번 어떠한 것을 깨우치면 우리 자신은 변하고 세상을 바라보는 방법 또한 변한다. 당신은 변할 것이다. 그러나 경계선/자기애적 성격장애자가 변할 가능성은 매우 적다.

당신 혼자만의 여정이다

보호자는 경계선/자기애적 성격장애자를 바꾸는 방법을 계속해서 연구한다.

당신은 경계선/자기애적 성격장애자인 사람 안에 정상적인 자아가 있다고 믿고 있다. 그리고 이것을 발굴해내기 위해서 자기계발서를 읽거나 친구들과 대화를 나누고, 새로운 의사소통 방식을 배우고 상담치료를 받았을 수도 있다. 그리고 성격장애자에게 큰 희망을 걸었을 수도 있고 그/그녀와의 관계를 개선하려다가 이미 지쳐버렸을 수도 있다.

만약 당신이 정신적으로 건강한 사람이 되고자 한다면 성격장애자의 문제를 해결하려고 하는 것은 전혀 도움이 되지 않는다. 현재 당신은 자신을 위한 힐링 여행을 시작해야 한다. 언제나 타인을 도우려고만 하면 현실을 직시하는 능력도 떨어질 뿐 아니라 자신의 삶을 변화시킬 수도 없다.

당신은 이 세상에 태어날 때 혼자 태어났고 세상을 떠날 때도 혼자서 떠날 것이다. 당신이 살고 있는 삶은 오로지 당신의 것이다. 따라서 자기가 원하는 삶은 자기가 만들어 나갈 수밖에 없다. 타인의 삶을 당신 뜻대로 바꾸는 것이 당신이 할 일은 아니라는 말이다.

이 힐링 여정에서 무언가를 깨닫는다고 해도 그것이 경계선/자기애적 성격장애자를 직접적으로 도와줄 수는 없다. 가장 중요한 규칙은 당신은 자기 자신을 제외한 다른 사람을 구제할 수 없다는 사실을 받아들이는 것이다. 이러한 주장에 화가 나거나 동의하지 않을 수도 있다. 그러나 이것은 내가 만들어낸 룰이 아니다. 이 세상이 돌아가는 이치일 뿐이다.

예를 들어서 당신은 중력을 좋아하지 않을 수도 있지만 당신이 믿든 믿지 않든 세상에는 중력이 존재하는 것과 마찬가지이다. 이미 존재하는 사실일 뿐이다. 당신이 타인을 치료하거나 정상이 되도록 강요하지 못하는 것 또한 존재하는 사실이다. 잘 생각해 보자.

내 자신이 누군가를 치료한 적이 있던가? 필자는 25년간 상담치료사를 해왔지만 누구도 치료한 적이 없다. 많은 성격장애자들의 증상이 나아지기는 했지만 사실 성격장애자들이 스스로를 치료한 것일 뿐이다.

나는 단지 그들의 조력자이자 안내자(guide) 역할을 했을 뿐이다.

당신이 경계선/자기애적 성격장애자를 바꾸려고 한다면 당신은 자신이 해야 할 일에 소홀해질 것이다. 이는 경계선/자기애적 성격장애자의 삶뿐 아니라 당신의 삶도 실패하는 결과를 낳을 것이다.

사실과 직면하기

현재 당신은 당신이 맺고 있는 인간관계들의 현실 그리고 진정한 인간관계가 무엇인지 모를 수 있다. 경계선/자기애적 성격장애자와 오래 관계를 맺어왔다면 당신은 현실과 동떨어진 세상에 오랫동안 머물러 있었기 때문이다. 당신은 성격장애자가 정상적이지 않고, 평생 정상이 될 수 없다는 사실을 직시해야 한다. 이를 인정하는 것은 매우 우울한 일일 수 있다. 이 사실을 인정하고 당신 내면을 깊이 들여다보아야만 당신이 진정으로 살고 싶은 삶이 무엇인지 알 수 있다.

경계선/자기애적 성격장애자가 변화하기를 기대할 수는 없다. 그러한 현실을 어떻게 하겠는가? 당신은 당신의 강점을 알고 있는가? 당신이 진정으로 원하는 삶으로부터 당신 자신을 격리시키고 있음을 알고 있는가? 당신이 원하는 삶을 위해서 당신이 하고자 하는 것은 무엇인가? 당신이 원하는 삶을 위해 당신은 성격장애자가 아닌 자신에게 집중해야 한다.

당신이 통제할 수 있는 것은 오로지 당신뿐이다

또 다른 불편한 진실이 있다. 당신은 자신 이외에 그 누구도 통제할 수 없다. 당연히 이 사실이 믿어지지 않을 수 있다. 보호자 역할을 해왔던 당신은 아마도 경계선/자기애적 성격장애자의 생각, 감정, 행동을 통제해서 상황을 개선시키려고 많은 시간과 노력을 기울였을 것이다. 하지만 성공한 적이 있었는가? 성공하는 것처럼 보인 적은 있었겠지만 아주 일시적인 변화였을 뿐이다.

당신이 만약 당신의 내면 이외에 다른 것을 진정으로 변화시킬 수 있다면 어째서 지금까지 할 수 없었던 것일까? 사실상 당신 이외의 것을 통제하는 데 온 힘을 쏟다 보면 자기 자신에게는 무책임했을 가능성이 높다. 예를 들면, 경계선/자기애적 성격장애자를 변화시키는 데 너무 많은 에너지를 쏟다 보니 자신은 항상 화가 나있거나 남 탓을 하고 있었을 것이다. 또한 모든 것을 완벽하게 하려다 보니 당신이 원하지 않는 일마저도 지금 하고 있다는 것을 알지 못했을 것이다. 결론적으로 말하면, 타인을 변화시키려고 힘을 쏟아도 결국 당신이 원하는 것을 얻을 수 없다. 자신에게 집중할 때 어떤 일이 일어나는지 보도록 해야 한다.

당신이 변화시킬 수 있는 것은 두 가지다

당신이 완전히 변화시킬 수 있는 것은 정확히 말해 두 가지밖에 없다. 그것은 당신의 행동과 생각이다. 필자의 고객들을 보면 대부분 타인의 행동, 신념, 감정을 변화시키려고 한다. 그러나 당신이 이것들을 통제할 수 없기 때문에 이것들을 변화시키는 것은 불가능하다. 당신이 통제할 수 없다면 당신은 그것을 바꿀 수 없다. 그리고 당신이 바꾸는 것이 아니라면 당신은 변화를 강요하거나 조작하고 있는 것이다.

예를 들어서 경계선/자기애적 성격장애자가 당신을 좋아하는 것 같지 않으면 당신은 그들에게 잘해 주거나, 요구하거나, 협박하거나 애원해 본 적이 있는가? 그리고 성공했는가? 그들이 당신을 좋아하게 되었는가? 이를 장담할 수 있는가? 그들의 태도가 일시적으로 변화했다면 영원히 변화했을 것이라고 확신할 수 있는가? 또한 사람들이 바꾸고자 하는 것은 자신의 감정이다.

당신이 자신의 감정을 직접 바꿀 수는 없기 때문에 감정을 바꾸려면 많은 노력과 시간이 필요하다. 먼저 당신의 행동과 생각을 바꾸면 이것이 당신의 감정에 영향을 미친다. 따라서 더 행복해지고 싶다면 당신 내면의 행복을 만드는 수밖에 없고 이에 맞는 행동을 해야 한다. 내가 말하고자 하는 바가 이해가 가는가? 이제부터는 당신의 행동과 생각을 주제로 당신이 원하는 삶을 살기 위해 당신이 무엇을 할 수 있는지에 대해 이야기해 보겠다.

당신은 실패하고 있지 않다

지금까지 당신은 자신이 바꿀 수 없는 인생 때문에 발목이 잡힌 느낌을 받았을 것이다.

경계선/자기애적 성격장애자를 지금까지 바꾸려고 했다면 이 느낌이 잘못된 것은 아니다. 당신은 이미 아무것도 할 수 없는 무기력한 상황이다. 그러나 당신 자신의 행동과 생각에 집중함으로써 얼마나 많은 것을 바꿀 수 있는지 알게 되면 이러한 상황은 크게 변할 것이다. 비로소 당신은 자유로워질 수 있다. 사실 성인으로서 당신 현재의 삶은 당신이 선택하고 허용한 것들의 결과이다. 당신은 이를 부인할 수도 있다.

예를 들어 당신은 어머니를 직접 고르지 않았다고 할 수 있겠지만 어머니가 당신을 대하는 태도는 당신이 허용한 것이다. 당신이 발목이 잡혀 있다고 느끼는 이유는 당신이 선택한 것들이 초래한 결과가 마음에 들지 않거나 그에 대한 책임을 지고 싶지 않기 때문이다. 당신이 새로운 생각을 가지고 새로운 행동을 했을 때 성격장애자는 당신을 위협할 수 있다. 성격장애자가 소리를 지르고 당신을 조종하려고 위협할 수 있지만 당신은 지금 성격장애자와 충돌하고 있다는 사실을 명심해야 한다. 또다시 두려움이나 불안에 사로잡혀서 당신의 인생이 아닌 성격장애자에게 집중하기 시작하면 결국 성격장애자와 충돌하는 것 밖에 되지 않는다.

필자는 수년간 대학교 신입생들에게 가족 간의 커뮤니케이션에 관한 과목을 가르쳐왔고 학생들에게 주체적으로 선택하고, 허용하라고 가르

처왔다. 신입생들은 이제 막 부모라는 울타리를 벗어나 독립을 했고 스스로를 어른으로 보기 시작했다. 그러나 그들의 생각이나 행동은 아직 성숙하는 중이었으며 아직 청소년기의 규칙들로부터 벗어나지 못한 상황이었다.

학생들은 어린아이 취급하는 부모들의 태도에 불만이 있었고 필자는 학생들이 어른스럽게 행동하는 것이 아닐 수 있다고 했다. 이렇게 말하면 불꽃 튀는 논쟁이 시작되기도 했는데 나는 부모가 자신을 대하는 태도를 주체적으로 선택, 허용하기 위해 자신의 생각과 행동을 통제해 보라는 과제를 부여했다. 학생들은 어머니가 전화를 너무 자주 한다고(실제로 어떤 부모들은 매일같이 또는 하루에 몇 번씩 전화를 했다.) 불평을 하는 경우가 많았다. 우리는 이 문제를 과제로 삼기로 했다. 학생들은 어머니에게 전화를 너무 자주하지 말라고 이야기해 어머니의 행동을 바꿔보려고 했다.

이는 매우 좋은 방법이다. 상대방 어른이 당신을 짜증나게 한다면 공손하게 상대에게 태도를 바꿔달라고 부탁하는 것이 어른스러운 방법이다. 이렇게 말을 했을 때 어머니 중 절반이 전화를 줄였고 절반은 변하지 않았다.

두 번째로 시도해 본 방법은 상대를 조종하는 방법이었는데, 상대에게 화를 내거나 무례하게 굴거나 기분이 언짢다는 것을 표현하는 방법이었다.

이러한 방법은 어떠한 변화도 가져오지 않았다.

세 번째로 학생들에게 자신의 행동을 바꾸라고 제안했다.

어머니가 자주 전화하는 것은 그들의 선택에 의한 결과는 아니지만 학생들은 이를 허용하고 있었다. 어떻게 하면 그 전화를 허용하지 않을 수 있을까 학생들에게 물었다.

40명의 학생들이 있는 수업에서 이 질문에 답한 학생은 한두 명에 불과했다. 대부분의 학생들은 부모의 행동을 허용하지 않을 힘이 자신에게 있다고 믿지 않았고 다르게 수용할 방법도 몰랐다.

교수로서 내가 당연하게 생각하는 답은 1) 전화를 받지 않거나 2) 학생이 편한 시간에 다시 전화하거나 3) 학생이 원할 때 대화를 중단하고 전화를 끊는 방법이다.

이것들이 나에게는 당연한 선택지였지만 어떤 학생들에게는 이러한 생각과 행동이 매우 충격적이었다. 충격을 받은 학생들은 이렇게 행동해서는 문제를 해결하지 못할 것이라고 이 생각 자체를 거부했다.

그 이유는 첫째, 부모가 크게 화를 낼 것이 분명하고 둘째, 경제적 지원을 끊을지도 모르고 셋째, 부모가 크게 상처를 받아 재앙적 상황이 초래될지 모르기 때문이라고 했다.

이런 재앙적 상황을 생각하는 것만으로도 어떤 학생들은 공포나 우울증에 빠졌다.

이러한 상황이 익숙하지 않은가? 그렇다. 이렇게 증언한 학생들은 보호자 역할을 맡은 이들이었다. 그들은 아무것도 하지 못하는 무기력감을 가지고 살아갔다. 아마도 당신은 이들의 생각과 이들이 느끼는 두려움에 공감할 수 있을 것이다.

수업에서 과제에 참여한 학생들은 어떤 결과를 얻을 수 있었을까? 모든 학생들에게 어머니로부터 걸려오는 전화의 횟수가 줄었는데 그것은 학생들이 전화를 받거나 다시 전화를 하는 등 통제를 하기 시작했기 때문이다. 90퍼센트 이상의 부모들이 어떠한 부정적인 반응도 보이지 않았으며 불만을 토로한 나머지 10퍼센트의 부모들은 학생들이 공부하느라 바쁘다고 하자 대부분 납득했다.

경계선/자기애적 성격장애자는 그들의 행동을 당신에게 강요하고 있지 않다. 당신이 느끼는 두려움, 걱정, 확신들 때문에 당신은 그 관계 속에 갇혀 있는 것이다. 신입생들에게 물은 것처럼 당신에게도 묻겠다. 당신이 진정으로 원하는 삶을 살아갈 수 있도록 이제는 성숙한 행동을 할 준비가 되어 있는가?

당신 안의 변화

가족 심리치료사인 머레이 보우웬(Murray Bowen)은 관계 속에 있는 모든 구성원은 다른 구성원들에게 어느 정도의 영향을 미치고 있다는 것을 증명했다. 따라서 당신이 경계선/자기애적 성격장애자의 행동을 직접적으로 바꾸거나 통제할 수는 없다고 하더라도 자신의 생각과 행동을 변화시킴으로써 다른 반응과 결과를 얻어낼 수 있다.

자신이 필요로 하는 것을 제대로 알아서 이를 다른 사람에게 요구하고 자기 자신을 더 소중히 여길 필요가 있다. 그리고 더 성숙한 행동을 한다면 당신의 삶을 변화시킬 뿐 아니라 주변사람들에도 영향을 미칠 수 있다. 이러한 변화는 자신을 더 소중히 다루고 주변 인간관계를 정리하는 것에서 시작된다. 이러한 변화를 만들었을 때 당신은 진정으로 하고 싶은 것과 하기 싫은 것, 다른 사람의 요구를 들어줄지 여부 그리고 무엇을 허용할지 여부에 대한 통제력을 갖게 된다.

경계선/자기애적 성격장애자를 직접적으로 변화시킬 수 없기 때문에 성격장애자를 바꾸는 것에 힘을 쏟는 것을 그만두고 당신이 바꿀 수 있는 것 그리고 바꾸고 싶은 것에 집중하는 것이 중요하다. 당신 안에 일어나는 변화는 당신을 둘러싼 인간관계, 살아가는 환경, 자유 그리고 성공한 인생을 이루는 초석이 될 것이다.

감정은 사실이 아니다

어떠한 감정을 느낀다고 해서 그것이 현실에 기반을 둔 것이라고 단언할 수 없기 때문에 이에 기초해서 행동을 해서는 안 된다. 감정이란 여러 가지 느낌(예를 들어 신체 감각), 기억, 생각들의 조합일 뿐이다.

감정은 변화무쌍하고 잘못 해석되기 쉽고 오해를 받기도 쉽다.

예를 들어 흥분이나 공포와 같은 감정은 서로 상반된 것 같지만 같은 신체적인 감각을 다르게 해석했을 뿐이다. 이제까지 언급한 신입생의 예를 보면 새로운 선택을 두려워했던 학생들과 처음에는 조금 동요했지만 새로운 선택을 해 부모의 태도를 바꾼 학생은 같은 감정을 다르게 해석했을 뿐이다.

경계선/자기애적 성격장애자의 감정 또한 객관적인 사실이 아니다. 이들의 감정은 과장된 감정을 부정적으로 해석한 경우가 많다. 게다가 많은 경우 그 감정은 현재가 아닌 과거의 경험에 대한 뒤늦은 반응일 때가 많다.

또한 경계선 성격장애가 있는 아버지가 당신이 실수를 할 때마다 분노했다면 이러한 위험한 상황 속에서 당신이 느끼는 공포는 현실적이지도 않고 적절한 것도 아니며 당신에게 도움이 되지도 않는다. 따라서 당신의 감정을 곧이곧대로 믿어서는 안 된다. 지금 느끼는 감정이 과거에 기반을 둔 것인지 현실에 기반을 둔 것인지 아니면 미래에 대한 불안인지를 물어야 한다. 그렇게 해야만 그 감정에 기반을 둔 올바른 결정을 할 수 있다.

당신이나 경계선/자기애적 성격장애자가 느끼는 과장된 감정은 어리석은 결정이나 행동으로 이어질 수 있다. 어떠한 결정을 하기 전에 당신과 성격장애자 모두 침착해질 필요가 있다. 감정, 특히 강렬한 감정은 오래가지 않지만 현명한 판단을 흐린다.

감정적인 반응보다 사실에 기초해서 결정을 하기 시작하면 문제 해결에 진전을 보게 될 것이다.

과거는 도움이 되지 않을 수는 있지만
미래에 대한 예측지표가 될 수는 있다

　기억, 규칙, 망상, 과거 경험에 대한 조작된 기억에 기초한 것이 아닌 현실에 기초한 감정인지를 분별할 줄 아는 것이 중요하다. 조작된 기억이나 과거에 기초한 반응 또는 과거의 트라우마에 기초한 감정은 과장되게 표현되기 때문에 이를 분별하는 것이 어렵지 않다. 즉 지나치게 강렬하거나 극적인 감정은 현재의 감정으로 보기 어렵다.

　당신이나 타인이 '당신은 항상 그래.', '당신은 자기 어머니랑 똑같아.', '당신은 나를 한시라도 자유롭게 하지 않아.'라고 하거나 소리를 지르거나 발을 동동 구르거나 폭행을 하는 등의 과장된 반응을 보이면 이러한 감정은 현재가 아닌 과거에 기초한 것이다. 지금 느끼는 과거의 감정은 전이된 감정(transference)이라 불린다.

　과거에 현재와 비슷한 경험을 했다면 그 감정이 현재로 전이된다. 결과적으로 이러한 감정은 본래 감정보다 더 부풀려지고 극적이 된다. 현재 일어난 상황이 그러한 감정을 불러일으키는 촉매제가 되지만 현재의 상황만 봐서는 그 감정을 이해할 수 없다.

　많은 사람들은 우리가 일상 속에서 느끼는 과장된 감정이 과거의 해결되지 않은 감정에 기초한 것인지를 모른다. 이것이 경계선/자기애적 성격장애자와의 수많은 불화나 감정적인 대화가 해결되지 않은 채 끝나는 이유이다. 현재 상황은 성격장애를 겪는 사람에게 있어서 과거에 느꼈던 감정을 불러일으킨 촉매제일 뿐이다. 이러한 전이된 감정은 현 상황만 봐서는 이해가 가지 않는다. 경계선/자기애적 성격장애자가 지나치게 민감하고 비논리적으로 보이는 이유이다.

재앙적인 상황이 일어날 것이라고 예단해서는 안 된다

미래에 대해 미리 불안해할 때 감정이 과장된다. 보호자들은 다음에 어떤 일이 일어날지에 대해서 지나치게 신경을 쓴다. 다음 재앙이 언제 일어날지 계속 예의주시하는 것이다. 이러한 태도는 현재 상황을 침착하게 해결하는 데 도움이 되지 않는다.

미래를 지나치게 예측하려고 하는 사람들은 수십 개의 재앙적인 시나리오를 예측해놓는다. '추수 감사절 때 성격장애자가 정신적으로 붕괴할 거야.'라든지 '이렇게 되면 나에게 며칠 동안 말을 안 할 텐데.'라고 예단한다.

재앙적인 상황을 미리 염두에 두는 이러한 태도는 성격장애를 겪는 사람에게 지나치게 집중하는 태도이다. 결국 당신이 원하는 삶에 집중하지 못하는 결과가 된다. 물론 당신이 내리는 결정이 경계선/자기애적 성격장애자에 영향을 줄 수도 있지만 성격장애자에게 온 힘을 쏟는 것은 현명한 결정을 방해한다.

재앙적인 상황을 미리 염두에 두면 미리 불안해지고 많은 에너지를 소진하게 되며 당면한 문제들에 대한 실질적인 해결책을 도출할 수 없다. 다음 장에서 경계선/자기애적 성격장애자와의 복잡한 문제를 현명하게 해결하는 방법들을 소개하겠다.

희망, 죄책감 그리고 수치심을 버리자

당신에게 꼭 필요한 마음가짐 중 하나는 희망을 버리는 것이다. 보호자 역할을 그만두기 위해서는 경계선/자기애적 성격장애자가 당신이 원하는 대로 변하고 당신을 사랑해 줄 것이고 역으로 당신을 돌보게 될 것이라는 희망을 버려야 한다. 이러한 비현실적인 희망을 포기하면 당신은 훨씬 더 건강하고 풍요로운 삶을 살 수 있다.

당신은 동화 속에 살고 있었다. 이제는 현실로 돌아와야 한다. 성격장애자가 당신이 원하는 대로 바뀌지 않는다면 영원히 불가능할 수 있다는 것을 직시해야 한다. 성격장애자와의 관계는 당신이 주도해야 한다. 그리고 역으로 관계를 개선시키기 위해서는 성격장애자를 치료하려고 쏟는 관심을 자신을 치료하는 데 쏟아야 한다. 당신의 인생을 다른 사람이 살아줄 수 없듯이 성격장애자의 인생 또한 다른 사람이 살아줄 수 없다.

그들을 치료하는 것은 그들의 몫이지 당신의 몫이 아니다. 죄책감을 버리는 것도 중요하다. 많은 보호자들이 죄책감 때문에 경계선/자기애적 성격장애자에 대한 책임을 느낀다. 당신은 그/그녀에 대한 책임을 수년간 또는 수십 년간, 가장 많이 져왔을 것이다.

지금까지 당신은 성격장애자가 당신이 하는 말과 행동 때문에 상처를 받고 자살을 시도하고 우울증에 빠지거나 분노했다고 생각했을 것이다. 그러나 성격장애자가 원하는 것을 다 들어주기 위해서 최선을 다할 때도 성격장애자는 이런 행동을 한 적이 있지 않은가?

성격장애자의 행동을 당신이 바꾸거나 멈출 수 없듯이 그러한 원인을 당신이 제공할 수도 없다. 그들은 죄책감을 이용해서 당신을 조종하고 당신이 자신을 위해 꼭 필요한 존재라는 생각을 심어주어 그 덫을 벗어나지 못하도록 하고 있다. 당신이 그/그녀의 인생에 빼놓을 수 없는 전지전능한 존재라는 믿음 때문에 당신은 자기 자신에 대한 책임을 다하고 있지 않다.

자신을 소중하게 여기고 진정으로 원하는 삶을 살기 위해서는 자책감도 버려야 한다. 자책감하에서는 긍정적으로 바뀔 수도 없고, 뿌듯함을 느끼거나 다른 사람에게 자신의 취약점에 대해 솔직해 지는 것이 불가능해진다. 죄책감은 다른 사람에게 상처를 줬거나 잘못된 행동을 했다고 느끼는 감정이다. 자책감은 자기 자신이 가치가 없고 모든 문제가 자신에서 비롯되었다고 느끼는 것이다. 자책을 하고 있는지 스스로 아는 것이 쉽지 않기 때문에 다음에 많이 해당할수록 자책하고 있다고 생각하면 된다.

- 평생 당신을 진정으로 사랑해 주는 사람은 없을 것 같다.
- 타인에게 완벽해 보이려고 한다.
- 자신의 신체(또는 그 일부)를 좋아하지 않는다.

- 자신의 감정을 숨긴다.
- 당신이 소중하게 여기는 사람의 의견에 반대를 하지 못한다.
- 자기주장을 하지 않는다.
- 다른 사람들이 당신을 싫어할까 봐 겁난다.
- 다른 사람들이 당신을 판단하고 있다고 생각한다.
- 당신의 가치를 타인에게 증명하려고 한다.

자신을 소중하게 여기는 법을 배우면 자연스럽게 자책감을 떨쳐버릴 수 있다. 당신 인생의 진짜 심판은 당신이고 당신은 이 세상 모든 사람들과 동등하게 가치 있는 존재라는 결론에 이르면 당신에게 문제가 없다는 사실을 알게 될 것이다. 그리고 경계선/자기애적 성격장애자는 더 이상 자책감을 이용해서 당신을 구속할 수 없을 것이다.

타인의 도움을 받아야 할 존재는 당신이다

죄책감과 자책감을 떨쳐버리면 남들로부터 정작 도움을 받아야 할 사람은 당신이라는 것을 머지않아 깨달을 것이다. 인생은 물론 혼자 가는 여정이지만 인간은 더불어 살아야만 하는 존재이기 때문에 이 여정을 계속하도록 도와줄 이들은 많다. 그러나 그러한 도움을 받기 위해서는 타인에게 도움의 손길을 요청해야 한다.

◈ 롤 모델 찾기

주변에 진정으로 행복하고 인간관계가 좋은 사람이면서 훌륭한 부모라고 여겨지는 정신적으로 매우 건강한 사람이 있다면 그/그녀를 롤모델로 삼아야 한다. 말이야 쉽다고 생각하겠지만, 이것이 필자의 진심 어린 충고이다. 정상적이지 않은 가족 안에도 몇 명의 정상적이고 건강한 사람들이 분명 있을 것이다. 친척과 친구들을 떠올려보자. 친구, 직장 동료 그리고 지인들까지 모두 떠올려보자. 그리고 이런 건강한 사람들과 친분을 맺고 더 깊은 관계를 구축해 보자. 그들과 많은 시간을 보내고, 우정을 맺어야 한다. 그들이 의사소통하는 방법과 결정을 하는 방법 그리고 관계 속에서 타인을 대하는 방법을 보고 배워야 한다. 롤 모델을 정하고 건강한 관계를 맺기 시작하면 당신은 정신적으로, 심리적으로 건강해질 것이다.

◈ TV 프로그램에서 찾자

이상하게 들리겠지만 당신이 그동안 배우지 못한 사회성과 문제 해결 능력을 배우는 데 드라마 속 건강한 인물도 좋은 롤모델이 될 수 있다.

필자의 고객 중 하나는 시트콤 프렌즈를 녹화해놓고 수십 번 재생해서 보면서 어떻게 사람들이 친구관계를 유지하는지, 용서하는지, 그리고 즐거운 시간을 보내는지를 배웠다고 한다. 위기를 극복하고 솔직하고 꾸밈없으면서 인생을 즐겁게 사는 영화나 TV 프로그램 속 인물은 인생을 어떻게 살아가야 하는지를 보여주는 좋은 모델이다. 그러나 성격장애자들이 일방적으로 타인에게 상처를 주는 내용 또는 어떠한 희망의 여운도 남기지 않고 사람들이 상처를 받거나 인간의 존엄성을 상실하는 내용의 프로그램은 도움이 되지 않는다. 이러한 프로그램은 당신을 더 불안하게 하고 과거의 감정이 현재로 전이되어 당신의 발전을 저해할 수 있다.

◈ 사교모임에 가입하자

사교모임에 가입하게 되면 우리는 가까운 친구를 사귈 때처럼 많은 사람들과 사귀게 된다.

내 경험에 의하면 보호자 역할을 하는 자들은 모임을 싫어하는 경향이 있다. 이에는 그들만의 중요한 이유가 있다. 당신이 보호자의 성향을 보이면 모임 안에서 결국 다른 사람들을 돌보는 역할을 하게 되고 당신은 이렇게 지치는 일을 밖에서까지 할 거라면 모임에 나갈 필요가 없다고 느낀다. 또는 모임 안에서 다른 보호자나 경계선/자기애적 성격장애자를 만날 수도 있다.

이는 당신의 공포심, 증오심, 의존성을 오히려 불러일으킬 수 있고 결국 당신을 불편하게 한다. 따라서 건강한 단체/모임을 선택하는 것이 매우 중요하다. 순수한 사교모임일 수도 있고 당신의 취미(예를 들어 등산,

공예나 지역 봉사활동)와 관련된 거나 치료 목적의 모임 일 수 있다. 유명하거나 교회나 기타 봉사기관과 연관되어 있다고 해서 건강한 모임이라고 할 수는 없다. 당신이 진정으로 관심이 있고 당신에게 꼭 필요한 모임에 가입해야 한다.

모임에 속해 있는 사람들에게 그 단체를 좋아하는 이유를 물어보고 단체를 떠난 사람들에게는 떠난 이유를 묻자. 그리고 당신이 좋아하고 본받고 싶은 리더가 있는 모임을 선택하면 된다. 그런 유능한 리더는 당신의 오래된 감정들이 나타나거나 이상한 행동이 나타날 때, 당신이 위험해지지 않고 용기를 낼 수 있도록 도와줄 것이다. 어떤 모임이든, 그것이 친구, 동료, 전문가 모임이든, 당신 인생의 중요한 부분으로 만들어야 한다. 이러한 단체의 멤버들이 당신의 비정상적인 가족의 빈자리를 채워줄 수도 있고 시간이 지날수록 단체 안에서 사람들과 정상적으로 교류하는 법을 배우면 정신적으로 큰 도움을 받을 수 있다.

◈ 상담치료를 받아야 한다

당신은 혼자서 치료를 받을 수 없다. 이는 누차 강조하고 싶은 대목이다. 보호자들은 정신적으로 건강한 사람들이 흔히 겪어온 중요한 경험들을 경험하지 못한 경우가 많다. 당신이 성격장애자 부모 아래에서 자랐거나 성격장애자인 배우자를 두었다면 당신은 자신이 무엇을 모르는지 모를 가능성이 높다.

경계선/자기애적 성격장애자와 오래 관계를 맺어왔다면 당신의 행동들은 검증되지 않았을 가능성이 높고 당신의 사회성은 현저히 떨어졌을 것이다. 또한 성격장애자가 모든 것을 항상 당신 탓으로 돌렸기 때문에 매우 혼란스러운 상태일 수 있다. 그리고 당신에 대한 타인들의 기대가 지나치게 높거나 낮을 수 있고 우울증에 시달리고 있을 수 있으며 치료제가 없는 불안증에 시달리고 있을 수 있다.

이런 시간이 오래되었기 때문에 보호자들은 타인의 조종에 취약해지고 현실, 공상, 망상과 같은 것들을 구분할 능력이 떨어진다. 아울러 지나치게 자기 비판적이기 때문에 자존감을 높이기 위해서는 도움이 필요하다. 따라서 당신은 심리치료로부터 도움을 받고 당신의 행동들에 대한 검증을 받을 충분한 자격이 있다. 또한 친구들의 말이나 책 또는 경험할 수 있는 것들 이외에 정신병에 대한 객관적인 지식을 배울 필요가 있다.

경계선/자기애적 성격장애자에 대한 전문적인 경험이 있는 심리치료사가 당신에게 큰 도움을 줄 수 있다. 많은 치료사들이 이러한 훈련이나 경험이 없으므로 구체적으로 어떤 훈련을 받았고 어떤 책을 읽었으며 워크숍에 참여했는지를 심리치료사에게 미리 물어야 한다.

새로운 생각과 행동을 받아들이면 스트레스와 부정적인 상황을 줄이는 데 매우 효과적일 것이다.

더 이상 경계선/자기애적 성격장애자가 아닌 당신 인생의 목표와 목적을 위해 살면 당신은 새로운 방향으로 나아갈 수 있다. 보호자 역할을 탈피해 자신의 꿈과 목적을 위한 더욱 행복하고 건강한 삶을 살아가도록 해야 한다.

제13장
자신감 기르기

경계선/자기애적 성격장애자와의 관계 때문에 무기력감을 느낀 것은 당신에게 자신감이 없기 때문일 수도 있다. 모든 것을 자기 탓으로 여기면 자신감과 자존감의 상실로 이어질 수 있다. 또한 통찰력과 직관이 약화되며 자신을 이기적이며 희망이 없는 약한 존재로 느껴 우울해질 수 있다.

당신은 행복하고 생산적인 인생을 만들 통찰력과 능력을 가지고 있다. 이를 위해 당신의 자존감과 자신감을 회복하는 것은 매우 중요하다. 지난 장에서 우리는 당신이 바꿀 수 있는 두 가지 즉 당신의 생각과 행동에 대해 이야기했다. 당신의 생각과 행동을 자신에게 집중시키고 자신을 소중히 여기면 당신의 자신감은 높아질 수 있다.

모든 것을 자기 자신에 대한 것으로 받아들여서는 안 된다

경계선/자기애적 성격장애자와 관계를 맺을 때 그/그녀가 말하는 모든 것을 당신에 대한 것으로 받아들이지 않는 것이 중요하다. 성격장애자는 당신을 탓하는 데 익숙하다. 따라서 성격장애자가 현실을 직시하지 못하는 사람이라는 사실을 받아들여야 한다.

경계선/자기애적 성격장애자가 당신에게 하는 말의 90% 이상은 사실 자기 자신에 관한 것일 가능성이 크다. 이것을 투사(projection)라 부른다. 경계선/자기애적 성격장애자는 자신의 실패나 실망을 당신에게 책임 지우기 위해 투사를 이용한다. 자기가 느끼는 끔찍한 감정을 덜어내고 당신을 조종하기 위한 방법이다.

이는 그/그녀에게는 도움이 되지만 당신에게는 도움이 되지 않는다. 성격장애자의 감정을 자신의 것처럼 받아들이고 그/그녀에 대해 걱정하면 그 감정이 당신에게 전이되어 당신이 결국 책임을 지게 된다. 즉 당신 안에 존재하는 보호자 본능이 자신을 돌보는 일은 제쳐두고 성격장애자의 필요, 욕구, 감정을 돌보려고 한다.

당신은 지금까지 성격장애자가 당신을 탓해도 그/그녀가 원하는 것을 다 들어주었다. 이것을 그만두어야 한다. 당신의 행동이 성격장애자의 책임이 아니듯 성격장애자의 생각, 감정, 행동은 절대로 당신 탓이 아니다. 당신의 자신감과 자존감을 높이려면 성격장애자에 대한 책임을 지는 것을 그만두어야 한다. 그/그녀의 감정에 대한 책임을 당신이 지는 한 당신은 자신을 객관적으로, 정확하게 볼 수 없다.

자신을 존중해야 한다

기본적으로 자존감이란 자신을 존중받아 마땅한 가치 있는 사람으로 여기는 것을 의미한다. 자존감을 높이기 위해서는 첫째, 당신이 필요로 하는 것이 무엇인지를 생각하고 찾아야 한다. 예를 들면 다음과 같다.

- 자신을 소중하게 대하자.
- 자신의 감정을 정확하게 인지하자.
- 자신의 강점을 높이 사자.
- 자신을 탓하지 않고 자신의 단점을 인정하자.
- 자신이 필요로 하는 것이 무엇인지 생각하자.
- 자신의 인생의 목적을 정하자.
- 자신의 우선순위에 귀 기울이자.
- 친구를 스스로 선택할 줄 알자.
- 자신의 필요를 인지하자.
- 자신을 보호할 줄 알자.

물론 이러한 예에는 수천 가지가 존재한다. 자신만의 목록을 작성해 보는 것이 어떨까?

둘째, 자신을 가치 있게 여겨야 한다.

이는 자신의 강점과 가치를 알아 그러한 가치에 맞는 대우를 자신은 물론 타인에게도 기대하는 것을 의미한다. 당신을 하대하는 사람이 있고 당신이 그것을 허용하고 있다면 다른 사람이 당신의 가치를 평가하도록 허용하는 것이나 마찬가지이다. 자신의 가치를 어떻게 평가하고 있는가? 타인의 평가에 오로지 의존하고 있는가? 다른 사람이 당신을 가치 있게 여기지 않을 때 당신은 어떻게 반응하고 있는가? 어떤 평가를 믿는가? 당신이 평가하는 당신의 가치는 당신이 자신을 어떻게 대하는지 그리고 다른 사람들이 당신을 어떻게 대하도록 허용하는지에 따라 달라질 것이다. 당신 말이 맞다. 당신을 대하는 타인의 행동을 통제할 수는 없지만 당신의 허용 범위를 만듦으로써 그들의 행동에 영향을 줄 수 있다. 만약 하대를 당하고 있다면 그 사람에게 어떠한 대우를 받고 싶은지 말해야 한다.

계속 하대하면 관계를 끊어버리면 된다. 당신에게 좋은 대우를 해주는 사람들과의 친분만 유지하면 된다. 그렇게 하대를 받느니 차라리 혼자가 되는 것을 선택하는 것이 낫다. 당신에게는 여러 선택의 여지가 있다. 그리고 당신의 선택을 통해 당신이 스스로를 얼마나 가치 있게 여기는지를 다른 사람들에게도 보여줄 수 있다. 자신의 가치를 평가하기 위해 많은 시간을 들여서 생각할 필요가 있다.

많은 보호자들은 스스로 자존감이 높다고 하지만 매일같이 상처를 받고 하대받는 것을 보면 그들이 스스로를 어떻게 여기는지를 알 수 있다. 당신에게도 이런 일이 일어나고 있는지 생각해 보아야 한다.

마지막으로 이번 장에서 마지막으로 다룰 것은 배려이다. 보호자들은 자신에 대한 배려심이 결여되어 있는 경우가 많다. 예를 들어 어떠한 선택을 할 때 자신의 감정, 욕구 또는 육체적인 필요를 고려하지 않는 것은 자신을 배려하는 것이 아니다. 배려를 받고 있다를 10으로 하고 배려를 받고 있지 않다를 0으로 평가해 보자.

당신은 성격장애자와의 관계에 있어서 어디쯤 서 있는가? 당신이 희망하는 숫자나 당신이 받아 마땅하다고 생각하는 숫자를 선택해서는 안 된다. 당신이 경계선/자기애적 성격장애자와의 관계에서 느끼는 존중을 나타내는 숫자를 골라보자. 이것을 현재의 기준치로 삼자. 그리고 희망하는 숫자가 무엇인지 생각해 보자.

이 숫자는 당신이 더 즐거운 삶을 위해 얼마나 자존감을 높여야 하는지를 알려줄 것이다. 그렇다면 자존감을 높이기 위해 어떻게 해야 하는가? 이 책의 중점은 자존감을 높이는 데 있다.

자존감을 높이기 위해서는 자기 자신을 가능한 모든 방법으로 소중하게 대해야 한다. 그런 방법에는 다음과 같은 것이 있다.

- 당신이 느끼는 감정에 귀 기울여라.
- 당신의 꿈을 가치 있게 여겨라.
- 자기 자신을 사랑해야 한다.
- 자신에게 상처를 주는 관계를 맺지 마라.
- 자신에게 실망하는 것을 그만두어라.
- 당신이 원하는 것이 무엇인지 시간을 두고 생각해야 한다.
- 자신의 의견을 피력해야 한다.
- 스스로 성공할 수 있을 것이라 믿어라.
- 당신의 모습 그대로 사랑해 주는 사람들과 시간을 보내라.

자신을 존중할 수 있는 방법을 나열해 보자. 그리고 잘 보이는 곳에 두고 계속 추가해야 한다. 리스트에 있는 행동을 하면서 나는 내 자신을 사랑하고 존중하고 있다고 스스로 암시를 걸자. 당신의 자존감이 높아지면 자연스럽게 당신을 존중해 주는 사람들과 시간을 보내게 된다. 타인에게 존중을 받고 싶으면 자신을 스스로 존중할 줄 알아야 한다. 당신의 능력에 한계치를 두는 것은 스스로를 존중하는 것에 한계를 두는 것이다.

기억해야 한다. 관계 속에서 일어나는 모든 일은 당신이 허용했거나 방치한 것이다. 당신이 받고 싶은 대우에 대해 명확한 선을 그어놓으면 다른 사람들도 그 선을 인식하고 그에 맞게 행동할 것이다. 자존감을 높이고 스스로에게 가치를 부여함으로써 당신은 자신감이 높아지는 것을 경험을 할 것이다.

자존감을 높이기 위해서 당신은 성격장애자를 돌보는 것을 그만두고 독립적인 존재가 되어야 하는데 성격장애자는 이러한 행동을 자신을 거부하는 것으로 간주할 수 있다. (이번 장에서 당신의 정체성을 유지하면서 성격장애자를 달래는 법에 대해 얘기할 것이다.)

두 사람의 정체성이 섞이면 자존감은 짓밟히게 된다. 즉 당신의 자존감이 짓밟힌다. 따라서 경계선/자기애적 성격장애자가 불안해하더라도 당신은 자신을 계속 존중해야 한다. 당신이 인생에서 가치 있게 생각하는 것은 무엇인가? 이러한 가치관을 갖게 된 이유는 무엇인가? 어떠한 옷을 좋아하는가? 어떻게 잠을 자는 것을 좋아하는가? 어떤 음식을 좋아하고 언제 음식을 즐기는가? 그리고 혼자 지내는 시간과 타인과 지내는 시간을 어떻게 안배하기를 원하는가? 자기 자신에 관한 이런 소소한 것들을 잘 알고 있는가?

　다른 사람이 아닌 당신이 원하는 일을 당신이 스스로 선택해서 해야 한다. 그래야 비로소 자존감이 생길 것이다.

긍정적인 생각과 말을 해야 한다

　당신의 자존감을 높이기 위해서 자신에 대한 부정적인 말과 감정을 긍정적인 것으로 바꿔야 한다. 자신에게 무슨 말이 하고 싶은가? 자신에게 할 수 있는 긍정적인 말에는 무엇이 있는가?

　아직 긍정의 힘을 믿지 않을 수도 있지만, 듣고 싶은 긍정적인 말을 스스로에게 하는 것만으로도 자존감이 높아질 수 있다.

　자신에게 긍정적인 말을 반복해서 하는 것은 분명 도움이 된다. 그러나 말만 하고 행동으로 옮기지 않는 것은 큰 도움이 되지 않을 것이다. 긍정적인 말만 하고 자신을 더 잘 대하지 않으면 당신 안의 자아가 그 말을 더 이상 믿지 않을 것이다. 스스로에게 긍정적인 말을 하는 것은 자신을 존중하는 좋은 방법이다.

　자신에게 말을 걸 때 어떤 식으로 하고 있는가? 친구에게 또는 사랑하는 사람에게 말을 하듯이 하고 있는가? 스스로에게 긍정적이지 않다면, 그 이유는 무엇인가? 자기비판을 하고 스스로에게 낙인을 찍고 있다면 이유는 무엇인가? 스스로를 조롱하고 자신에게 벌을 주고 있다면 그 이유는 무엇인가? 그것이 당신의 목적인가?

이러한 부정적인 자기공격은 자동적으로 일어나는 것 같지만 이를 경계하는 연습을 하면 긍정적인 말로 바꿀 수 있다. 연구에 의하면 긍정적인 말을 하고 자신에게 보상을 주는 것은 비판하고 벌을 주는 것보다 자신감과 행동에 긍정적인 영향을 준다. 다음에 소개하는 세 단계는 긍정적으로 바뀌는 데 큰 도움을 줄 것이다.

1단계: 잘한 일에 대해 확신을 가져라.
2단계: 당신이 원하는 변화를 스스로에게 부드럽게 요구해 보아라.
3단계: 격려하는 말과 자신감 있는 말을 해야 한다.

예를 들면 어떤 고객은 항상 사과하는 것을 그만두기 위해서 자신에게 다음과 같이 말했다.

"질(Jill)과 7분이나 대화하면서 한 번도 사과하지 않았어. 밥을 느리게 먹는다고 사과할 필요도 없었고 사과하지도 않았어. 앞으로도 이런 일로 사과하지 않을 거야. 나는 그렇게 할 수 있어."

긍정적으로 자신에게 말을 하면 사람들을 만났을 때 어떻게 대할지를 미리 계획할 수 있고, 또한 자신에게 용기를 불어넣을 수 있다. 어떻게 대화를 할지, 어떻게 논쟁에 참여할지, 어떻게 더 친밀한 관계를 형성할지에 대해 미리 계획할 수 있다. 불확실한 상황에서 스스로에게 용기를 불어넣을 수 있고 새로운 경험을 했을 때 스스로에게 확신을 줄 수도 있다. 자신에게 긍정적인 말을 할 때 자신감이 높아진다는 증거는 많다.

당신의 감정과 생각 사이의 균형을 잡아야 한다

경계선/자기애적 성격장애자와의 관계에서 과장된 감정에 익숙했다면 당신의 감정과 생각 사이의 균형을 잡는 연습이 필요할 수도 있다. 성격장애자는 생각보다는 감정에 주로 의존한다.

당신의 주변에서 성격장애자가 감정적인 행동을 하고 감정에 집착하고 과장한다면 당신이 이성적인 판단을 하는 데 장애가 될 수 있다. 당신 주변에 온통 성격장애자의 불안, 두려움, 분노만이 존재한다면 당신은 스스로가 무슨 생각을 하고 있는지 알 수 없다. 따라서 생각을 정제하고 성격장애자와의 관계 안에 존재하는 감정들을 숙고해 보기 위해서는 큰 집중력이 필요하다.

소리, 냄새, 목소리 또는 촉감은 강한 감정을 불러일으키고 우리가 하는 생각보다 수백 배 빠르게 신경계를 지나간다. 따라서 습관적으로 느끼는 감정은 우리가 하는 생각보다 빠르게 일어나는 것처럼 느껴진다. 또한 당신의 감정을 통제하기 위해서 당신이 하고 있는 생각의 흐름에 주의하고 과거에 격렬한 감정을 일으켰던 상황에 다시 한 번 놓이기 전에 생각을 정리하는 것이 중요하다.

경계선/자기애적 성격장애자는 당신의 예민한 감정을 건드리는 데 익숙하기 때문에 이러한 방법은 성격장애자와의 관계에서 큰 도움이 될 수 있다.

당신의 예민한 감정이 폭발하는 이유는 당신이 애써 무시해왔지만 남몰래 자신에 관해서 하는 부정적인 감정들을 건드렸기 때문이다.

예를 들면 당신은 정말 날씬한데 어떤 사람이 당신보고 뚱뚱하다고 하면 저 사람 눈이 나쁜가 하고 생각하고 만다. 하지만 남몰래 자신이 살쪘다고 생각하고 있는데 어떤 사람이 당신보고 뚱뚱하다고 하면 기분이 나쁘다. 성격장애자가 당신에게 한 말이 당신이 스스로에 대해 내린 평가와 일치할 때 당신의 감정이 폭발할 가능성도 크다.

경계선/자기애적 성격장애자가 당신의 예민한 감정을 건드리면 당신은 분노하거나 상처를 입는다. 이때 당신에게 자기 혐오스러운 감정이 생기는 이유가 성격장애자 때문이라고 생각하겠지만 사실은 당신이 이미 하고 있는 부정적인 자기비판에 불을 붙였을 뿐이다.

당신이 이런 반응을 보였다면 이런 경험을 통해서 나의 예민한 감정과 내가 하고 있는 부정적인 생각들이 무엇인지 알고 치료하도록 해야 한다. 부정적인 자기비판을 긍정적인 힘과 자기 확신으로 바꾼다면 성격장애자가 과거에 당신에게 상처주기 위해 이용했던 예민한 감정들을 떨쳐버릴 수 있다. 가장 두려웠고 속상했던 자기비판들을 한번 나열해 보자. 공통적으로 다음과 같이 나타날 수 있다.

- 나는 사랑스럽지 않다.

- 나는 안 된다.
- 나는 너무 이기적이다.
- 나는 ~를(을) 잘하지 못한다.
- 나는 ~를(을) 받을 자격이 없다.
- 나는 가치가 없다.
- 나는 쓸모가 없다.
- 다 내 탓이다.

당신이 이러한 것들을 믿는 이상 당신은 자신감과 자기 자신에 대한 호감을 상실할 수 있다. 그리고 자신의 가치를 낮게 평가하게 된다. 오래된 자기비판을 떨쳐버리기 위해 다음과 같은 행동과 생각을 해보자.

- 나는 남들처럼 휴가를 즐길 자격이 있다.
- 나는 사려 깊고 진지한 사람이다.
- 나는 좋은 요리사이다.
- 나는 좋은 부모이다.

자신에게 이런 긍정적인 말을 할 때 어떤 느낌이 드는지 보자. 자존감과 자신감이 커질 것이다. 당신이 자신에게 이런 말을 하고 소중하게 대하면 당신의 감정들이 어떻게 변하는지 스스로에게 보여주자. 당신의 감정과 생각 사이에 균형을 잡으면 삶의 질을 크게 바꿀 수 있다.

성격장애자는 감정에만 지나치게 신경 쓰기 때문에 혼란스럽고 속상한 상황을 초래한다. 그렇다고 자신의 감정에 아예 신경을 쓰지 않으면 잘못된 방향으로 나아가게 된다. 감정의 소용돌이 안에 사는 것만큼이나 감정이 없는 로봇으로 살기를 원하는 사람은 없다.

감정이란 우리가 느끼는 것과 생각들의 조합이다. 순수한 느낌은 사실상 우리 몸에서 일어나는 화학적 반응이다. 감정이란 그런 순수한 느낌을 관찰하고 그런 화학적 반응을 구체화시킨 것이다. 감정은 특정한 상황에서 좋은 결정을 내리는 데 중요한 요소가 된다. 예를 들면 누군가를 사랑하는 감정은 많은 느낌, 감각(예를 들어 따뜻함, 안전함, 흥분과 욕망)과 생각(예를 들어 끌림, 흥미, 의견)들의 조합이고 이것들이 뒤섞여 우리의 여생에 결정적인 영향을 미치는 행동과 선택에 영향을 준다.

분노, 상처, 기쁨, 공포, 안정감과 같은 다양한 감정들을 떠올릴 때 당신은 어떠한 의미를 연상하게 되는가. 새로운 상황에 처하게 되면 이러한 감정들에 당신이 지금까지 연관 지었던 의미와 새로운 의미를 비교해 보자. 이렇게 함으로써 당신이 진정으로 원하는 것과 가치 있게 여기는 것을 더 잘 이해할 수 있다. 이러한 이해를 바탕으로 당신은 더 나은 행동과 결정을 할 수 있다.

위협받는 느낌을 통제해야 한다

경계선/자기애적 성격장애자는 상대를 위협하는 데 선수이다. 경계선/자기애적 성격장애자는 오로지 자기 기분이 나아지는 것만 생각하기 때문에 얻고자 하는 것을 얻을 때까지 상대를 협박하고, 요구하고, 애원하고 불평하는 것을 반복하며 이것이 당신에게 미치는 영향에 대해서는 생각하지 않는다.

최근 어떤 고객은 자기애적 성격장애를 겪는 부인이 내키지 않는 것이면 뭐든 무시한다고 했다. 식당에 앉아서 부인에게 최근 주식 시장의 하락세 때문에 적금한 돈의 40퍼센트를 잃었다고 말했다고 한다. 그러자 부인은 "나는 그 말을 믿을 수 없어. 그 말이 사실일 리가 없어. 당신은 나를 괴롭히고 싶은 거야."라고 반응했다. 그러고는 메뉴에서 가장 비싼 음식을 시켰다고 한다. 나는 남편이 그 후에 어떻게 행동했는지를 물었다. 그는 부인이 원망스러웠지만 음식 값을 계산했다고 한다. 부인의 위협적인 태도에 결국 굴복하고 만 것이다.

경계선/자기애적 성격장애를 겪고 있는 배우자, 부모 또는 동료가 당신을 어떻게 위협하고 있는가? 성격장애자 주변에서 갑자기 불안하거나 죄책감이 든다면 당신은 조종을 받고 있는 것이므로 어떻게 위협받고 있는지를 살펴보아야 한다. 이러한 악순환에서 나오기 위해서 당신은 경계선/자기애적 성격장애자의 목적에 더 이상 놀아나지 않을 방법을 찾아야 한다.

경계선/자기애적 성격장애자가 당신의 생각, 필요, 욕구와 감정들이 다 쓸모없는 것이라고 말을 할 때 이런 말을 믿는 이유는 무엇인가? 자기 자신에 대한 믿음이 확고하고 자신의 권리와 현실감각을 믿는다면 당신이 느끼는 감정을 포기하라는 위협에서 자유로울 수 있다. 정신적으로 아픈 사람이 당신을 대신해 이러한 판단을 한다는 것이 말이 되는가?

당신이 누구이고 무엇을 할 것인지에 대한 판단을 당신 스스로 할 때 경계선/자기애적 성격장애자의 위협으로부터 자유로울 수 있고 당신의 불안은 점점 줄어들 것이다.

성격장애자에 대한 의존성을 없애야 한다

경계선/자기애적 성격장애자의 통제로부터 자유로워지면 당신은 더 편안하고 안정적이고 풍요로운 삶을 살 수 있다. 성격장애자는 당신을 더 이상 사랑하지 않겠다고 위협할 것이다. 또한 경제적 지원을 하지 않고 당신에게 더 이상 헌신하지 않겠다고 하면서 당신을 위협하고 통제하려고 할 것이다. 그러나 현실감각이 없고 정신적으로 온전하지 않고 때로는 시한폭탄인 사람에게 정신적으로 그리고 육체적으로 의존하고 싶은가? 당신은 성격장애자에게 얼마나 의존하고 있는가? 그/그녀가 모든 수입, 육아, 당신의 삶의 질과 인간관계를 모두 제공하고 있는가?

당신이 성격장애자에게 모든 것을 일차적으로 의존할 때 당신은 항상 불안할 수밖에 없다.

경계선/자기애적 성격장애자는 감정의 기복이 매우 심하다. 또한 당신이 정작 필요로 할 때는 그 자리에 없을 것이므로 그들에게 실망하는 일은 매우 많다. 그러므로 그들에게 의존해서는 안 된다. 당신이 경계선/자기애적 성격장애자에게 어떻게 의존하고 있는지 그리고 그 해결책은 무엇인지 진단해 보자. 당신도 일을 할 필요를 느끼는가? 아이들을 어린이집에 맡겨야겠다고, 당신만의 친구를 만들거나 자기 자신을 더 사랑해야겠다는 생각이 드는가? 이러한 생각이 든다면 안정적이고 독립적인 삶을 위해 지금 변화해야 한다.

자기주장을 해야 한다

경계선/자기애적 성격장애자와 관계를 처음 맺었을 때는 자기주장을 세게 하는 것이 매우 위험하게 느껴질 수도 있다. 보호자들이 잘하지 못하는 것 중의 하나가 자기주장을 하는 것이다. 당신이 원하는 것을 요구하거나 하고 싶은 말을 포기하도록 하는 데 성격장애자들은 매우 능숙하다. 그러므로 당신의 생각과 요구사항을 주장하는 능력을 길러야 한다.

성격장애자는 그들이 원하는 것을 관철시키기 위해 당신의 생각을 무시해버리거나 화를 내는 경향을 가진다. 또는 자기에게 유리하게끔 잊어버리고 만다. 결국 보호자들은 자신이 원하는 것을 포기하는 경우가 많다. 그러나 당신이 원하는 것을 알고, 말하는 것은 매우 중요하다.

사람의 정체성이라는 것은 자신이 원하는 것을 찾아내고 그에 따라 목소리를 낼 때 형성되기 때문이다. 당신이 성격장애자가 변해 당신의 편의를 봐주기를 바라거나 다르게 행동하기를 바란다면 아무것도 변하지 않을 것이다. 당신의 주장을 하기 위해서는 당신의 생각, 감정 그리고 요구사항을 말하고 실행해야 한다. 당신이 경계선/자기애적 성격장애자에게 변하도록 요구해 그/그녀를 변화시킬 수 있다고 생각해서는 안 된다.

당신의 인생은 당신만이 바꿀 수 있다. 대부분의 보호자들은 자기주장을 이미 피력해 보았지만 아무것도 변하지 않았다고 한다. 아무것도 변하지 않았다면 당신은 경계선/자기애적 성격장애자를 변화시키려고 시도만 한 것일 뿐이다. 필자가 제안하는 방식으로 자기주장을 하지 않은 것이다.

대부분의 보호자들은 그들의 요구사항이나 목표를 아주 조심스럽고 애매하게 말하면서 성격장애자가 바뀌기를 바라는 경향이 있다. 이런 식으로는 당신이 원하는 바를 이룰 수는 없다. 대신 다음에 제시하는 것을 순서대로 해보자.

- 당신이 원하는 것을 찾아내자.
- 감정을 섞지 말고 당신이 생각하고 느끼는 바를 명확하게 말해 보자.
- 논의해서는 안 된다.
- 어떠한 행동을 취하고 싶은지 결정해야 한다.
- 그리고 행동으로 옮기자.

당신이 하고자 하는 행동과 할 수 있는 행동에 집중해야 한다.

- 당신이 나를 더 사랑했으면 좋겠어.
- 당신이 나에게 더 잘해 주었으면 좋겠어.
- 나의 말을 듣지 않는 이유가 뭐야.
- 화 내지 마.
- 학교에 복학해도 될까?

이렇게 말하는 대신 이렇게 말해 보자

- 나는 내 인생을 더 사랑하기로 했어.
- 나는 내 자신에게 더 잘하기로 했어.
- 내가 말할 때 사람들이 더 잘 들었으면 좋겠어.
- 나는 화내는 사람 주변에 더 이상 있지 않을 거야.
- 나는 대학교를 졸업하고 싶어.

당신이 원하는 것 그리고 당신의 계획을 말하면서 성격장애자가 문제라거나 변해야 한다고 지적하지 않는 것이 중요하다. 즉 행동으로 당신이 어떤 사람이 될지, 어떻게 변할지 보여주면 된다.

성격장애자가 그 변화의 일부가 되고 싶다면 스스로 선택을 하는 수밖에 없다. 당신이 원하는 것을 제대로 아는 것은 자존감과 정체성 형성에 매우 중요하다. 경계선/자기애적 성격장애자가 이것을 따라줄지 여부를 떠나서 자신에게 명확한 방향을 설정해 줄 수 있다. 성격장애자가 이러한 변화에 함께하기를 원하지 않는다면 그/그녀와 함께 인생을 함께할지에 대한 선택권은 당신에게 있다.

당신 인생의 조타수로서 인생의 방향을 결정하면 성격장애자가 아닌 당신이 자신의 인생에 대한 통제권을 가지고 있다는 것을 직시할 수 있다. 당신의 생각, 감정, 요구사항을 말로 표현하지 않으면 이런 것들은 사실상 존재하지 않는 것이다.

당신의 직관을 믿어야 한다

당신이 경계선/자기애적 성격장애자에게 휘둘리지 않을 때 당신의 직관은 명확해진다. 자신이 아닌 성격장애자의 감정과 필요를 우선시할 때 자신에게 무엇이 좋은지 감을 잃기 쉽다. 직관이라는 것은 자신을 위해 무엇이 최고인지를 알려주는 내적 감각이다. 다른 사람의 바디 랭귀지를 정확하게 읽고 상황판단을 하며 현명한 행동을 취할 수 있도록 자기 자신을 아는 것을 의미한다. 다른 사람과 자신을 정확하게 알기 위해 반복적인 연습을 하면 직관은 자동적으로 발달한다.

보호자는 성격장애자의 감정, 필요, 요구에 대한 직관은 크게 발달했으나 자기 자신에 대해서는 발달하지 않았다. 그러나 성격장애자에게 휘둘리면 현 상황이 당신에게 어떠한 의미를 가지는지 알기 어렵다. 성격장애자에게 의미가 있는 것이 자동적으로 당신에게 의미가 있는 것이라고 지금까지 생각했을 수 있다. 당신의 관점은 무시하고 경계선/자기애적 성격장애자가 당신에 대해서 해온 판단을 자동적으로 믿어왔을 수도 있다.

성격장애자에게 휘둘리지 않을 때 비로소 당신은 당신과 성격장애자 모두를 더 정확하게 볼 수 있다. 성격장애자가 진정으로 필요로 하는 것, 두려움, 동기를 더 정확하게 알 수 있고 당신과 어떻게 다른지 비교할 수 있다. 당신에 대한 직관이 발달하면 자신이 무엇을 원하고 무엇을 가치 있게 여기는지 제대로 알 수 있고 당신 인생에 대해 더 나은 결정을 할 수 있다.

인생의 주역이 되어야 한다

누군가를 돌보는 역할에서 스스로를 돌보는 역할로 바꾸고 싶다면 당신이 어떤 생각을 하는지, 어떤 감정을 느끼는지, 무엇을 원하고 어떻게 인생을 살고 싶은지를 알아야 한다. 보호자로서 경계선/자기애적 성격장애자에게 신경 쓰느라 당신은 자신에 대해서는 잘 모른다.

자신을 돌보게 되면 자신감이 높아진다. 사실, 자신이 선택하는 대로 인생을 사는 것은 자신에게 주어진 사명감이기도 하다. 이것은 이기적인 행동도 불충실한 행동도 아니지만 성격장애자는 당신이 이렇게 믿기를 원할 것이다.

당신의 모습대로 삶을 살아가는 것이 바로 당신 삶의 목적이다. 다른 사람과 관계를 맺는 것은 즐거운 일일 수 있으나 당신 삶의 목적과 정체성을 바로 알지 못하면 이를 효과적이면서도 행복하게 이어나갈 수 없다. 경계선/자기애적 성격장애자를 돌볼 때 당신은 자신에게는 소홀히 할 것이다.

당신의 감정과 행동에 신경 쓰고 있지 않아 스스로에 대한 책임을 다하고 있다고 할 수 없다.

성격장애자의 삶을 살아주는 것이 아니라 당신의 삶을 충분히 살아내는 것이 당신의 책임이다. 당신이 하는 행동, 생각, 감정 그리고 살아가는 방식, 이 모든 것이 당신의 책임이다.

자신의 인생을 충분히 살아낸다는 것은 자신이 누구인지 스스로 결정하고 무엇을 원하는지 알고 이에 대한 책임을 지는 것을 의미한다. 이제 경계선/자기애적 성격장애자가 자신의 인생을 살아가도록 두고 당신의 인생을 살아야 한다.

제14장
자기 자신을 돌보고 배려하기

보호자 역할을 포기하려면 육체적, 정신적, 감정적으로 큰 변화를 준비해야 한다. 지금까지 당신은 경계선/자기애적 성격장애자가 나아져서 당신이 그래왔던 것처럼 당신을 돌보아주기를 바랐을 수도 있다. 그러나 보호자 역할을 그만둔다는 것은 이제는 당신이 성격장애자가 아닌 자신의 필요와 요구에 신경을 쓰겠다는 의미이다. 그 변화에서 매우 중요한 단계는 스스로를 돌보고 소중히 하는 것이다. 스스로를 돌보다 보면 자신을 잘 알게 되고 경계선/자기애적 성격장애자가 일으키는 혼란스러운 감정변화에 더 강하고 효과적으로 대처할 수 있게 된다.

불안을 줄이는 법

규칙적이고 반복적으로 심호흡해야 한다. 분노, 불안, 공포, 걱정과 같은 감정을 느낄 때 당신은 제대로 호흡하고 있지 않을 가능성이 높다. 장시간 호흡을 하지 않다가 갑자기 숨을 몰아 쉬어본 경험은 누구나 한 번쯤 있을 것이다. 자신이 들숨을 쉴 때 호흡이 멎는지 날숨일 때 멎는 편인지 알아두면 도움이 될 수 있다. 그러면 숨이 잘 쉬어지지 않을 때 스스로에게 '숨을 들이쉬자.'라든지 '내쉬자.'라고 자신에게 말을 걸 수 있다.

당신이 숨을 통제하는 법을 배우면 당신의 감정과 에너지에 큰 영향을 미칠 수 있다. 보통 날 숨을 쉴 때 숨을 참으면 에너지가 소진되기 때문에 몸이 약해지는 느낌을 받는다. 뇌에 산소가 공급되지 않고 올바른 사고가 어려워진다. 들숨을 쉴 때 숨을 참으면 순간적으로 에너지가 생기지만 행동이 매우 강하게 표출되어서 부정적인 상황을 전개하거나 적대감을 유발할 수 있다.

가슴 위쪽에서 숨 가쁘게 숨을 쉬고 있을 가능성도 있다. 이러한 호흡법은 당신을 더 불안하게하기 때문에 천천히 호흡을 하면서 깊이 숨쉬기를 권한다. 깊게 숨을 쉬면서 숨 가쁘게 숨을 내쉬는 경향이 있으면 쉽게 화를 낼 수 있다.

당신이 어떠한 호흡법을 하고 있는지 보고 당신에게 안정을 가져오고 에너지를 주도록 호흡을 조절하는 것이 중요하다. 호흡하는 방법은 당신이 취하고자 하는 행동에 따라서 정하는 것이 좋다. 자신이 어떠한 호흡법을 하고 있는지 알기 위해 걷거나 수영을 해보자. 노래를 부르거나 춤을 춰보는 것도 좋은 방법이다. 어떻게 숨을 쉬고 있는지 계속해서 관찰해 보자. 당신이 원하는 호흡법에 익숙해질 수 있도록 매일같이 이완 (relaxation) 호흡법을 연습해 보자. 당신의 몸을 이완할 수 있으면 이는 마음의 안정으로 이어질 수 있다.

휴식을 많이 취하는 것도 불안을 줄이는 매우 좋은 방법이다.

경계선/자기애적 성격장애자와 살면 에너지가 많이 고갈된다. 성격장애자가 언제 또 감정적으로 폭발할지 계속해서 노심초사 지켜보아야 하기 때문이다. 이렇게 노심초사하고 있으면 진정한 편안함이나 안정감을 느끼기 어렵다. 따라서 경계선/자기애적 성격장애자와 함께 살지 않는 사람들보다 당신은 더 많이 휴식을 취해야 한다는 사실을 명심해야 한다.

불안, 분노, 좌절 등으로 오랫동안 숙면을 취하지 못했다면 당신에게 치명적일 수 있다. 성격장애자가 한밤중에 당신을 깨워서 깊은 상담이 필요하다고 하거나 성관계를 요구할 수도 있고 이 때문에 숙면을 취하지 못했을 수도 있다. 잠을 원하는 만큼 숙면을 취하는 일은 매우 중요한 일이다. 숙면을 취할 수 있는 장소를 확보하는 것이 중요하다. 그리고 충분히 잠을 자야 한다. 당신의 상황이 어떤지 한번 검토해 보자. 만약 당신의 배우자가 당신의 숙면이라는 일차적 욕구를 방해하고 있다면 이에 효과적으로 대응해야 한다.

마들렌과 그의 남편은 은퇴를 앞두고 있었고 아이들은 모두 출가했다. 마들렌은 남편과의 벽이 느껴진다고 혼자서 심리치료를 하러왔다. 상담 기간은 약 1년간 이어졌다. 그동안 마들렌은 남편에게서 자기애적 성격장애를 발견했는데, 아이들이 떠난 뒤에는 더 심해졌다. 그녀는 남편을 사랑했지만 계속 그녀의 관심을 받아야 하는 남편의 성격과 모든 것의 중심에 있어야 하는 성격 때문에 가끔 짜증이 났다. 그녀는 부모님으로부터 받은 유산으로 집 뒤쪽에 있는 차고를 명상의 집으로 개조했다. 그곳을 예술 작업실 겸 명상의 집으로 사용하려고 한다. 그리고 점점 더 그곳에서 많은 시간을 보내고 있다. 여름에는 작업실에 침대를 마련해 놓고 그곳에서 잠도 자고 있다. 그곳에서 잔 이후로 숙면을 취하고 있으며 남편을 싫어하는 마음도 조금 완화가 되었다. 남편도 더 잠을 잘 잔다고 했다. 그러나 그들은 이러한 변화에 대해 말해 본 적은 없다. 마들렌이 행동에 옮겼을 뿐이다.

식사와 관련된 스트레스를 줄여야 한다. 스트레스를 받으면 당신은 먹게 되는가? 또는 스트레스 받으면 음식을 잘 먹지 못하는가? 식사와 관련해 어떤 스트레스를 받고 있는가? 이러한 문제를 살펴보고 성격장애자가 모든 사람의 식욕을 떨어뜨리고 있는 상황이 있다면 이를 해결해야 한다. 예를 들면 다음과 같다.

안드레아는 나에게 이렇게 털어놓았다.
"아빠가 집에 없는 이상 저녁식사 시간은 괜찮았어요. 경계선 성격장애가 있는 엄마는 요리를 잘했고 우리는 맛있게 식사를 했습니다. 일주일에 서너 번 아버지는 식사 시간에 들어오지 않았고, 그런 날이면 엄마는 말을 거의 하지 않았고 언니와 동생은 밥을 맛있게 먹었습니다. 저는 아빠가 일찍 귀가하는 날을 좋아하기도 했지만 식사 시간 때면 불안했죠. 식구들은 말을 더 많이 했지만 엄마가 꼭 폭발을 하곤 했습니다. 부모님과 살 때 나는 정말 말랐었습니다. 그리고 경계선 성격장애가 있는 배우자와 결혼을 하고 텔레비전을 보면서 식사를 하는 법을 터득했죠. 식탁에 둥글게 앉아서 식사를 하면 식욕이 떨어졌기 때문이에요."

식사, 수면, 자유 시간을 확보하는 것은 당신의 불안을 줄이는 데 매우 중요하다.

혼자만의 공간을 확보하자

혼자만의 공간이란 혼자 시간을 보낼 수 있는 방이나 공간을 말한다. 기본적으로 조용히 앉아서 책을 읽거나 하고 싶은 일을 할 수 있는 공간을 말한다.

마들렌은 이런 공간을 만들 수 있는 자금이 있었지만 당신은 어떤 방법으로 이런 공간을 확보할 수 있을지 생각해 보자.

당신의 공간은 경계선/자기애적 성격장애자가 출입을 잘할 수 없는 공간이어야 한다. 비어 있는 침실이거나 아지트, 사무실 또는 차고가 좋은 선택지가 될 수 있다.

어린아이로서 나는 뒤뜰에 있는 나무에 자주 앉아 있었다. 뒤뜰에 텐트를 치는 사람들, 옷장을 이용하는 사람들, 이웃집 또는 강가나 호숫가에 특별한 공간을 만드는 사람도 있다. 어떤 사람들은 혼자 드라이브를 하거나 산책을 한다.

당신의 권리를 찾고 혼자만의 생각을 하기 위해서는 정기적으로 혼자만의 시간을 가져야 한다.

한 고객은 기도모임에 참석했다가 집에 돌아와서 비어있는 침실을 기도하는 방으로 만들어 정기적으로 기도를 하고 있다.

자기애적 성격장애자인 그녀의 남편은 그녀의 이런 행동이 이상하다고 생각해서 부인이 그 방에 있을 때면 가능한 한 그녀를 피했다. 그래서 그녀는 남편의 출입을 막기 위해 방을 잠글 필요도 없었다.

이런 공간이 있으면 당신은 하고 싶지만 당신의 배우자는 좋아하지 않는 일을 언제든지 할 수 있다. 재봉틀로 옷을 만들 수도 있고 차고에서 목공작업을 할 수도 있다. 개를 혼자 산책시킬 수도 있고 말을 돌보거나 명상 또는 장시간 목욕을 할 수도 있다.

혼자 시간을 보내면서 당신의 감정, 필요나 욕구에 대해 생각하는 것은 경계선/자기애적 성격장애자와의 관계를 유지하는 데도 매우 중요하다. 혼자만의 공간에서 하고 싶은 일을 함으로써 불필요하고 불붙기 쉬운 성격장애자와의 논쟁에 대한 단락적인 반응을 줄이고 불안을 완화시킬 수 있다. 그러나 당신의 생각과 휴식을 방해하는 중독적인 활동은 삼가야 한다.

이런 활동에는 쇼핑, 장시간 텔레비전 시청, 인터넷 서핑, 채팅, 음주, 한 시간 이상 운동하기(마라톤을 준비하는 것이 아닌 이상), 과식, 친구들과 수다 떨기 등이 있다. 이러한 행동은 당신의 기분을 좋게 하거나 더 나은 선택을 하도록 돕는 것이 아닌 현실을 도피하게 하는 방법들일 뿐이다.

당신만의 친구들과 시간을 보내자

경계선/자기애적 성격장애자인 당신의 배우자가 함께하기를 기대하지 않을 수 있는 사람들과 시간을 보내자. 성격장애자는 자신을 돌보아주는 당신과 모든 활동을 함께하기를 원한다. 그러나 자주 성격장애자는 당신이 원하는 것을 하고 싶어 하지 않아 그들의 거부권이(veto) 당신까지 통제하게 된다.

당신만이 아는 친구들과 함께할 수 있는 활동을 개발하면 더욱 독립적인 인생을 만들어갈 수 있다. 성격장애를 겪고 있는 배우자가 당신을 육체적으로 해할 거라고 생각하지 않는 이상 이러한 활동을 지금까지 하지 않은 이유는 당신 안에 잠재된 불안 때문에 또는 배우자가 화를 낼 것이라고 혼자 예단했기 때문이다. 당신이 진정으로 원하는 것을 하지 못하게 막는 진짜 이유가 무엇인지 잘 살펴보자.

행복을 만들어야 한다

성격장애를 겪고 있는 자와의 관계에 당신의 행복을 걸고 있었다면 지금쯤이면 이런 일이 일어날 가능성이 매우 낮다는 것을 알게 되었을 것이다. 당신의 아이들, 일, 취미, 우정, 레저 활동, 좋은 날씨, 애완동물이나 지역사회봉사와 같이 당신을 행복하게 할 수 있는 것에 눈을 돌려

보자. 인생을 감사하게 만드는 것들에는 무엇이 있는가? 주변의 어려운 사람들에게 손을 뻗어볼 수도 있다.

당신의 관심, 도움과 격려를 감사하게 받아들일 수 있는 사람들과 시간을 보내자.

당신의 모든 시간을 성격장애를 겪고 있는 가족에게 쓸 필요는 없다. 이 세상에는 당신을 행복하게 해주고 함께 즐거운 시간을 보낼 수 있는 사람이 많다. 즐거운 활동도 많다. 성격장애를 겪고 있는 가족과의 관계에서 할 일이 아직 많아서 다른 것들에 쏟을 시간이나 에너지가 없다고 느낄 수도 있다. 그러나 우선순위를 바꿔보면 어떤가? 당신의 행복을 위해서 다른 사람과의 시간이나 봉사활동을 우선순위로 삼아보고 이것이 성격장애를 겪는 사람과의 관계에 도움이 되는지 한번 보자.

나를 일순위로 삼자

자신을 돌보는 것은 이기적인 것이 아니다. 그러나 자신을 일순위로 하는 것이 어렵게 느껴지고 어떻게 자신을 돌보아야 하는지 모를 수도 있다. 경계선/자기애적 성격장애를 겪는 가족을 오랫동안 우선순위로 두었다면 자신에게 관심을 쏟는 것이 어려울 수 있다. 자신이 그런 대우를 받아 마땅하지 않다고 느낄 수도 있고 자신을 돌보는 방법을 모를 수도 있다. 자신을 돌볼 시간이 없다고 생각할 수도 있고 어떻게 해야 자신에게 이로운 것인지 모를 수도 있다.

자신을 일순위로 하라는 것은 이기적이 되거나 '나 먼저.'와 같은 유치한 태도를 취하라는 것이 아니다. 당신의 몸과 마음을 돌보지 않으면 당신이 만들려고 하는 변화를 헤쳐 나갈 만큼 강해질 수 없다는 뜻이다.

당신이 지쳐 있거나 우울하고 항상 누군가의 대기조가 된다면 보호자 역할을 떨쳐버릴 수 없다. 건강한 방법으로 자신을 돌보는 것은 자기 자신을 가장 먼저 사랑하는 것을 의미하며 이는 진정한 자아를 찾을 수 있도록 도와준다. 이 세상 그 누구도 당신을 돌보도록 지정된 이는 없다는 것을 기억해야 한다. 성인으로서 당신은 원하든 원하지 않던 자신을 돌보아야 할 임무가 있다.

자신을 돌보지 않으면 다른 사람을 필요로 하게 되고 욕구불만이 될 뿐 아니라 정신적으로도 육체적으로도 아프게 된다. 세상 모든 사람들이 자기 자신을 돌보느라 바쁘기 때문에 당신이 건강해지고 자신감을 얻기 위해 무엇을 필요로 하는지 남들은 잘 모를 수 있다. 당신의 임무는 더더욱 자기다워짐으로써 당신의 독특한 매력을 세상에 발산하는 것이다. 당신을 대신해서 이것을 해줄 수 있는 사람은 없다. 또한 당신이 스스로를 돌보지 않으면 자기다워지는 것은 불가능하다. 따라서 자신을 돌보는 것이 중요하다는 마음가짐을 가지는 것이 매우 중요하다. 이는 당신에게뿐 아니라 당신을 사랑하는 모든 사람들에게 중요하다.

당신은 그런 대우를 받아 마땅하며 자신을 배려하지 않으면 그에 대한 대가를 치를 수밖에 없다. 이쯤 되면 성격장애를 겪고 있는 사람이 당신을 돌볼 것이라는 기대와 이기적인 그들에 대한 분노 또한 버려야 한다는 사실을 알게 되었을 것이다. 성격장애자를 돌보면 그들도 당신을 사랑한 나머지 당신을 돌볼 것이라는 꿈같은 생각을 버려야 한다.

성격장애자가 당신을 소중히 여길지는 모르나(가끔 기분이 내킬 때, 시간이 남을 때 또는 긴급한 상황에서) 지금쯤이면 그들이 바뀔 것이라는 기대를 버리는 것이 낫다는 것을 알겠는가? 게다가 자기 자신만큼 자신을 잘 돌볼 수 있는 사람도 없다. 당신이 느끼는 감정, 무엇을 어떤 방식으로 얼마나 원하는지 24시간 내내 알 수 있는 사람은 당신밖에 없다.

명상, 휴식 그리고 운동

자신을 돌보기 위해서 조용하게 생각을 정리하는 시간을 갖는 것은 매우 좋은 방법이다. 성격장애자와 살고 있다면 때로는 성격장애자의 생각을 자기 것으로 착각할 수 있다. 당신이 느끼는 감정, 필요, 신념을 매일 돌아보는 것은 중요하다.

매일 20분 정도 자신을 위한 시간을 만들어서 생각과 걱정을 비워보자. 자기 자신에게 집중해야 한다. 성격장애자에게 멀리 떨어져서 기도도 하고 요가도 하고 앉아서 명상을 해야 한다. 성격장애자에게 당신의 이런 시간에 대해서 말하되 그/그녀가 당신을 제지하지 못하도록 해야 한다. 이 시간을 갖는 목적은 당신을 짓누르는 과잉각성, 걱정, 불안을 현저히 줄이는 법을 배우기 위해서이다. 나의 고객들이 자신만의 시간을 가지기 위해 취한 방법 중에는 춤추기, 정원 가꾸기나 장롱청소 등이 있다.

휴식을 취하는 법을 배우는 것도 중요하다.

보호자 재활 그룹의 멤버였던 한 여성은 성격장애를 겪고 있는 남편을 떠난 지 2년이 지나 드디어 책을 읽을 수 있을 만큼 릴랙스하는 법을 배웠다고 한다. 경계선/자기애적 성격장애를 겪고 있는 성격장애자 주변에 있으면 폭발할 것에 대비하면서 늘 노심초사하기 때문에 휴식을 취하기는 매우 어렵다. 성격장애자가 당신을 방해할 수 없는 곳이나 집에서 떨어진 곳에서 당신의 친구들과 시간을 보낼 수 있도록 해야 한다. 즉, 당신만을 위한 시간을 만들어야 한다.

걷기, 뛰기, 테니스, 근력운동과 같이 움직이는 활동은 좌절이나 분노를 없애는 데 도움이 되고 당신의 욕구와 필요에 눈을 뜰 수 있게 마음의 여유를 만들어준다.

엔도르핀을 분비하고 균형 잡힌 세로토닌 수치를 만들어주는 심장 박동수를 높이는 운동을 하는 것이 우울증에 좋다. 헬스장에 가거나 운동 동호회에 가입하거나 정기적으로 걷는 것은 분명 당신에게 도움이 된다. 또한 정신적으로 건강한 새로운 친구들을 만날 수 있는 기회이기도 하다.

힐링하는 건강한 방법

보호자들은 제대로 된 힐링을 하지 못한다. 몸의 긴장을 풀어주는 데는 운동이 효과적이지만 이를 힐링이라고 할 수는 없다. 마사지나 발 지압요법은 자신의 몸을 알고 불안, 우울증 심지어 자책감 같은 것을 완화해 주는 좋은 힐링 요법이다. 목과 어깨 마사지만 받아도 인생의 무거운 부담이 덜어지는 느낌을 받을 수 있다. 얼굴마사지, 진흙 목욕, 바디랩 또는 매니큐어나 페디큐어와 같은 스파 트리트먼트도 도움이 될 수 있다. 이런 것들은 당신의 몸, 건강, 그리고 욕구를 건강한 방법으로 힐링해 주는 효과가 있다.

성격장애자와 함께 사는 것은 긴장과 스트레스를 유발하기 때문에 힐링의 필요성은 더 높아진다. 당신은 자신에게 힐링이 필요하다는 것을 인식하고 다른 사람이 나를 힐링해 주면 얼마나 좋을까 하고 생각하고 있을지 모른다. 그러나 보호자로서 당신은 자신의 이기적인 필요를 위해서 시간과 돈을 투자하는 법을 몰랐을 것이다.

자기 자신을 잘 살펴보자. 만약 당신이 지쳐 있고 상대가 당신을 당연하게 생각하고 있으며 항상 나만 희생하는 기분이 든다면 자신을 위한 힐링 프로그램을 시작할 때다. 이런 프로그램을 통해 자신에게뿐 아니라 타인에게 상냥하고 사랑스러운 자신을 발견할 것이다.

치료제를 통한 도움

당신의 우울증과 불안에 도움이 되는 안전하고 효과적인 치료제도 존재한다. 많은 보호자들이 항상 일정 수준의 불안감을 가지고 산다. 이 책에서 제시한 모든 방법을 시도하고 나서도 두려움, 우울증 또는 분노를 느낄 수 있지만 당신이 원하는 삶을 살려면 이런 것들을 극복해야 한다. 당신의 심리치료사나 의사에게 상황을 솔직하게, 증상을 자세하게 이야기해야 한다.

당신이 겪고 있는 증상을 과소평가 하지 말고 솔직하게 말하자.(많은 보호자들이 자신의 증상을 과소평가하고 대수롭지 않게 말하는 경향이 있다.) 그리고 의사와 상의해서 적절한 수준의 치료제를 처방받도록 해야 한다.

성격장애자와 겪는 상황들이 많은 불안을 야기한다면 항불안제를 단기로 복용해 그러한 상황을 해결할 수도 있다. 이러한 치료제는 당신이 지금까지 잘해왔고, 자신에 대해 자부심을 가져도 된다는 것을 알게 해주고 다음에는 두려움을 느끼지 않도록 도와준다. 또한 성격장애자를 대할 때 항불안제를 복용하고 있으면 화를 내지 않을 수 있고 불안정한 결과를 더 잘 통제할 수 있게 된다. 그러나 이번 장에서 소개한 다른 방법들보다 항불안제는 중독의 위험이 있다. 따라서 이 방법을 쓸 때는 상담치료사나 의사와 꼭 상담하기를 권한다.

자신으로서의 삶을 즐기자

당신 자신의 삶을 마지막으로 즐긴 것이 언제였는가? 자신의 감정,

생각과 선택에 충실해야 자기의 삶을 즐길 수 있다. 자기 자신에 충실하기 시작하면 다양한 감정을 느끼게 될 것이다. 그러한 변화가 책임감 때문에 두려울 수도 있고 (탓할 사람이 없다.) 그동안 꼭 하고 싶었던 일을 하게 되면 흥분해 현기증을 느낄 수도 있다.

새로 태어난 것 같은 기분이 들거나 진정한 자유란 이런 거구나 하고 느낄 수도 있다. 이러한 감정을 즐기면서 살펴보고 자기 자신에 대해 배워보자. 당신의 삶은 온전히 당신의 것이다. 꾸미지 않은 당신의 모습을 보고 사람들이 어떻게 대하는지 보자. 보호자 역할을 그만두는 것은 애벌레가 나비로 변하는 과정처럼 매우 큰 변화이다. 오래된 애벌레 집을 벗어버리고 기어 다니기보다는 날겠다는 위험부담을 가질 때 삶에 대한 새로운 의욕이 솟아날 것이다.

지원군을 만들자

이러한 과제를 모두 혼자만 해결해야 한다는 생각을 버리자. 당신과 상담치료사, 의사, 믿을 만한 친구나 가족 구성원을 포함한 팀을 만들어 당신이 발전하고 있는 모습을 함께 체크해야 한다. 자신의 판단을 믿게 되기까지 당신이 처한 현실에 대해 그들이 하는 조언과 관찰결과를 믿자. 이 사람들은 당신의 삶을 변화시키기 위한 당신의 지원군이기 때문이다. 편안함과 안정감을 느끼고 남들로부터 배려를 받는 기분을 알기 위해 그들에게는 솔직하도록 해야 한다. 이러한 과정을 겪으면 새로운 친구들을 사귀는 일도 쉬워질 수 있다.

불안을 떨쳐버리고 자신을 소중하게 대하려면 시간이 걸릴 수 있다. 어떤 방법은 매우 효과적인 반면 그렇지 않은 것들도 있을 것이다. 따라서 많은 실험과 연습이 요구된다. 어떤 보호자들은 처음에는 초단위로 불안을 떨쳐버리는 법을 연습해야 했지만 자신을 돌보는 법에 익숙해지면서 오랫동안 불안해하지 않는 법을 터득해간다고 했다.

안정적인 사람과 안정적인 상황을 최대한 많이 가까이하도록 해야 한다. 편안하고 안전한 환경은 행복하고 자유롭고 풍요로운 삶의 필수조건이며 자신에게 투자하면 어떠한 방법으로든 보상을 받게 되어 있다.

제15장

불안감을 줄이는 방법

경계선/자기애적 성격장애자와 가까운 관계를 맺고 있는 사람이면 성격장애자가 마음에 들지 않아 하는 불편한 행동이나 상황이 발생하면 금방이라도 폭발한다는 사실을 알고 있다. 그래서 상황이 발생한 이후의 후폭풍을 겪지 않기 위해 성격장애자의 말을 들어주자고 항상 결론을 내렸을 것이다. 그러나 성격장애자 마음대로 하게 해주면 오히려 그들의 감정이 더 강해져서 결국 당신이 원하는 것은 아무것도 하지 못했을 것이다.

이렇게 모두가 지는 상황은 당신에게 불안, 원한, 분노, 상처와 낮은 자존감을 유발한다. 그리고 계속해서 상대에게 지고 자신의 것을 포기하다 보면 결국 어느 날 성격장애자에게 폭발하거나 자녀, 친구들, 동료에게 짜증을 내게 된다. 또한 자기비판, 음주, 우울증 또는 자살시도와 같이 자기 공격적이고 건강하지 못한 결론으로 이어진다. 다른 말로, 성격장애자가 원하는 것을 모두 들어주는 것은 자신을 잃는 셈이다.

성격장애자와 처한 상황을 더 통제하기 위해서 당신은 더 구체적인 기술을 연마할 필요가 있다. 보호자 역할을 할 때 당신은 불안한 상황이나 드라마틱한 상황을 피하기 위해서 성격장애자를 안정시키려고 했을 것이다. 그러나 이러한 방법은 거의 효과가 없었을 것이다. 타인을 통제하는 것은 불가능하다는 사실을 기억해야 한다. 하지만 성격장애자와 처한 특정한 상황을 이해하고 해결하는 법을 배우는 것은 당신에게 큰 도움이 될 수 있다.

당신의 마음가짐을 바꾸고 자존감을 강화하기 위해 힐링과 휴식을 취하라는 제안을 실천해 보았다면 다음 단계는 성격장애자와의 관계를 개선하는 효과적인 방법을 배우는 것이다. 이는 성격장애자의 두려움과 불안을 줄이고 당신의 행동에 변화를 가져올 수 있는 방법들이다.

항상 불안해하는 성격장애자는 그 불안을 타인에게 전이시키는 경향이 있기 때문에 성격장애자와 함께 살거나 일한다면 불안을 줄이는 법을 꼭 배워야 한다. 성격장애자는 자신이 원하는 것을 얻기 위해 당신 안에 있는 불안을 건드려 증폭시키는 협박이나 수동 공격적(passiv-aggressive) 행동을 취할 수도 있다. 성격장애자는 조그만 변화에도 과장된 불안 증세를 보이기 때문에 보호자인 당신은 이것이 매우 걱정되었을 것이다. 따라서 성격장애자를 우선 안심시키는 행동부터 취하는 것이 좋다.

경계선/자기애적 성격장애자의 관점을 이해하기

성격장애자는 예측불가능하고 감정변화와 행동변화가 심하고 당신을 가까이 했다가도 금방 밀어내는 경향을 가지고 있다. 그러나 성격장애자가 예상하기 어렵다고 느껴지는 주된 이유는 당신이 성격장애자에게 정상적으로 행동하기를 기대하기 때문이다. 당신이 성격장애자가 특정 상황에서 다른 사람들처럼 행동하기를 기대한다면 그것은 성격장애자의 정신적인 불안정성을 인정하지 않고 있다는 것이다. 성격장애자의 필요와 감정을 자꾸 바꾸려고 하기 때문에 그/그녀의 감정이 폭발하고 예측불가능해지는 것이다.

사실상 성격장애자들의 내적 욕구와 감정은 비교적 일차적이고 그리 변화무쌍하지 않다. 성격장애자의 이런 기본적이고 변하지 않는 면을 인지한다면 삶이 훨씬 예측가능해질 것이다. 다음은 성격장애자가 느끼는 기본적인 감정이다.

1. 성격장애자의 통제하에 있지 않은 것은 모두 그들을 불안하게 한다.
2. 성격장애자는 감정일지라도 그것이 사실처럼 느껴지면 이런 감정을 타인이 유발했다고 믿는다.
3. 성격장애자에게는 현재밖에 없다. 과거나 미래는 존재하지 않는다.
4. 정신적으로 건강한 사람들과 달리 성격장애자들의 감정은 생각에 기초한 것이 아니다. 그들은 감정을 먼저 느끼고 그러한 감정이 생긴 이유를 이후에 찾아내려고 한다.

5. 성격장애자들은 당신도 그들처럼 인식하고 생각하고 느끼고 같은 것을 원할 것이라고 생각한다. 만약 차이를 느낀다면 그들은 위협을 느끼고 당신이 바뀌기를 원할 것이다.
6. 어떤 변화라도 성격장애자 안에 커다란 불안감을 조성한다.
7. 성격장애자들은 당신이 감정적으로 너무 가깝거나 멀게 느껴지는 두 가지 상황을 모두 견디지 못한다.
8. 성격장애자들은 깊은 애정 결핍을 느끼면서 본인은 사랑받을 자격이 없다고 느낀다.(당신이 이러한 느낌을 변화시킬 수 없다.)
9. 성격장애자들의 감정은 갓난아기와 비슷하게 굉장히 격해지기 쉽다. 그들이 오로지 그리고 항상 신경 쓰는 것은 자기 자신의 안위이다.
10. 당신이 성격장애자에게 완전히 몰두하고 있지 않으면 그들은 자신이 존재감이 없다고 느낀다.

이 10가지 사실을 당신이 바꿀 수는 없다.

정신적인 성장에 있어서 성격장애자들은 성인보다는 두 살짜리 아기와 비슷하다. 그들의 세상 안에서는 어떠한 것도 어떠한 사람도 영원히 존재하지 않는다고 믿는다. 현재 이 순간에 느끼는 특정한 감정만이 실제적이라고 믿는다. 과거의 감정, 생각 또는 행동을 기억하지 못하고 현재의 감정만이 영원히 이어질 것이라고 믿는다.

따라서 자기 자신에게 물어보자. 내가 두 살짜리에게 약속을 지키거나 심부름을 하거나 몇 분 동안 혼자 있기를 기대할 수 있는가? 또는 형식적인 모임을 이해하거나 기다릴 것을 기대할 수 있는가? 본인이 원하지 않는 행동을 하기를 기대하거나 새로운 상황을 담대하게 받아들이거나 계획의 변화를 이해하기를 기대할 수 있는가?

물론 그런 기대를 하지 못할 것이다. 성격장애자에게 이런 것이 가능할 것이라고 기대를 가지고 있다면 예측 불가능하다고 느껴지는 성격장애자가 더 그렇게 보일 뿐이다.

그렇다면 두 살짜리에게 어떻게 안정감과 편안함을 주면서 당신의 말을 듣게 하며 협력하게 할 수 있겠는가? 당신이 혼란스러운 이유는 이 두 살짜리는 성인의 몸과 지능을 가졌고 대체로 다른 어른들처럼 행동하기 때문이다.

성격장애자의 감정적인 반응과 사고력만이 두 살짜리 수준이다. 따라서 어린아이들에게 하듯이 엉덩이를 때려 혼낼 수도 없고 아이를 안아버림으로써 상황을 모면하거나 이렇게 행동하라고 명령을 할 수도 없다. 그러나 상황을 더 순조롭게 해결하기 위해서 당신이 할 수 있는 것이 많다. 두 살짜리의 부모들이 아이의 불안감을 줄이기 위해 하는 현명한 행동들이 있다. 성격장애자에게 이러한 방법을 적용했을 때 긍정적인 관계를 만들 수 있다.

예측가능성을 만들자

규칙적인 일상을 만들고 성격장애자에게 미리 충분히 알리지 않고는 계획에 변화를 주지 말자. 성격장애자가 갑작스러운 변화에 적응할 것이라고 기대하지 말자.

내 고객 중 하나는 손님을 집에 초대하려면 성격장애를 겪고 있는 남편에게 최소 2주에서 6주정도 미리 알려주어야 한다고 했다. 이렇게 정해진 일상을 바꾸려면 며칠 또는 몇 주 전에 이야기를 해야 할 수도 있다. 그리고 성격장애자가 당신이 늦거나 피곤할 때 당신을 도와줄 것이라고 기대하는 것도 헛된 기대이다. 갑작스러운 변화가 생기면 성격장애자가 기대하던 일상이 아니기 때문에 더 불안하거나 화가 나고 비협조적일 것이라고 예상하자. 가능한 한 모든 스케줄을 미리 정해놓는 것이 좋다.

천천히 한 단계씩 가자

변화를 줘야 한다면 다음과 같은 과정을 밟는 것이 도움이 될 것이다.

1단계: 아무렇지 않게 가볍게 말해 보자. 예를 들어 "다음 학기에 나 저녁 강의 때 가르칠지도 몰라."라고 말이다.

2단계: 수주 전 또는 수개월 전에 다시 한 번 말해 보자. "월요일이나 수요일에 저녁 강의를 할 것 같아." 성격장애자가 무슨 말을 하던 무시하고 함께 논쟁하지 말자.

3단계: 최소 일주일 후에 물어보자. "내가 월요일이나 수요일에 강의를 할 수 있을까?" 그리고 성격장애자와 논쟁을 하지는 말자. 상대가 원하는 것이 무엇인지 물어보지만 약속을 지키겠다는 말은 하지 말자.

4단계: 당신이 실제로 가르칠 과목이 정해지면 이렇게 말해야 한다. "학과장이 나보고 월요일 수업을 맡으라네. 당신에게는 힘든 일이지? 어떻게 하면 당신이 더 편해질까?"

5단계: 성격장애자의 의견, 불만과 속상하다는 말을 객관적으로 들어 보자. 이 변화가 성격장애자에게 어떻게 문제가 되는지를 생각해 보자. 그리고 '이 상황이 당신에게 매우 어려울 수 있다고 들었다.'라든지 '당신에게 불편을 끼쳐서 미안하다.'라고 말해야 한다. 그러나 성격장애자가 당신의 편의를 위해서 무언가 특별한 행동을 할 것을 기대하지 말자.

6단계: 성격장애자에게도 좋을 수 있는 몇 가지 점을 찾아내자. 예를 들어 "그럼 월요일 저녁에 당신이 원하는 대로 큰 소리로 축구 경기를 시청할 수 있어."라든지 "당신 형이 함께 와서 볼 수도 있겠다."라고 말해 보자.

7단계: 성격장애자가 안정을 취할 때까지 며칠 또는 수주를 기다릴 준비를 해야 한다. 그러고 나면 당신의 배우자는 월요일 저녁이면 당신이 강의를 해야 한다고 자연스럽게 받아들일 것이다.

이렇게 하는 것이 번거롭다고 느껴질 수도 있다. 물론 그렇다. 그러나 지금까지 당신이 해오던 방법보다는 감정적으로 훨씬 과부하가 적을 것이다. 유치원을 졸업한 아이가 처음으로 초등학교에 등교할 때 설득하는 과정과 비슷하게 느껴질 수 있다. 이런 과정을 거치면 성격장애자의 저항과 불안을 줄일 수 있어서 당신도 훨씬 짜증과 화가 덜 날 것이다.

기분 전환을 이용해 보자

당신이 어떤 활동을 하고 싶거나 해야 한다면 성격장애자가 당신의 부재를 느끼지 않도록 그/그녀가 정말로 좋아하는 일을 하도록 제안해 보자. 또한 성격장애자가 텔레비전을 보고 있거나 잠을 자고 있을 때, 또는 직장에 있을 때나 볼링을 치러 갔을 때처럼 무언가에 몰두하고 있을 때 당신이 원하는 활동을 할 수 있도록 계획해 보자.

성격장애자를 두고 이런 활동을 계획해서는 안 된다고 생각할 수 있지만, 왜 그러면 안 되는가? 당신의 자녀나 다른 사랑하는 사람을 위해서 이런 계획을 할 수도 있지 않은가? 당신이 성격장애자가 정신적으로 불안하다는 사실을 잊거나 그/그녀의 필요를 위해 계획하지 않았다는 사실을 알게 되면 성격장애자들은 극도로 불안한 반응을 보일 것이다.

의미 없는 적대적인 감정싸움이나 논쟁에 휘말렸다면 기분 전환용 도피를 해보자.

예를 들면 화장실에 가서 문을 닫고 10분에서 20분 정도 기다려보자. 갑자기 살 것이 생각나서 상점에 간다고 하고 20분에서 40분 정도 후에 돌아오자. 논쟁 중에 서류가방을 들고 상대방에게 계속 논쟁을 하고 싶지만 아침까지 끝내야 하는 서류작업이 있다고 해야 한다. 그리고 적어도 30분 정도 일을 해야 한다. 즐겨찾기에 친구 전화번호를 저장해놓고 친구랑 전화하기 위해 잠시 밖에 나가야 해서 논쟁을 그만두어야 한다고 하고 적어도 20분 이상 통화를 해야 한다.

이러한 '도피'를 통해서 성격장애자의 주의를 환기시키고 혼란스러운 마음을 가라앉혀 안정을 취하도록 해야 한다.

경계선/자기애적 성격장애자의 감정을 반영해야 한다

경계선/자기애적 성격장애자의 감정을 반영하는 것은 이들을 달래는 데 매우 효과적이다. 성격장애자가 느끼고 있는 감정을 구체적인 말로 크게 표현하면 그/그녀의 말을 진심으로 듣고 있다는 것을 보여줄 수 있다. 이는 상대를 안심시키는 효과가 있다. '이해한다.'라고 말하는 것만으로는 성격장애를 겪고 있는 성격장애자의 말을 듣고 있다고 설득할 수 없다. 구체적으로 표현하는 것이 중요하다.

- 정말 실망한 것 같다.
- 당신이 슬퍼하니 유감이다.
- 당신은 프라이드치킨을 별로 좋아하지 않는 것 같다.
- 당신은 화가 나고 상처를 입은 것처럼 보인다.
- 당신이 얼마나 좌절하고 있는지 알겠다.

이렇게 말함으로써 당신이 상대를 판단하고 있지 않고 그/그녀의 말을 듣고 있다는 것을 보여줄 수 있다. 이런 말은 상대를 안심시키고 당신이 싸움에 휘말리는 것을 막을 수 있다. 그렇다고 해서 당신의 관점을 포기한 것도 아니다. 성격장애자의 말에 반대하고 있는 것도 아니다.

명백한 부정문은 사용하지 말자

성격장애자는 안 돼, 그렇지만, '너는 틀렸어.'와 같은 말을 들으면 부정적으로 반응하기 쉽다. 사람들이 성격장애자의 말을 평소에도 잘 믿지 않고, 거부하고 부인하는 것을 성격장애자가 알고 있기 때문에 이렇게 부정적인 단어를 쓰지 않는 것이 감정적으로 폭발하는 상황을 방지할 수 있다. 당신이 할 말을 조심스럽게, 구체적으로 정해놓는 것은 불편하거나 실없어 보일 수 있지만 결과적으로는 큰 변화를 만든다.

성격장애자와 다른 관점을 가지고 있고 이를 표현하고 싶다면 먼저 성격장애자에게 들은 감정 상태나 생각을 큰 소리로 그/그녀에게 말해야 한다. 그러고 나서 당신의 관점이나 필요를 '그리고'라는 접속사를 이용해서 덧붙여 말해 보자. 가능한 한 '그렇지만, 하지만'과 같은 접속사는 피하자.

- 오늘 밤 미팅에 내가 가는 걸 원하지 않는다는 걸 알아. 그리고 불행하게도 나는 정말 가야 해.
- 당신이 빨간 블라우스를 좋아한다는 걸 알고 있고 나는 파란 블라우스를 좋아해.
- 내가 갈 수 없다는 사실에 당신이 크게 실망했다는 걸 알아. 밤늦게 커피 마실래?
- 학점 때문에 토미에게 화가 났다는 것을 알아. 내가 또 하고 싶은 말은 토미가 이번 학기에 C를 B로 끌어올렸다는 점이야.

이렇게 명백한 부정문을 피함으로써 성격장애자를 안심시키고 편안하게 할 수 있으며 다른 관점의 이야기를 들어볼 수 있다. 성격장애자에게 그/그녀의 말이 잘못됐다는 말을 하면 분명히 싸움으로 이어지지만 정보를 덧붙이기만 하는 것은 건설적인 논의로 이어질 가능성이 높다는 것을 명심해야 한다.

정기적으로 같이 활동을 해야 한다

성격장애를 겪고 있는 성격장애자와 정기적으로 즐거운 시간을 가지면 그/그녀는 당신과 당신과의 관계에 대해 더 좋은 감정을 가지게 된다. 성격장애자 입장에서는 함께 시간을 갖는 것이 말보다 훨씬 신뢰가 간다.

당신과 성격장애자가 모두 좋아할 만한 것을 찾아내고 그것을 일상적으로 즐기도록 해야 한다. 그리고 상대방이 '우리는 같이 하는 것이 하나도 없어.'라고 말하면 그 정기적인 활동에 대해서 이야기하며 그 활동이 당신에게 얼마나 의미가 있는지, 함께해서 얼마나 즐거운지 말해 보자.

성격장애자는 종종 과거를 기억하지 못하기 때문에 (특히 과거에 느낀 감정) 이렇게 말함으로써 성격장애자에게는 좋았던 활동과 그때 함께한 즐거운 감정을 상기시켜 주는 결과가 된다. 이는 성격장애자를 안심시키고 편안하게 해주며 당신에게도 즐겁다. 이렇게 하면 성격장애자가 당신에게 사랑받는 느낌을 받을 수 있다. 또한 그/그녀의 불안을 줄일 수 있고 혼자 다른 활동을 하고 싶을 때를 대비해서도 좋다.

요약

이 장에서 소개한 방법들은 성격장애를 겪고 있는 성격장애자를 달래는 방법처럼 보이지만 실제로는 상대를 돌보는 방법들이다. 그러나 보호자들은 보통 관계를 변화시키기보다 현 상태를 유지하려고 한다. 이번 장에서는 성격장애자의 마음을 편안하게 하는 데 중점을 두었는데, 이는 다음 장에서 소개할 변화를 주는 방법을 위한 기초 작업이다.

이런 방법들이 효과적이기 위해서는 자신감을 가지고 이 방법들을 적용해야 하며 당신의 감정들을 통제할 수 있어야 한다. 성격장애자는 당신의 말이나 행동보다도 당신의 감정적인 반응에 민감하기 때문에 위 제안사항들을 시도할 때 성격장애자로부터 공격을 받지 않도록 굳건한 마음가짐을 가지는 것이 중요하다.

제16장
변화를 만드는 방법

 이전 장에서 소개한 방법들이 성격장애자의 불안을 감소시켜 더 편안하고 즐거운 관계를 구축할 수 있도록 하는 것이 목표였다면 이번 장에서 소개하는 방법들은 성격장애자와의 관계에 변화를 만드는 방법이다.
 이러한 변화는 당신이 보호자 역할을 그만두려고 할 때 당신을 도와주고 보호해 줄 것이다. 또한 성격장애자와의 부정적인 관계를 개선해 주고 당신의 자존감이나 삶의 질 향상에도 도움을 줄 수 있다.
 성격장애자들은 자신이 만드는 변화가 아닌 이상 변화를 좋아하지 않기 때문에 소개할 방법들은 성격장애자의 저항감을 유발하고 감정적으로 폭발하게 만들 수 있다. 이러한 방법들을 사용하는 것이 보호자 역할을 그만두는 첫 번째 걸음이 될 것이지만 성격장애자들은 이를 좋아하지 않을 것이다.
 따라서 당신은 어떠한 변화를 만들고 싶은지에 대한 명확한 그림을 가지고 있어야 한다. 또한 준비가 되어 있어야 한다. 당신은 더 나은 삶을 살 자격이 있다. 그리고 스스로 느끼고 싶은 감정들을 느낄 자격이 있다. 무엇을 하고 하지 않을지를 결정할 자유가 있다. 당신이 원하는 변화가 확실할수록 성공할 가능성은 높아진다.

다음의 방법들은 당신을 통제, 조종하려고 하거나 자신의 편의를 위해서 당신의 삶을 이용 또는 규정하려고 하는 모든 사람과의 관계에 적용될 수 있다.

한계선을 정해야 한다

두 살짜리 아기를 보호하기 위해서 우리가 외부로부터 보호막을 만들듯이 성격장애자의 공격적인 행동을 둘러싼 울타리를 치는 것이 중요하다. 그러기 위해서는 먼저 성격장애자가 언제, 어떻게 당신의 삶, 생각, 감정 또는 당신이 원하지 않는 것을 하도록 조종하려고 하는지 알아야 한다. 이는 모두 당신의 권리를 침해하는 것이며 성격장애자에게도 도움이 되지 않는다. 그런 다음 당신을 조종하는 행동을 그만두게 하기 위해 무엇을 할지 정해야 한다.

당신이 성격장애자의 행동 중에 무엇을 허용하고 격려를 할지 그 범위(한계선)를 정하는 것은 매우 중요하다. 그 한계선을 다른 이들이 침범할 수 없다. 과거에 "이제 됐어, 더 이상은 못하겠어. 더 이상은 참을 수 없어."라고 말했을 때 한계선을 그었다고 생각할지도 모른다. 하지만 당신은 통제할 수 없는 것들을 변화시키기 위해 실제로는 아무것도 하지 않았다. 당신이 지키고 싶은 한계선을 정하고 그 한계선을 지키기 위한 실제적이고 효과적인 행동을 취하자.

성격장애자는 당신이 정한 어떠한 한계선에 대해서도 강한 저항감을 나타낼 것이다. 따라서 처음에는 싸움에 대비해야 한다. 그러나 그 한계선을 명확하게 하고 절대 물러서지 않는다면 성격장애자는 결국 그것에 익숙해지고 편안하게 느낄 것이다. 보통 보호자는 성격장애자가 폭발할까 봐 또는 그들의 분노나 적대감에서 오는 위협이 두려워서 한계선을 포기해버리고 만다. 이는 당신에게나 성격장애자에게나 새로운 도전이기 때문에 범위를 조금씩 확장해가는 것이 중요하다.

당신이 정한 범위를 침해하는 행위가 있더라도 당신은 자신의 행동에 관해서만 권한이 있지 타인의 행동을 제지할 수는 없음을 명심해야 한다. 또한 이 범위를 지키는 것은 많은 에너지와 감정이 소요되기 때문에 핵심사항들에 대해서만 한계를 그어 놓는 것이 효과적이다.

성격장애자에게는 한계선을 그은 이유에 대해서는 말할 필요가 없다. 한계선에 대해서 반복해서 언급하고 일관성을 가지고 선을 지키는데 집중해야 한다. 예를 들면 다음과 같이 말이다:

- 당신은 나에게 그렇게 소리 질러서는 안 돼. 당신이 목소리를 낮출 수 있으면 계속 듣겠지만 낮추지 못하면 나는 방을 나갈 거야.
- 나를 그만 비난하라고 말했을 거야. 나에게 소리를 지르고 비난하

는 것을 그만두지 못하는 것 같으니 나는 내 방에 잠시 가 있겠어.
- 과거에 당신에게 돈을 빌려주고 후회한 적이 있어. 이번이 마지막이야. 지금부터는 돈 문제를 혼자 해결하도록 해.

이런 식으로 당신은 자신의 감정과 필요로 하는 것 그리고 다음에 취할 행동에 대해서 말할 수 있다. 이러한 예는 성격장애자가 자신의 행동을 바꾸고 당신과의 관계를 회복할 시간을 주는 유예기간의 역할을 하기도 한다.

관계에 부정적인 행동에 대해서는 한계선을 정하고 긍정적인 행동을 요구할 때 성격장애자에게 서로에게 좋은 쪽으로 어떻게 행동해야 하는지 가르칠 수 있다. 그러나 성격장애를 겪고 있는 성격장애자가 이를 빠른 시간 안에 습득하기를 기대하지는 말자. 당신은 성격장애자의 행동이 조금이라도 변하는 것을 보기까지 지속적으로 옆에서 지켜보는 훈련을 수개월간 해야 할 수도 있다.

논쟁이 아닌 행동을 해야 한다

당신이 바꾸고 싶은 것이 있으면 당신이 하고 있는 행동을 바꾸는 것이 가장 효과적이다. 성격장애자와 어떻게 관계를 형성해 나갈지 논쟁을 하기보다는 행동을 취하는 것이 성공할 가능성이 훨씬 높다. 행동을 취한다는 의미는 지금까지 해오던 행동을 그만두거나 새로운 행동을 하는 것을 의미한다. 명심할 것은 당신의 행동을 스스로 완전하게 통제할 수 있어야 한다는 것이다.

예를 들어서 나의 고객 중 하나는 자기애적 성격장애를 겪고 있는 아내가 있었는데 아내는 항상 남편에게 자기 말을 들으라고 소리를 질렀다. 그녀가 소리를 지르면 들을 수 없다고 여러 번 얘기했지만 소용이 없었다. 그래서 남편은 태도를 바꾸어 이번에는 조용히 앉아서 그녀를 지긋이 바라보며 아무 말도 하지 않고 경청을 했다. 그리고 아내의 말이 끝나자 자기가 들었던 말을 되풀이해서 맞게 들었는지 확인을 했다. 아내는 이러한 남편의 행동에 놀란 나머지 아무 말도 하지 않고 자리를 떠났다고 한다.

많은 경우 보호자들은 자신의 행동을 바꿀 때 성격장애자를 말이나 논리로 설득시키려고 한다. 그러나 이는 당신을 위한 변화이기 때문에 성격장애자의 허락이나 동의를 받을 필요가 없다.

말보다는 행동이 더 신뢰가 가고 더 큰 영향력을 가진다. 성격장애자에게 당신이 하지 않을 행동과 취할 행동을 말했다면 바로 행동으로 옮기자. 편지나 노트형식으로 이를 전달한다면 논쟁을 할 유혹마저도 피할 수 있다. 그러나 신뢰가 가는 행동을 해야 한다.

필자의 고객 중 하나는 사회성이 없는 경계선 성격장애자인 아내를 두었는데 아내가 어떠한 모임에도 함께 참석하려고 하지 않아 본인도 모임에 갈 수가 없어 화가 난다고 했다. 그는 아내에게 모임에 가도 편안하고 즐거울 수 있다고 설득을 하려고 했지만 아내는 가겠다고 동의한 후에도 마지막 순간에 발을 빼곤 했다.

남편은 이에 점점 더 화가 나기 시작했다.

필자는 남편에게 모임에 갈지 말지 여부에 대해 누구에게 결정권이 있냐고 물었다. 그러자 남편은 아내에게 있다고 했다. 필자는 남편이 집에서 나가 모임에 참석하거나 학교 행사에 참여하면 부인이 어떻게 남편을 통제했는지 물었다. 남편은 사실 아내가 자기를 막을 수는 없다고 인정하긴 했지만 집에 돌아왔을 때 아내가 화를 낼까 두렵다고 했다. '그러면 어때요? 그녀가 어떻게 하겠어요.'라고 하자 아내가 며칠 동안 말을 하지 않을 수도 있다고 남편은 말했다. 아내가 며칠간 말을 하지 않는 것이 그렇게 원하던 모임에 가지 못하는 것보다 중요하냐고 다시 물었다.

남편은 이 일을 수년간 해결하려고 했기 때문에 새로운 시도를 할 각오가 되어 있었다. 그래서 다음 학교 행사가 열렸을 때 아내에게 행사에 간다고 하고 상의를 챙겨 집을 나왔다. 귀가했을 때 아내는 이미 잠들어 있었다. 다음 날 아침 아내는 지난밤에 대해 전혀 언급하지 않았다. 남편은 학교 행사에 정기적으로 참석하기 시작했고 더 활발한 모임에도 참석하기 시작했다.

하루는 남편이 아내에게 동네 호프집에 가서 월요일 저녁에 하는 축구를 볼 건데 같이 가겠느냐고 물어보았다. 아내는 당연히 가지 않겠다고 했고 남편은 혼자 호프집에 갔다. 그날 밤에 집에 들어왔더니 아내는 남편에게 바람이 난 것 아니냐고 추궁했다. 남편은 어디에 갔었는지 조용히 사실대로 말하고 방을 나왔다고 한다.

아내가 끝까지 함께해 주지 않고 그의 행동을 좋아하지 않았지만 남편은 더 활발한 사회생활을 할 수 있었다. 그는 이렇게 차분하게 자신이 하기로 결정한 일들을 했다.

성격장애를 겪는 당신의 배우자는 당신이 자신을 더 이상 사랑하지 않는다고 또는 이기적이라고 불평을 할지도 모른다. 따라서 자신감과 자존감을 확고하게 해 성격장애자가 당신에게 하는 말과 생각에 의미를 두지 않는 것이 중요하다. 이는 성격장애자가 겪고 있는 정신병에 기인한 것이고 진짜 당신에 관한 것이 아니라는 것을 알면 그들의 분노와 추궁은 당신에게 덜 위협적으로 느껴질 것이다.

성격장애자와 논쟁을 하거나 논의조차 하지 않는 것이 중요하다. 당신이 하기로 한 행동을 말하고 성격장애자의 반응을 보자.

- 나는 스포츠 그릴 식당에서 축구를 보는 것을 좋아하지만, 당신은 좋아하지 않는다는 것을 알아.
- 당신이 오늘 밤 학부모 교사 모임에 가고 싶어 하지 않는 것은 유감이지만 나는 중요한 모임이라고 생각해. 그래서 나는 참석하려고 해.
- 나는 바람을 피우는 것이 아니야. 당신을 사랑하고 있어. 오늘 밤에는 내 여동생과 저녁을 먹고 올게.

이렇게 말하고 행동으로 옮기도록 해야 한다.

굳건한 자세를 취하면서도 상대를 안심시키자

굳건하다는 것은 당신이 다르게 하기로 한 행동을 개시할 때쯤 되어서 더 이상 흥미가 없거나 행동에 옮길 에너지가 없어도 주저함 없이 하라는 의미이다. 당신을 지치게 만드는 것도 성격장애자가 당신이 원하는 일을 못하게 하는 방법이다. 성격장애자는 당신의 마음이 변하도록 당신에게 심부름을 시킬 수도 있고 떼를 쓰거나 히스테리를 부리거나 섹스를 권유할 수도 있다. 그러나 당신이 포기하는 순간 원점으로 돌아가 한계선을 정하는 것부터 다시 해야 할 수도 있다. 따라서 당신이 이제 더 이상 원하든 원하지 않던 문을 열고 나가 당신에게 의미 있는 모임이 있는 장소로 이동하는 것이 매우 중요하다.

성격장애 가족에게 돌아오겠다는 시간까지 밖에 있다가 돌아오겠다는 약속시간에 책임감 있게 돌아오는 모습을 보이자. 이러한 방법은 아주 어린아이를 둔 부모가 어린아이들이 부모의 부재를 인내할 수 있도록 훈련시키는 방법과 동일하다.

성격장애자에게 귀가할 시간을 정확하게 말해 주는 것은 그들을 안심시킬 수 있는 좋은 방법이다. 얼마나 오래 혼자 두려움을 참아내고 자신에게 필요한 일들을 스스로 감당해야 하는지 알려주는 지표가 된다. 다음과 같이 집을 떠나면서 안심시키는 말 한마디를 보태는 것도 도움이 된다.

- 오늘 밤 9시에 회의가 끝나. 집에 돌아온 다음에 당신과 보낼 시간

을 기대할게.
- 당신을 정말 사랑해. 그리고 내가 친구들과 보내는 시간을 이해해 줘서 고마워.
- 오늘 정말 즐거웠고 우리 그런 시간을 또 가져보자. 한 시간 동안 명상하고 돌아올게.

당신이 성격장애자에게 그/그녀와 함께 즐거웠던 시간을 상기시켜 주면 그/그녀는 당신의 부재 시에도 당신에 대한 좋은 감정을 기억할 수 있게 도와준다. 그럼에도 불구하고 경계선 성격장애자는 당신이 집을 비우면 상처를 받고 화를 내고 감정적이 될 수 있다. 자기애적 성격장애자는 당신이 집을 비우지 않도록 섹스를 이용하거나 더 즐거운 일을 제안하거나 당신을 떠나겠다고 협박할 수도 있다. 이런 감정을 이용한 조종행위에 당하지 않도록 해야 한다. 사랑스럽고 기분 좋게 성격장애자에게 귀가할 예정시간을 알려주고 꼭 집을 나가도록 해야 한다.

걸음걸이를 막 시작한 아기의 부모처럼 당신도 예정시간을 알려주고 귀가함으로써 성격장애자가 당신의 부재에 적응하도록 도울 수 있다. 처음에는 짧은 시간 동안 집을 비우고 점점 시간을 늘리자. 또한 성격장애자에게 당신의 사랑을 기억시켜 줄 수 있는 이행 대상(transitional object)을 함께 남겨두는 것도 좋다.

그러나 성인이기 때문에 인형, 담요, 베개와 같은 것들이 아니라 당신의 자녀나 당신의 사랑이나 함께했던 시간을 기억할 수 있는 말, 또는 앞으로 함께할 시간에 대한 기대를 심어주는 것이 좋다. 성격장애자가 혼자가 아니고 버려진 것이 아니라는 것을 기억시켜 주는 어른스러운 방법이다.

성격장애자가 하는 자극적인 행동을 무시하자

성격장애자를 실망시키거나 기분 나쁘게 하는 것이 어렵다고 느껴질지라도 성격장애자와의 모든 행동에 긍정적인 강화(positive reinforcement)의 법칙이 적용된다는 것을 명심해야 한다. 당신이 더 많이 봐줄수록 성격장애자는 부정적인 행동에 대한 보상을 받는다고 느끼기 때문에 더 부정적인 행동을 하게 된다. 그들의 자극적이고 감정적인 행동에 관심을 가지는 어떠한 행위도 그들을 격려하는 셈이 된다. 하던 행동을 그만두도록 명령하고 소리를 지르고 협박하는 일종의 '벌' 또한 그들에게는 보상이 될 수 있다.

이러한 행동을 통해 성격장애자는 자신이 관심을 받고 있고 당신을 통제하고 있다고 느낀다. 성격장애자의 냉소적이며 화가 잔뜩 담긴 비난하는 발언 또는 감정적인 폭발을 무시하는 것이 이러한 행동을 자제하게 하는 데 매우 중요하다.

그러나 당신이 준비 없이 이러한 발언을 듣게 되면 당신에게도 매우 해로울 수 있으니 성격장애자의 협박이나 분노의 말을 감정적으로 받아들이지 않도록 자신감을 키우도록 최선을 다해야 한다. 지나치게 감정적이고 적대적인 행동을 무시하는 가장 좋은 방법은 그 자리를 피하는 것일 수 있다.

그러나 소리를 지르거나 부정적인 말을 하면서 자리를 뜨지 않는 것이 좋다. 대신 우리가 이전에 논의했던 '도피'하는 법과 자리를 피하는 법들을 적용해 보자. 갑자기 마트에서 살 것이 갑자기 생겼다거나 낮잠을 잘 필요가 있다거나 잔디를 깎을 필요가 있다고 말해야 한다. 이러한 행동을 통해 당신은 싸움에 휘말려 들지 않겠다는 메시지를 줄 수 있고 성격장애자는 더 격한 반응을 하지 않고 상황의 변화에 순응한다.

성격장애자의 반응에 대해 얘기하지 말자

성격장애자가 감정적으로 폭발했다면 이후에 이에 대해 논의하지 말자. 지금까지 성격장애자를 돌보는 역할을 해왔기 때문에 당신은 상황을 개선시키기 위해서는 논의하는 것이 좋다는 생각을 강하게 해왔을지도 모른다. 그러나 이것은 성격장애자에게 통하지 않는다.

성격장애자가 당신에게 논의를 하자고 이야기를 먼저 꺼냈던 적이 있었을 것이다. 이러한 논의가 성공적이었거나 어떠한 변화를 만들어낸 적이 있는지 자문해 보자. 거의 없거나 아예 없었을 것이다. 이러한 논의는 대부분 감정적으로 폭발하는 상황으로 이어졌을 것이다. 당신의 관심을 부정적인 방법으로 받아들이는 다른 방법일 뿐이며 당신을 박해자로, 불평하는 자로, 많은 것을 요구하는 자로 만들면서 누구도 기분이 나아지거나 행동이 개선되지 않는다.

따라서 과거, 현재 또는 미래 상황을 논의하려고 하지 말자. 성격장애자는 현재 이 순간의 행동에만 의미를 둔다는 것을 기억하고 현재 상황이 나쁘지 않으면 이를 유지하려고 해야 한다. 그러나 현 상황이 좋지 않으면 상황 개선을 위한 행동을 바로 실행하도록 하자. 성격장애자와의 감정적인 논쟁은 어떠한 문제도 해결하지 못한다. 성격장애자가 상황에 대해 논의하고 싶어 하면 웃어주고 침착하고 친절한 목소리로 '나는 지금 바빠'라든지 '지금은 좋은 때가 아니다'라고 해야 한다. 성격장애자와 진지한 논쟁을 할 수 있는 사람은 상담치료사나 재판관처럼 훈련된 자들뿐이다.

그러나 상황을 잊어버리려고 하지는 말자. 이러한 상황은 반복적으로 일어날 가능성이 높으므로 당신이 느끼고 있는 감정을 기억해야 한다. 그리고 다음에 이런 일이 일어나면 어떻게 행동할지에 대해 혼자 있는 시간에 많이 생각해 보자. 어떻게 하면 이런 상황을 막을 수 있을지에 대한 아이디어를 강구해 보자.

논의를 하기 전에 계획을 세우자

성격장애자와 이야기를 하기 전에 생각을 많이 해야 한다. 성격장애자와 논의를 하기 전에는 꼭 생각할 시간을 가지자. 성격장애자가 진지한 얘기를 하러 오거나 논쟁을 시작하러 올 때 당신은 만반의 준비가 되어 있어야 한다. 성격장애자와 이야기를 하기 전에 시간을 두고 생각하는 것은 당신에게 훨씬 유리하다. 그들은 지금 문제를 해결해야 한다고 고집을 피울 테지만 당신이 계획을 세우고 준비가 되어 있기 전에 그에 반응하지 않도록 해야 한다.

성격장애자가 '논쟁'을 시작한다면 그/그녀가 감정적으로 이미 부정적인 공간에 들어가 있다는 것을 예상할 수 있다. 당연히 무언가를 논의하기 좋은 때가 아니라는 것을 의미한다. 이슈를 바로 논의하기보다는 성격장애자에게 '당신이 말하고자 하는 것은 매우 중요한 문제이기 때문에 진지하게 생각을 해보아야 한다. 지금부터 생각을 해볼 테니 내일 저녁에 이야기해야 한다.'라고 말해 보자. 그리고 그 자리를 피하자.

그 이후 당신과 성격장애자 모두 침착하게 이야기할 수 있는 시간에 논의를 하도록 해야 한다. 그리고 그/그녀가 다시 화두를 꺼낼 때까지 기다리자. 당신이 느끼는 감정과 자신이 필요로 하는 것을 생각해 볼 시간을 가진 다음 침착하게 논의할 수 있도록 준비해야 한다. 그러나 성격장애자가 다시 화두를 꺼내지 않는다고 하더라도 놀라지 말자. 논의를 미루기만 해도 그/그녀는 그 문제가 중요했었다는 사실을 잊어버리게 될 가능성이 높다. 그리고 문제 해결의 열쇠는 당신에게 있게 된다.

반복하자

성격장애자가 고집을 부리고 논의하기를 요구하면 당신이 원하는 것 또는 원하지 않는 것을 반복적으로 이야기하고 가능한 한 논쟁을 피하자. 다음과 같이 하기를 권한다.

- 지금 이 이야기를 하고 싶지 않아.
- 나는 사라의 파티에 가야 해.
- 당신에 대한 비판을 나열하고 싶지 않아.
- 아이들을 8시에 학교에 바래다주어야 해.
- 5분 후에 출근해야 해.

당신이 원하는 것과 취할 행동에 대해서 반복적으로 이야기하면 할수록 어차피 말로는 해결될 수 없는 문제들에 관한 논쟁을 피할 수 있게 된다. 이렇게 반복적으로 이야기함으로써 성격장애자도 당신이 혼란스럽고 극적인 상황을 원하지 않는다는 것을 알게 된다. 당신의 생각을 가능한 한 짧은 문장으로 부드럽고 친절한 목소리로 이야기하고 행동으로 뒷받침하는 것이 중요하다.

요약

이제까지 제시한 것들은 당신과 성격장애자의 관계를 개선하기 위한 방법들이다. 이는 성격장애자를 바꾸려거나 착하게 행동하게 하려는 것이 아니다. 그렇다고 당신이 옳다고 설득하거나 당신에게 더 많은 자유를 주도록 하려는 것도 아니다. 그리고 이러한 방법들은 당신이 주도하기 때문에 성격장애자가 동의해야 하는 것들도 아니다.

당신이 어떠한 행동을 취할지 결정하고 행동을 취함으로써 당신은 자기 삶의 주인이 될 수 있다. 성격장애자를 기분 좋게 하거나 달래거나 통제하는 대신 성격장애자나 자신에게 해를 주지 않으면서 당신의 삶을 더 건강하고 즐겁게 할 수 있다. 이는 상대를 달래는 행동이 아니라 당신의 삶을 향상하기 위한 적극적인 행동이다.

이런 방법을 사용함으로써 성격장애자와의 관계를 개선할 수 있지만 당신이 정신적으로 아프고 감정적으로 평범하지 않은 사람과 관계를 맺고 있다는 사실에는 변함이 없을 것이다.

이성적으로 행동하고 비정상적인 의사소통을 피하자. 그리고 모든 것이 괜찮다는 착각에 빠지지 않으면서 감정의 소용돌이를 피하자. 그러면 당신은 성격장애자와의 관계를 더 현실적이고 투명하게 바라볼 수 있을 것이다. 그리고 이러한 관계가 당신, 당신의 자녀 그리고 당신 인생에 어떠한 영향을 미치는지를 더 정확하게 볼 수 있을 것이다. 그리고 당신이 보호자 역할을 할 때 어떻게 비정상적인 관계를 부추겨왔는지도 정확하게 볼 수 있을 것이다.

제17장
떠나거나 함께하기

성격장애자와 함께 산다는 것이 어떠한 의미인지를 알게 되면 당신은 지치고 부담스럽다고 여길 수 있다. 성격장애자의 생각, 감정, 행동을 바꾸는 것은 거의 불가능하고 당신이 변화를 만들어야 한다. 모든 뒤치다꺼리도 당신의 몫이고 상담치료사의 역할도 해야 한다. 그럼에도 불구하고 성격장애자는 변하지 않을 것이고 당신이 그/그녀의 삶에 맞추어 나가야 한다.

당신이 보호자 역할을 그만둘 수 있을까? 당신 자신을 위해 행복하고 만족스러운 삶을 살 수 있을까? 이제 당신의 현실을 알았으니 성격장애자와 함께 살 것인지 떠날 것인지 하는 결정에 많은 문제가 걸려 있다. 어느 정도까지 성격장애자와의 관계를 유지할 것인지에 따라 당신의 충성도, 자존감, 책임, 관계와 손해와 같이 매우 묵직한 문제들이 현안으로 떠오를 것이다.

당신이 고려해야 하는 문제들 중 일부는 다음을 포함한다.

이 관계는 단기적 관계인가 장기적 관계인가? 성격장애자는 당신의 가족인가?(예를 들어 부모, 자녀 또는 형제자매인가?) 함께 낳은 자녀가 있는가? 자녀의 나이는 어떻게 되며 성격장애자의 행동이 그들에게 어떠한 영향을 미치는가? 이 관계에서 즐거울 때는 그렇지 않을 때에 비하면 어느 정도의 비중을 차지하는가? 성격장애자와 함께하느냐 여부에 따라 재정적 상태는 어떻게 달라지는가? 이 책에서 제안한 방법을 시도했을 때 그 결과는 어떠했는가? 성격장애자와 얼마나 떨어져 살 수 있을 것 같은가? 약물이나 알코올 중독, 육체적, 정신적, 성적 추행과 같이 고려해야 하는 다른 문제들이 있는가? 그리고 성격장애자가 다른 정신적 또는 육체적 병을 앓고 있는가?

경계선/자기애적 성격장애의 증상은 사람에 따라 하루에 수십 번 또는 한 해에 몇 차례 정도로 주기가 매우 다르게 나타날 수 있고 그 증상의 정도도 매우 다를 수 있다. 이러한 증상이 나타날 때마다 당신은 얼마나 시간을 들여 상대를 보살피고 있는가? 증상은 얼마나 파괴적인가? 이러한 증상이 나타나지 않을 때 그 관계는 얼마나 즐거운가? 당신이 성격장애자와 계속 생활을 할지 여부를 결정하는 데 중요한 요인들이다.

당신이 이전 장에서 제안한 방법을 시도해 보았고 관계 개선에 도움을 받았다면 성격장애자와의 관계에서 더 큰 만족을 느낄 수 있을 것이다. 그리고 누구나 성격장애자와의 관계를 이어나갈 수 있다고 생각할지 모른다. 또는 이 책을 읽고 현실을 파악해 당신은 성격장애자와 관계를 중단해야겠다고 느끼거나 큰 변화가 필요하다고 느낄지도 모른다.

자기애적 성격장애자와의 관계

◈ 자기애적 성격장애자와 함께 남는 것

자기애적 성격장애자들 중에는 매력적이고 재미있고 창의적이며 에너지가 넘치고 경제적으로도 성공한 이들이 많다. 그들은 많은 관심과 칭찬을 필요로 하고 당신이 그러한 관심을 주는 것을 개의치 않는다면 당신에게는 문제가 되지 않을 수 있다. 당신이 삶에 대한 통제력을 가지고 있고 자기애적 성격장애자가 지나치게 많은 것을 요구하거나 조종하려고 하지 않는다면 당신의 인생은 만족스러울 수 있다. 당신과 자기애적 성격장애자가 서로 존중한다면 가족 전체를 위해서도 건강한 관계가 될 수 있다. 자기애적 성격장애자는 과다업무에 시달리고 타인의 관심을 갈구하는 경향이 있다. 그리고 자기 자신의 필요, 욕구, 감정에만 집중하고 경제력을 통제하려고 한다. 그러나 이런 사실을 당신이 받아들일 수만 있다면 서로에게 맞는 관계를 만들어 나갈 수도 있을 것이다.

당신이 자신의 힘으로 당신과 아이들의 필요를 충족할 수 있고 당신과 성격장애자가 서로 관계를 유지하려는 의지가 확고한 상황이다. 그리고 당신이 자기애적 성격장애자의 성격을 좋아하기만 한다면 현재의 관계를 위한 노력이 가치 있다고 느낄 것이다.

그러나 이런 관계를 유지하면 육아, 계획 세우기, 아픈 자녀 돌보기, 긴급한 상황을 해결하는 일 등 가족 안에서 당신이 해야 하는 역할과 부담은 더 커질 가능성이 높다. 만약 당신의 노력을 알아주고 당신에게 매력적으로 행동하며 경제적으로도 크게 기여하는 자기애적 성격장애자인 배우자를 두고 있다면 당신은 운이 좋은 사람이다.

그러나 자기애적 성격장애자거나 다른 사람이 당신의 이런 노력을 알아줄 가능성은 사실 매우 낮다. 왜냐하면 자기애적 성격장애자는 회사에서 또는 사회에서 생산적이고 친절하고 기여도가 높다는 이유로 칭송을 받지만 당신의 보이지 않는 노력은 눈에 띄지 않기 때문이다. 당신은 이렇게 받는 인정과 관심이 불평등해도 별로 화가 나지 않고 자기 자신을 높게 평가하기 때문에 괜찮은 상황이다. 그리고 친구들이 적극적으로 지지를 해주고 있다면 성격장애자와 관계를 유지하는데 큰 무리는 없을 것이다. 또한 당신이 자기애적 성격장애자의 재정적 기여가 고맙다고 느낀다면 이 또한 관계를 행복하게 하는 요소가 될 수 있다.

당신이 여성이라면 사회에서 성공하지 못한 자기애적 성격장애자인 남편에게 감사하는 것이 더 어려울 수도 있다. 우리는 아직도 돈을 많이 벌어오기만 한다면 남에게 상처를 주고 이상한 행동을 해도 용서하는 그런 세상에 살고 있기 때문이다. 그래서 자기애적 성격장애자가 경제적, 사회적, 정신적으로 기여를 많이 하지 못한다면 당신은 그/그녀와의 관계의 가치 있게 여기지 않을 수 있다.

몇 해 전 타인이 볼 때 가정에 대한 기여도가 매우 불평등해 보이는 부부를 상담한 적이 있었다.

자기애적 성격장애를 겪는 남편 데이비드와 그를 돌보는 아내 조지아는 결혼한 지 15년이 되었다. 처음 10년간 부부는 평화봉사단(Peace Corps)등 여러 봉사단체와 함께 전 세계를 돌아다녔다. 데이비드는 외향적이고 매우 이상적인 성격이었으며 친화력과 적응력이 뛰어났다. 반면 조지아는 수줍음이 많고 조용하고 사회성이 떨어져 보였다. 그녀는 남편 데이비드와 세계 여러 나라를 돌아다니는 것을 매우 좋아했다. 그러던 어느 날 자녀계획에 대해서 둘이 이야기를 해보니 삶에 대한 계획이 매우 다르다는 것을 알게 되었다. 이후 자녀를 낳을 것인지에 대해서 5년간 논의를 하며 한곳에 정착하려고 노력했다.

조지아는 공기업에서 일을 하기 시작했고 곧 부사장이 되었다. 데이비드는 지리학 전공자였지만 교사 자리를 얻기가 매우 어려웠다. 한 곳에서 계속 일하는 것이나 수업 계획을 짜는 것이나 매일같이 같은 일을 반복해야 하는 것도 그에게 맞지 않았다. 그래서 공장의 화학적 폐수가 도시 강에 유출되는 사건과 관련한 프로젝트에 봉사자로 참여하게 되었다. 그는 시와 주를 상대로 소송을 하고 대법원까지 가려고 하는 야심찬 계획을 가지고 있었다. 데이비드는 많은 회의에 참석했으며 주로 가정주부들과 일했다. 그가 바람이 났을 때 부부는 나에게 상담을 오기 시작했다.

조지아는 큰 상처를 받고 화가 나있었다. 데이비드는 어떠한 의미도 아니었고 그녀를 아직 사랑한다고 했다. 그들은 3년간 상담을 받았고 조지아가 데이비드를 떠날 위기에 처하기도 했다. 그러나 조지아와 데이비드는 서로의 존재를 매우 좋아했고 결국은 함께 있기로 했다. 일 년 뒤 부부는 딸을 낳았다. 데이비드는 '프로젝트'일을 계속했고 조지아도 회사를 좋아해 계속 일을 했다.

조지아는 이후 5년 동안 몇 차례 필자를 방문해 자기가 육아와 가사를 거의 맡아 하면서도 일을 해야 하는 심정에 대해서 토로했지만 데이비드 없는 삶을 상상하기는 어렵다고 했다. 데이비드가 없으면 자기 인생은 공허하고 끝이 난 것처럼 느껴질 거라고 했다.

필자는 몇 해 동안 상담을 해오면서 사람들이 왜 관계를 유지하는가에 대해 내가 정확하게 알 수 없다는 결론에 이르렀다. 위 부부를 처음 만났을 때 필자는 조지아가 당연히 데이비드를 떠날 줄 알았다. 그러나 이 관계 속에는 조지아에게 매우 중요한 요소들이 존재했기 때문에 조지아에게는 관계를 유지할 가치가 있었다.

◈ 자기애적 성격장애자를 떠나는 것

자기애적 성격장애자의 증상의 정도에 따라 결론은 달라질 수 있다. 성격장애자가 당신의 감정, 권리나 필요를 평소에 전혀 고려하지 않을 만큼 자기애적 성격장애자의 증상이 심하면 관계를 지속할 의미가 없다고 느낄 수 있다. 성격장애자가 당신을 괴롭히고 무례하며 당신이 자신과 다르다는 것을 이해하지 못한다면 당신의 자존감을 위해서라도 관계를 유지할 필요가 없다. 성격장애자가 감정적으로 또는 육체적으로 공격을 한다면 그/그녀를 떠날 것을 권유한다. 당신과 자녀들에게 이러한 공격은 평생 상처가 될 수 있다. 그러나 당신에게 제일 좋은 것은 당신만이 판단할 수 있다는 것을 명심하자. 다음과 같은 예가 있다.

가정주부로 살아온 로린은 자기애적 성격장애를 겪는 남편 제리를 떠나는 것은 불가능하다고 생각했다. 본인이 경제적으로도 자립을 하지 못했을 뿐 아니라 뇌졸중이 있고 40년을 함께 살아온 남편을 떠나면 죄책감에 시달릴 것 같았기 때문이다. 제리가 퇴직하기까지 그들은 잘 살았다. 로린은 육아와 가정 일을 도맡아 했다. 성격장애자인 남편이 회사의 간부였기 때문에 경제적으로도 매우 풍요롭게 살았다.

그러나 제리가 퇴직하자 그녀의 삶에 사사건건 간섭하기 시작했다. 그가 좋아하는 대로 되지 않으면 소리를 지르고 아내를 꾸짖고 주먹으로 위협을 가하기도 했다. 뇌졸중이 찾아온 이후에는 매 순간 함께 있기를 요구했다. 보호자들의 모임에 로린이 처음 나왔을 때 그녀는 남편을 떠날 각오가 되어 있었다. 그러나 자기 삶을 통제하는 방법을 배운 이후에 남편과 함께 있기로 결정했다.

일 년 후 로린은 남편이 2차 뇌졸중으로 사망했다고 전화를 걸어왔다. 그녀는 '옳은 일'이기 때문에 남편과 함께했지만 자기 인생 중에 제일 힘든 일 년이었으며 당시에 내린 결정이 최고의 결정이었다고 말할 수는 없다고 했다.

모든 부부가 겪는 상황은 다르다. 자기애적 성격장애자와 함께 사는 것이 자녀에게 해가 될 뿐 아니라 성격장애자가 지나치게 통제하려고 해서 다른 생각이나 행동은 생각할 수도 없다면 성격장애자를 떠나야 한다. 늘 기분이 언짢고 두려움을 느끼고 가족, 친구 또는 외부세계와의 단절을 느낀다면 편안하고 안전한 삶을 위해서는 성격장애자를 떠나는 방법밖에 없다. 다음과 같은 예에서처럼 말이다:

사라의 남편 댄은 결혼하고 군인으로서의 삶을 살아왔다. 남편은 정보부에서 승진을 할수록 강박적으로 변하고 아내와 특히 장남 제이크에게 명령하는 일이 많아졌다. 댄은 저녁 시간은 일정해야 한다고 소리를 질렀으며 아이들이 학교에서 A 이외의 학점을 받아서는 안 된다고 했다. 그리고 일상에서 일어나는 사소한 일까지 모든 결정을 자신이 내리려고 했다.

부부의 장남 제이크는 고등학교 2학년이었는데 어느 날 아버지와 육체적으로 크게 싸웠다. 경찰이 왔지만 댄은 상냥하게 경찰을 돌려보냈다. 그러나 아들 제이크는 가출을 했고 고등학교 3학년 때는 외할머니와 외할아버지와 살기로 했다. 사라는 아들에게 경제적으로 지원을 해주었지만 남편이 이를 알게 되자 자신에게 마저도 모든 경제적 자금을 끊었다.

그들의 차남 헨리와 사라는 아르바이트를 구해서 최대한 집에 있는 시간을 줄였다. 어느 날 밤 사라와 헨리가 모두 댄과 논쟁을 벌였는데 댄은 총을 가져와서 침대 옆 식탁에 올려놓았다. 그리고 아들들이 복수할지 모르니 자신과 아내를 보호하기 위한 총이라고 했다. 다음날 사라와 둘째 아들은 집을 나왔고 아내는 이혼을 신청했다. 사라는 소송을 하고 싶지 않았기 때문에 모든 물건을 두고 나왔다. 사라와 두 아들은 아들들이 고등학교를 졸업할 때까지 외할아버지네 집에서 살았다. 사라는 부모님의 도움이 없었다면 막막했을 것이라고 했다.

자기애적 성격장애자는 당신을 증오하기 전까지는 당신을 매우 아끼는 경향이 있다. 중간은 거의 존재하지 않는다. 원하는 대로 상황이 굴러가기만 하면 성격장애자는 행복해하고 관대하며 아내나 아이들을 자랑스러워하기도 한다. 그러다가도 자신의 요구를 빨리 들어주지 않으면 성내고 항상 관심의 중심에 있어야 한다.

증상이 심각한 자기애적 성격장애자를 떠나는 것은 매우 어려울 수 있다. 성격장애자는 소유물, 돈, 자녀, 지역사회, 명성 그 어떤 것도 잃지 않기 위해 소송을 할 가능성이 높다. 증상이 심각한 성격장애자일수록 양육 수당을 지불하지 않기 위해서 양육권을 위해 싸우고 상대를 위협하는 이메일과 문자를 보내서 시간, 에너지, 돈, 관심을 받아내려고 한다.

자기애적 성격장애자를 떠나기 위해서 법적인 조치를 취해야 한다면 적대적인 성격장애자를 다뤄본 적이 있는지 경험이 있는 변호사를 신중하게 고르는 것이 좋다. 성격장애자가 과거에 당신에게 적대적이 아니었다고 하더라도 돈과 관심을 잃을 수 있다는 생각으로 강한 소유욕과

적대적인 반응을 보일 수 있다. 성격장애자는 '공평'이라는 의미를 이해하지 못하기 때문에 그/그녀와의 중재는 매우 비생산적이고 비용이 많이 들 것이다.

성격장애자와 관계를 맺고 있는 사람은 가족이나 친구들의 지지를 받는 것이 매우 중요하다. 또한 필요한 데 쓰거나 아이들을 위해서, 또는 관계 지속이 불가능할 경우를 대비해서 자기 소유의 자금을 마련해 놓는 것이 현명하다.

경계선 성격장애자와의 관계

◈ 경계선 성격장애자와 함께 남는 것

가장 좋은 환경을 갖추고 산다고 해도 경계선 성격장애자와 함께 사는 것은 쉽지 않다. 경계선 성격장애자의 생각, 감정, 착각 그리고 관계에 대한 헌신은 급격하게 변하기 때문에 모든 사람을 불안하게 만든다. 경계선 성격장애자의 분노, 질투, 비일관성 그리고 요구를 감당하는 것은 때로는 불가능할 정도이다. 당신이 이런 성향을 알고 있어 이 자를 돌보는 역할을 애써 맡지 않으려고 해도 보호자 역할을 맡지 않는 것은 여간 쉬운 일이 아니다.

경계선 성격장애자와 함께 남기로 결정하면 당신이 친구들과 친목을 도모할 수 있는 곳은 그/그녀가 없는 지역 커뮤니티나 회사일 것이다. 경계선 성격장애자는 사회성이 없기 때문에 혼자 집에 있는 것을 좋아한다. 또한 뮤지컬이나 연극 관람과 같이 사람과 교류할 필요가 없거나 모든 사람을 알고 있는 굉장히 계획된 모임 외에는 참석하지 않으려고 한다.

다음은 필자가 상담한 고객이 자신의 딜레마를 극복한 사례이다.

마틴은 고등학교 때 좋아했던 첫사랑 멜리사와 결혼을 했다. 당신 멜리사는 18살이었고 마틴은 24살이었다. 둘은 슬하에 두 자녀를 두고 있다. 마틴은 대학교에 진학해서 좋은 직업을 가졌다. 그들의 딸들이 5살과 7살이 되었을 때 가족은 캔자스시티에서 고향으로 이사를 갔다. 마틴은 멜리사와 멜리사의 어머니가 정신적으로 매우 가까운 사이지만 자주 싸운다는 것을 알고 있었다. 그래서 어머니가 없는 곳으로 이사를 가는 것이 멜리사에게 좋을지 나쁠지 몰랐다고 한다.

이사를 간 이후 마틴은 멜리사가 우울증에 걸린 것을 보고 놀랐으며 친정어머니와 싸우듯 자기와도 같은 방법으로 싸우려고 한다는 것을 알게 되었다. 10년 후 마틴은 멜리사의 감정이 폭발하면 그 이후에 우울증이 찾아오는 악순환에 지쳐버렸다.

멜리사는 한 번 우울증에 걸리면 침대에서 열흘 동안도 나오지 않았다. 회사에 가지 말고 자기와 함께 있어 달라고 하면서도 혼자 내버려두라는 이중적인 요구에 마틴은 더 이상 참을 수 없게 되었다. 멜리사는 사랑스럽다가도 한 시간 후면 남편을 증오하곤 했다. 마틴은 멜리사와 상담을 받으러 왔고 멜리사는 경계선 성격장애라는 진단을 받았다. 약을 복용한 이후부터 멜리사의 감정 기복이 완화되었지만 우울증은 나아지지 않았다.

자녀들이 고등학교를 졸업한 이후 마틴은 자기 인생을 찾고 싶어 했다. 그러나 멜리사가 고등학교밖에 졸업하지 못했고 사회성도 없어 혼자 자립을 할 수가 없음을 알고 있었다.

성당에 다니는 마틴은 결혼할 때 신 앞에서 결혼서약을 하기도 했다. 멜리사는 친정어머니와 가까이 살기 위해서 캔자스시티로 돌아가고 싶어 했다. 그래서 마틴은 3,500평짜리 집을 팔고 멜리사를 위해 캔자스시티에 콘도를 구매하고 대학에 다니는 자녀와 자신을 위해서 도심에 작은 집을 샀다.

마틴은 일 년에 서너 번 멜리사를 방문했고 멜리사도 가족을 일 년에 수차례 방문했다. 마틴은 이런 식으로 아내와 자녀에게 책임을 다하면서도 자신이 원하는 것들을 하면서 인생을 즐기게 되었다.

경계선 성격장애자와 함께 남기로 결정을 했다면 당신은 많은 것을 알아야 한다. 만약 성격장애자를 바꾸기 위해서라거나 약속을 했기 때문이라면 옳지 못한 판단이다. 또는 아이들을 위해서 함께 남기로 결정하는 것도 핑계일 뿐이다. 이것은 모두 당신의 죄책감을 피하기 위한 핑계이다.

당신이 함께 남고 싶은 이유를 잘 생각해 보자. 왜냐하면 잠재의식 속에서는 당신 인생을 망친 것에 대해서 성격장애자를 증오하고 탓하고 있을 수 있다. 죄책감을 외면하면서 성격장애자와 남기로 결정을 했다면 이는 가족 모두를 우울하게 할 수 있다.

당신과 성격장애자 모두의 삶을 건강하고 편안하게 만들고 싶다면 창의성이 필요하다. 마틴의 예와 같이 여러 대안을 생각해 보자.

경계선 성격장애자와 인생을 살아가는 방법에 정해진 답은 없다. 당신과 자녀들의 필요를 잘 생각해 보고 가장 성공적인 시나리오를 만들어 보자.

자신을 지킬 줄 알고, 성격장애자를 사랑하고 동정심을 느끼고 있는 상황이라고 해야 한다. 또한 성격장애자에게 변화를 기대하지 않으면서도 자발적으로 도울 마음가짐이라면 성격장애자와 잘 살아갈 방법을 찾을 수 있다. 그러나 통계적으로 이러한 능력을 가진 사람 또는 이런 관계를 성공적으로 수십 년간 유지할 수 있는 사람은 매우 적다고 한다. 성격장애자와 함께 남으면서 감정을 평온하게 유지하고 필요한 인간관계를 유지할 수 있을지 자문해 보자. 왜냐하면 당신의 정신건강을 위해 필요한 도움, 배려 또는 관심을 성격장애자는 절대로 줄 수 없기 때문이다.

◈ 경계선 성격장애자를 떠나는 것

경계선 성격장애자와의 관계를 유지하기 위해서는 그들에게 헌신해야 하기 때문에 보통 사람들은 경계선 성격장애자를 떠난다. 경계선 성격장애자의 지나친 감정 기복과 사랑하는 사람을 탓하는 경향은 상대를 지치게 만들어 그들 주변에 남아서 건강한 정신 상태를 유지하기는 매우 어렵기 때문이다. 경계선 성격장애자는 주변의 에너지를 모두 흡수하고 돌려주는 일은 거의 없기 때문에 '블랙홀'로 묘사되는 경우가 많다.

이러한 감정기복이 반복될 것을 알면서도 경계선 성격장애자를 떠나는 것이 어려울 수 있다. 성격장애자에게 느끼는 죄책감이나 혼란을 끊어버리는 것도 어려울 수 있다. 성격장애자는 당신이 주변에 있을 때는 당신을 증오하다가도 없어지면 또 사랑하는 이중성을 가지고 있다.

경계선 성격장애자가 변하기를 기대하면 더 큰 실망과 좌절을 맛볼 가능성이 높다. 상담을 하다 보면 '항상 이렇게 상냥하기만 하면 얼마나 좋을까요.'라든지 '마음속으로는 정말 좋은 사람일 거예요.'라는 말을 많이 듣는다.

당신이 성격장애자의 이중성을 항상 염두에 두지 못하기 때문에 실망을 느끼게 된다. 그러나 성격장애자가 스스로를 돌볼 수 없다는 것을 알기 때문에 그/그녀를 떠나는 것에 큰 죄책감을 느낄 수 있다. 그러한 죄책감은 경계선 성격장애자를 돌보는 것이 평생의 의무라고 생각하는 데에서 비롯된다.

처음 관계를 맺었을 때 당신은 성격장애자가 서로를 돌볼 수 있을 만큼 정신적으로도 감정적으로도 성숙한 사람이라고 기대했을 것이다. 그리고 당신의 배우자가 경계선 성격장애가 있다는 사실을 직시하고 보호자로서의 역할을 맡았을 때 이 관계를 구제해 보겠다는 생각이었을 것이다. 이제 당신이 내려야 할 결론은 정신적으로 문제가 있는 이 사람을 평생 책임질 것인가 여부이다.

경계선 성격장애자와의 관계를 악의나 죄책감 없이 끝낼 수 있다면 미래에도 보호자의 역할을 자처하지 않는 데 도움이 될 수 있다. 특히 자녀가 있다면 이혼한 후에도 성격장애자를 위해 해야 할 일이 많을 것이다.

경계선 성격장애가 있는 부모를 자녀가 이해하도록 돕고 기능적으로 상호작용할 수 있게 하는 것은 자녀의 정신적 건강과 성장을 위해 중요하다. 성격장애 배우자와 자녀가 이혼 후에 만날 때 긍정적인 만남이 될 수 있도록 신중하게 계획하는 것이 필요하다. 당신의 감독 하에 만남이 이루어져야 할 수도 있다. 이는 모두에게 도움이 될 것이다.

한편 자녀가 없으면 관계를 단절할 가능성이 높아지고 이는 서로에게 좋을 수도 있다. 더 이상 보호자 역할을 하고 싶지 않다는 것이 명백하다면 당신이나 성격장애자가 계속 연락을 해서 좋을 것이 없다. 성격장애자와 연락하는 것은 매우 힘든 일이므로 두 사람 모두에게 즐거운 일이 되지 않을 것이다.

별거를 선택하는 것

많은 보호자들이 성격장애자와의 교류를 조금씩 줄여가면서 원거리에서 관계를 지속하기에는 별거가 좋은 방법이라고 생각한다. 그러나 이러한 선택을 했을 때 성격장애자가 조금은 바뀌지 않을까 하는 희망을 마음 속 어딘가에 가지고 있는 것은 아닌지 살펴보자. 성격장애자를 바꾸기 위해 별거를 선택하는 것은 아직도 그/그녀를 돌보겠다는 마인드이며 실패할 가능성이 매우 높다. 이전에 언급한 바와 같이 성격장애자는 불명확한 경계선을 좋아하지 않는다. 모든 것을 흑백논리로 보기 때문에 그들에게는 명확한 경계선을 지어주는 것이 좋다.

별거는 불투명한 회색지대를 만들기 때문에 다양한 해석의 여지를 남긴다. 따라서 별거상태는 관계의 불확실성 때문에 성격장애자를 매우 불안하게 만든다. 자기애적 성격장애자는 상처받지 않으려는 마음에서 자신을 상대가 아예 버렸다거나 아직도 결혼상태 하에 있다는 두 가지 의미 중 하나로 단정 짓는다. 경계선 성격장애자는 버려졌다고는 여기나 정신적으로는 의존하는 관계라 여긴다.

확실한 약속을 하지 않으면서 정신적으로 불안한 사람과 긍정적인 관계를 구축한다는 것은 불가능하다. 따라서 관계를 확실히 단절하는 것이 모두에게 더 나을 수 있다. 성격장애자는 확실한 'yes'나 'no'가 필요하지 'maybe'는 필요 없다. 관계가 유지될 수 없다는 강한 확신을 가지고 있고 따로 살고 싶으면 이러한 사실을 직시하고 결정을 하는 것이 옳다. 즉 별거라는 이름 아래 무기한 결정을 미루는 것은 옳지 않다.

만약 별거의 형태로 관계를 정리하고 싶다면 확실한 룰과 경계선을 정해놓자. 두 사람이 거주할 곳은 어디인가? 누가 집세, 공과금, 식료품비 등을 부담할 것인가? 자녀가 있다면 자녀는 어디에 거주하고 언제 거주할 것인가? 서로의 집 열쇠를 공유할 것인가? 서로의 공간에 갔을 때 지킬 점은 무엇인가? 이혼을 할 때 결정해야 하는 모든 것을 별거할 때도 결정해야 한다.

제한된 연락 또는 연락금지

성격장애자와의 관계를 끊겠다고 결정을 해도 성격장애자가 계속 당신과 연락을 시도할 가능성이 높다. 자녀가 있다면 연락을 해야 할 경우도 발생할 수 있다. 따라서 당신의 편안하고 건강한 삶을 위해서 어느 정도 주기로 연락을 하는 것이 좋은지 결정하는 것이 중요하다.

◈ 제한된 연락

성격장애자와 제한적으로라도 연락을 할 필요성이 있다고 느끼거나 이를 원하면 이성적이고 긍정적인 방법으로 언제 그리고 얼마나 연락을 하고 싶은지 결정해야 한다. 당신은 다른 누구보다 어떻게 연락을 하는 것이 좋은지 알고 있을 것이다. 당신에게 가장 좋은 방법을 선택하고 이에 대한 책임을 지는 것이 중요하다.

　신경질적인 상황이나 적대적인 상황은 당연히 피하고 싶을 것이다. 연락을 취하려면 법적인 문제나 자녀 문제와 같이 합당한 이유나 목적이 있어야 한다. 성격장애자는 항상 당신을 보호자로 만들고 싶어 하기 때문에 당신의 필요가 아닌 성격장애자의 필요를 위해서 연락하고 있는 것은 아닌지 잘 살펴보자.

　제한적으로 연락을 취하는 방법은 다음과 같다.

- 얼굴을 대면하지 않고 이메일이나 전화로 연락하는 방법.
- 자녀 면접을 위해서 온라인상 달력 공유하는 방법.
- 서로의 집을 들어가지 않고 자녀를 학교에 등하교시키는 방법.
- 공공장소에서 만나는 방법.
- 성격장애자를 만날 때 친구를 동행하는 방법.
- 서로 친절하게 대할 수 있을 때만 만나는 방법.
- 성격장애자가 이상하게 행동하기 시작하면 장소를 바로 떠나는 방법.
- 자극적인 문자나 이메일에 반응하지 않는 방법.
- 중요한 정보 교환을 위해서만 연락을 하고 가능한 한 서면을 이용하는 방법.
- 제3자를 통한 의사소통.
- 모든 동의를 서면으로 받고 이를 유지하는 방법.

성격장애자가 이상한 행동을 보이면 그에 휘말려드는 것을 피하자. 성격장애자와 전화를 하다가 상대가 장황하게 연설을 하기 시작하면 '그렇게 말을 할 거면 전화를 끊을 것이다.'라고 말하고 그렇게 해야 한다. 서로 얼굴을 보고 있는 자리라면 그렇게 말하고 장소를 떠나자. 논쟁, 합리화, 자기방어에 휘말려들지 말자. 절대로 성공하는 법이 없다.

◈ 연락 금지

성격장애자가 당신을 만났을 때 해를 입히거나 적대적인 표현을 한다면 직접 만나는 것을 피하는 것이 가장 좋은 방법이다. 자신의 부정적인 행동은 합리화하면서 당신을 계속 탓하거나 당신의 인생에 혼란이나 해를 준다면 절대로 당신에게 안전한 것이 아니다. 그렇게 위협을 가하는 그/그녀와의 연락을 끊거나 제한하는 것이 당신이 해야 하는 어려운 결정이다.

성격장애자와 연락을 끊는다고 해서 관계에서 초래되는 고통, 슬픔 또는 분노가 완전히 없어지는 것은 아닐 수 있지만 훗날 일어날 수 있는 부정적인 일을 피하는 데는 도움이 될 수 있다.

현재 성격장애자가 해를 가하고 있거나 그/그녀와 만나거나 말하는 것만으로도 극심한 고통을 느낀다면 성격장애자와 연락을 끊는 것이 가장 효과적인 방법이다. 당신이 좀 나아지거나 시간이 지나면 미래에 연락을 할 가능성이 있을 수 있다. 그러나 유감스럽게도 어떤 경우에는 성격장애자를 다시는 만나지 않는 것이 가장 이성적인 선택이 될 수도 있다.

연락을 아예 끊기로 결정했다면 다음을 꼭 이해해야 한다. 연락을 끊는다는 것은 다음을 의미한다.

- 이메일, 문자나 전화에 답을 하지 않는 것.
- 카드, 편지, 선물을 보내지 않는 것.
- 필요한 정보만을 교환하기 위해서 제3자(변호사, 회계사 또는 육아 코

디네이터)를 통해서만 연락하는 것.
- 성격장애자를 우연히 만나기 위해 계획하지 않는 것.
- SNS(소셜 미디어)를 통해서 성격장애자의 근황을 찾아보지 않는 것.

또한 당신의 생각과 행동을 당신의 더 행복하고 즐거운 인생에 초점을 맞추고 성격장애자에 대해서 생각, 상상, 걱정하는 것을 그만두는 것을 의미한다.

헤어진 이후에 친구로 남는 것

최근에는 과거의 배우자와 친구로 지내는 것이 유행이 되었다. 어떤 이들은 헤어진 이후에 친구로 남는 것이 성숙하고 옳은 일이라고 본다. 그러나 성격장애자는 정신적으로 성숙하지 않다. 그러한 미성숙함이 당신의 보호본능을 자극한다. 만약 이미 헤어졌다면 성격장애자는 당신을 비열한 배신자, 신뢰가 가지 않는 또는 사람을 버리는 사람으로 볼 것이다. 그렇게 보고 있는데 친구로 지내자고 권유하는 것은 성격장애자 입장에서는 속임수로 여겨지거나 모욕적일 것이다. 또한 오해의 여지가 있는 불투명한 선을 남기는 셈이 될 것이다. 기본적으로 성격장애자와 헤어진 이후에 친구로 남을 가능성은 매우 적다. 그리고 친구가 되더라도 성격장애자가 원하는 형태가 되어야 하므로 당신이 진정으로 원하는 것이 무엇인지 생각해 보고 신중해야 한다.

요약

성격장애자와 함께 남거나 그/그녀를 떠나는 것은 당신의 선택이다. 또한 연락을 제한적으로 하거나 아예 단절하는 것 모두 당신이 하는 선택이라는 것을 명심해야 한다. 성격장애자와 함께하기로 결정했다면 그/그녀를 사랑으로 잘 돌볼 책임이 있다. 주변의 도움을 받고 성격장애자와 긍정적으로 관계를 유지하는 법을 배우도록 해야 한다. 가족들 그리고 친구들과 대화를 하고 도움도 요청해야 한다. 그리고 보호자 역할에서 벗어나 성격장애자와 더 효과적으로 관계를 맺기 위해 전문가에게 상담을 받자.

성격장애자를 떠나거나 제한적으로 연락하기로 결정했다면 이것이 가능하도록 신중하게 생각해 보자. 당신은 당신이 하는 말이나 행동에 대해서만 통제권을 가지고 있지 성격장애자의 말이나 행동은 통제할 수 없다는 것을 명심해야 한다. 그리고 성격장애자와 연락을 아예 끊기로 결정했다면 그러한 선택에 대한 책임을 지고 행동해야 한다.

《제3부》
새로운 삶

보호자 역할을 하지 않으면 남들이 어떻게 볼까

특히 당신이 자라면서 부모의 보호자 역할을 해왔다면 보호자 역할을 그만두는 것은 상상하기 힘들 것이다. 그리고 이 책에 제시한 방법을 시도하는 것이 처음에는 어색하게 느껴질 수 있다. 새로운 결과들에 대한 두려움을 안고 그동안 해온 방법을 버리는 것은 매우 불편하고 크게 불안할 수 있다. 드라마 삼각형을 이루는 구조자, 박해자, 희생자 구도를 버리고 자기 확신, 선택, 자기 책임이라는 새로운 행동을 취하는 것은 새로운 집중력을 요할 것이다.

보호자 역할을 그만두면서 바꿔야 할 행동과 태도가 많을 것이다. 관계 재정립 단계에서 가족, 친구, 상담치료사 또는 서포트 그룹과 같은 사람들을 포함한 지원군을 만들어 놓는 것이 매우 중요하다.

이 사람들이 당신의 적극적인 지원자가 되어 당신과 당신의 능력에 대해 더 객관적인 피드백을 주고 검증을 해주는 역할을 할 것이다. 현실감각, 당신에게 시간과 관심을 낼 수 있는지 여부, 당신의 비정상적인 관계에 대한 이해와 통찰력에 기반을 두어 이들을 신중하게 골라야 한다.

　이 장에서 강조한 보호자들의 역할을 극복하는 단계들에 대해서 생각해 보고 당신이 지금 어느 정도 단계에 와있는지 평가해 보자. 이를 통해서 당신이 이미 취한 방법이나 행동을 검증해 보자. 아직도 배우고 연습해야 할 것이 무엇이 있는지 알 수 있을 것이다. 새로운 당신은 사실 본래의 당신의 모습이다. 다른 사람의 인생을 돌보고 있지 않을 때 당신은 자기 본연의 모습으로 살아갈 수 있다. 또한 잠재력을 발휘하고 자신과 타인의 인생에 의미 있는 기여를 할 수 있을 것이다.

제18장
바람직한 방향으로 나아가기

　가족 구성원 중에 성격장애자가 있거나 과거에 한 명 이상의 성격장애자와 관계가 있었다고 해도 당신은 그러한 관계에 의해 규정되지 않는다. 그러나 당신이 하는 행동, 생각 그리고 신념을 바꾸면 성격장애자와 더 생산적인 관계를 구축할 수 있다. 이러한 변화는 당신의 인생을 더 행복하고 건강하게 만들어줄 것이다. 드라마(Drama) 삼각형을 벗어나 배려(Caring)의 삼각형으로 옮겨가면 성격장애자와 맺는 바람직한 관계에 대해 타인에게도 모범이 될 수도 있다. 막대한 에너지를 헛된 곳이 아니라 당신과 주변 사람들의 인생에 에너지를 쓸 수 있게 될 것이다.

배려의 삼각형

　보호자들은 희생자/박해자/구조자의 구도를 가진 드라마 삼각형 내에서 움직인다. 배려(Caring)의 삼각형은 보호자가 아닌 사람을 위한 구도이다. 이 삼각형 내에서는 희생자가 되기보다는 자기책임과 포용을 배울 수 있다. 박해자가 아니라 명백히 자기주장을 하고 실천을 하는 행동가가 될 수 있다. 구조자가 되기보다는 그림 18.1에서 보여주듯이 배려자가 될 수 있다.

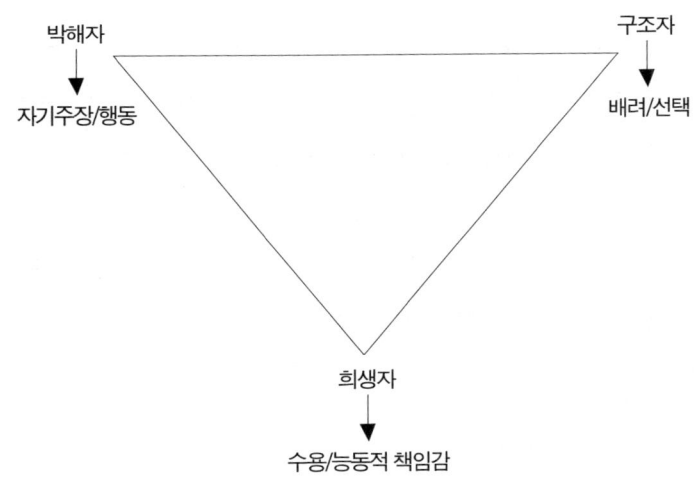

그림 18.1 각각의 역할들이 서로 공조하는 배려의 삼각관계

자기주장을 명백히 하고 행동으로 바로 옮기는 방법으로 상대를 박해하지 않고 행동을 할 수가 있다. 당신의 목표와 목적을 명확하게 말한 이후에 다른 사람들의 감정과 필요도 고려하면서 당신이 하려고 했던

일들을 행동에 옮기는 것이다. 다른 사람의 욕구나 필요를 무시하거나 하찮게 여기지 않으면서도 그러한 것들에 대한 의무감을 느끼지 않아야 한다. 누구를 위해, 어떻게 남을 배려할지 스스로 정함으로써 이전의 구조자 역할에서 벗어나 기분 좋은 방법으로 에너지를 사용할 수 있다. 마지막으로 가장 중요한 것은 성격장애자의 정신질환을 받아들이고 누군가를 원망하고 조종당하는 방법이 아닌 당신이 건강하다고 생각하는 방법으로 성격장애자에 대한 책임을 지는 것이다.

보호자 재활 모임의 한 멤버는 욕실 거울에 '더 이상의 드라마는 없다'라고 붙여놓았다고 한다. 이 문구를 매일 아침에 보면서 희생자/박해자/구조자 구도에 휘말려들지 않기로 결심했다고 한다. 이 문구를 보는 것은 감정을 조절하는데, 그리고 방어적이고 화가 나는 상황에 말려들지 않도록 도와주었다고 한다. 성격장애자와 말을 할 때마다 문구를 보고 되새기며 배려심 있고 책임감 있게 대응하려고 했다고 한다. 배려의 삼각형 안에 존재한다면 보호자로서의 삶에서 벗어나 더 건강한 삶을 향해 나아갈 수 있다.

두려움, 의무와 죄책감의 순환에서 벗어나기

보호자 역할을 그만둔 이후에도 성격장애자와의 관계 속에서 두려움, 의무감, 죄책감이 가끔씩 느껴질 수 있다. 그러나 당신은 정신적으로 건강해지고 있으니 놀라지 말자. 성격장애자는 두려움, 의무감, 죄책감을 이용해 당신을 다시 드라마 삼각형 안으로 끌어들이려고 한다. 이러한 감정을 느낄 때마다 드라마 삼각형 안으로 다시는 들어가지 않도록 당신 주변에서 어떤 일이 일어나고 있는지 의식적으로 살펴보자. 그리고 한발 뒤로 물러나서 두려움, 의무감. 죄책감의 원인을 살펴보고 행동해야 한다. 감정 조절이 완벽하게 될 때까지 가능한 한 성격장애자와 교류를 하지 말자.

이러한 감정이 다시 나타나는 것은 흔한 일이고 이에 대해서 속상해하지 않는 것이 더 나은 미래를 위해 바람직하다. 긍정적으로 자신에게 말을 거는 것이 도움이 되었다면 이를 다시 시도해 보고 자기 탓을 하거나 자기비판에 빠지지 않도록 해야 한다.

새로운 세상에서 느끼는 새로운 기분

지금까지 반복해 왔던 패턴에 변화를 주는 것은 쉬운 일이 아니다. 보호자로서의 역할을 그만두는 것은 당신의 생각과 행동 그리고 감정에 큰 변화를 가져올 것이다. 스스로에 대해서 느끼는 감정, 타인에 대해 느끼는 감정과 모든 인간관계가 달라질 수 있다. 이에 적응하려면 시간이 걸린다. 그리고 경각심을 가지고 행동을 해야 한다.

지금까지 해오던 방법은 자연스럽게 생각 없이 가능했던 반면에 새로운 방법은 결심과 관심이 필요하다. 그러나 결국 새로운 방법이 더 익숙해질 것이다. 새로운 방법에 익숙해질 때까지는 지금까지 보호자 역할을 당신에게 기대해 온 가족과 오래된 친구들 보다는 최근에 알게 된 사람들이 더 편하게 느껴질 수 있다.

"외국에서 새로운 인생을 살아가는 느낌이에요."

데이비드 카터는 보호자 재활 그룹에 와서 이렇게 말했다. 이전에 해보지 못한 것들을 시도하고 있으며 사람들이 친절하게 대해 주어 매우 즐겁다고 했다. 데이비드는 또한 새로운 상황을 어떻게 다루어야 할지, 자신에게 매우 긍정적으로 대하는 사람들에게 어떻게 반응해야 할지 모를 때가 있다고 했다. 상대방이 자신을 진지하게 대하는 것인지 놀리는 것인지 모를 때가 있다고 했다. 그리고 사람들이 자신을 긍정적으로 대하는 것이 어색하다고 했다. 때로는 너무나 행복해서 자신의 에너지를 어디에 쏟아야 할지 모른다고도 했다. 자기 자신이 스스로 어색할 정도로 다른 사람이 됐다고 했다.

보호자 역할에서 벗어날수록 지금까지 느껴왔던 감정들과 새로운 감정을 비교할 시간을 가져야 할 수도 있다. 예전 감정으로 다시 돌아갈지 모른다는 두려움과 과거로 돌아가게 하는 그 어떤 것도 피하고 싶다는 생각을 할 수도 있다. 어떤 순간은 감정적, 정신적 또는 육체적으로 불편하게 느껴질 수도 있다.

알렉시아라는 여성은 자기애적 성격장애를 겪고 있는 친정어머니가 돌아가셨을 때 몇 주 동안 어지러움과 정신적 혼란을 느꼈다고 한다. 수년간 어머니의 강압적이고 조종하려는 태도에 저항해 왔기 때문에 느끼는 감정이 아닐까라고 생각했다. 이제 어머니의 그런 에너지에 저항할 필요가 없었기 때문에 한동안 혼란을 겪었다고 한다.

당신이 다른 사람을 대하는 태도나 상황을 대하는 태도가 '정상적'인지 어리둥절할 때도 있을 것이다. 내가 과민한가? 또는 둔한가? 나의 반응이 지나치게 친절한가? 또는 지나치게 거리를 두고 있는가? 무슨 말을 해야 하는가?

당신은 지금까지 성격장애자가 사사건건 당신의 말과 행동을 비난하거나 잘못됐다고 판단해 온 세상에 살았다. 따라서 지금 당신이 하는 말과 행동 그리고 느끼는 감정마저도 비난받지 않는 것이 어색할 것이다. 그러나 지금까지 겪어 온 부정적인 반응은 서커스의 이상한 거울에 비춰진 모습처럼 왜곡되고 극단적인 것이었다.

지금 당신에게 절실한 것은 당신이 누구인지 그리고 무엇을 원하고 필요로 하는지에 대한 자각이다. 상황판단을 할 때 자신의 직감을 믿고 타인에게 받고 싶은 대로 타인을 대하면 된다. 사실 대부분의 보호자들은 매우 좋은 직감을 가지고 있다. 수년간 성격장애자들의 감정기복을 파악해왔던 당신은 관계에서 느껴지는 뉘앙스를 잘 파악할 수 있을 것이다.

보호자들은 잘못된 결정을 할까 늘 두려움을 안고 사는데, 잘못된 결정이란 성격장애자들이 좋아하지 않는 일을 말한다. 이제 당신을 비난할 성격장애자가 없는 상황에서 관계에서 비롯되는 상황을 스스로 판단하고 그 판단이 맞는지 보자. 생각보다 잘 맞을 것이다. 당신의 정상인으로서의 능력을 믿어보는 것이다. 처음에는 무서울 수 있으나 그러한 시도가 성공하면 당신에게 큰 힘이 될 것이다.

장기적으로 당신의 영역을 보호하는 것

당신이 행복하고 편안하며 드라마가 적은 삶을 살 뿐 아니라 더 건강해지면 성격장애자는 기분이 좋지 않을 수 있다. 성격장애자는 당신을 다시 공격하고 업신여기고 상처가 되는 말이나 평가를 함으로써 예전으로 돌아가려고 할 것이다. 그러나 당신이 스스로를 보호해 예전으로 돌아가지 않으면 그/그녀는 당신과 앞으로 어떻게 관계를 맺어야 할지 혼란스러울 것이다. 당신이 경계선 성격장애자/자기애적 성격장애자/보호자의 게임에 더 이상 휘말려들지 않으면 성격장애자는 한동안 부정적인 공격의 수위를 높일지도 모른다. 이러한 공격에 반응하지 않고 성격장애자와의 교류를 피하거나 통제한다면 그/그녀는 매우 부정적인 방법으로 당신에게 연락하려고 할 것이다. 성격장애자는 매우 완고하기 때문에 당신도 새로운 행동을 하는 데 완고해야 한다.

만약 성격장애자와 아직 관계를 맺고 있다면 함께하거나 이야기할 수 있는 소재가 거의 없을 것이다. 말이 필요 없는 활동을 함께하는 것이 가장 좋다. 예를 들어서 함께 쇼핑센터나 영화관에 가거나 TV를 보는 것이 좋다. 또는 등산, 자전거 타기 또는 스포츠 게임을 관람하는 것이 좋다. 장시간 차에 함께 타거나 집에 있으면서 의견이나 신념에 대해서 논쟁을 하는 것은 피해야 한다. 이것들은 그리 좋은 결과로 이어지지 않을 것이다.

성격장애자는 당신의 생각, 행동, 원하는 바에 관심이 없거나 거의 없다는 것을 계속 유념할 필요가 있다. 당신의 이야기에 귀 기울이고 당신의 상황을 정말 이해해 줄 친구가 필요하다면 정신적으로 건강한 사람을 찾아가자. 성격장애자들이 자기들의 관심사에 대해서 이야기하도록 두고 더 이상 이야기를 듣는 것이 힘들어지면 그 자리를 떠나면 된다.

이제 당신과 성격장애자의 관계는 더 예의가 바른 관계가 되었을 것이지만 정신적 교감이나 해야 할 이야기는 줄어들었을 것이다. 처음 성격장애자와 만났던 날들처럼 그/그녀와 함께 있는 것이 즐겁고 황홀했던 때가 그리울 수도 있다. 그러나 이런 시간들은 다시는 오지 않을 것이다. 이렇게 좋았던 시간은 성격장애자가 잠시 여행 중이었거나 비극적인 일을 겪어 상실감으로 인해 잠시 자신의 모습이 아니었거나 두려움을 잠시 잊었을 때 일어났던 한순간의 덧없는 시간이었을 뿐이다.

중요한 것은 당신의 영역을 확실히 지키고 성격장애자와의 모든 교류를 짧고 긍정적인 것에 한정하는 것이다. 그리고 성격장애자와 관계를 맺는 새로운 방법들에 대해 성격장애자와 공유하지 말자. 왜냐하면 성격장애자가 당신을 공격할 수도 있고 잘해 주면서 예전의 관계로 다시 유혹하려고 할 수도 있기 때문이다. 성격장애자는 당신의 부재 시에는 당신을 원하지만 옆에 있을 때는 무시하고 그들의 필요를 충족시켜 주지 않을 때는 당신의 존재를 잊는다는 것을 명심해야 한다.

성격장애자인 가족을 두었을 때

계속 함께하기로 한 성격장애자와의 관계에 대해 어느 정도 통제력이 생겼다면 부모, 조부모나 형제자매처럼 가족 중에 성격장애를 겪었던 사람들도 한번 살펴보자. 그들과의 관계를 개선하기 위해서도 이 책에서 제시하고 있는 방법들을 적용할 수 있다.

가족 구성원을 끊어내기는 쉽지 않기 때문에 성격장애자인 가족과 새로운 관계를 구축하는 것은 평생 도움이 될 것이다. 그러나 성격장애자와 선을 긋기 시작하면 당신은 더 이상 드라마 삼각형에 존재하지 않기 때문에 그/그녀와 큰 거리가 생길 수 있다. 하지만 이렇게 선을 긋는 것은 책에서 보여준 많은 예와 같이 당신과 성격장애자의 관계를 긍정적으로 바꿀 수 있다 또한 좌절과 분노를 방지할 수 있다.

보호자 역할을 그만두는 것은 당신, 성격장애자 그리고 가족들 모두에게도 도움이 된다. 처음에는 다른 가족 구성원들로부터 비난을 받을 수도 있다. 성격장애자를 당신이 돌보지 않으면 다른 가족 구성원의 책임이 더 커지기 때문이다. 그러나 시간이 지나면 성격장애자는 점점 당신을 필요로 하지 않을 것이고 이는 다른 가족 구성원들에게 좋은 사례가 될 수 있다. 당신이 이사를 했거나 가정을 꾸렸거나 단순히 연락을 끊어 더 이상 성격장애자와 자주 연락을 하지 않게 된다면 성격장애자는 당신을 완전히 잊어버릴지도 모른다.

니콜라스는 자기애적 성격장애를 겪는 아버지의 보호자로서 오랫동안 아버지를 돌보는 데 많은 에너지를 쏟았다. 그의 아버지는 돌아가시기 전에 의사에게 니콜라스의 두 딸을 포함해 가족들을 모두 소개했는데 니콜라스만 빼놓았다고 한다. 니콜라스는 이에 상처를 받았지만 아버지가 더 이상 자신을 아버지 몸의 일부로 여기지 않는다는 것을 확실히 알 수 있었던 계기였다고 한다.

성격장애자가 당신의 존재감을 무시하는 것은 기분 좋은 일은 아니지만 당신이 더 이상 보호자가 아니라는 사실을 명백히 말해 준다. 성격장애자에게 하나의 성격체로서의 당신은 원래부터 존재하지 않았을 수도 있다는 사실을 기억해야 한다. 성격장애자는 당신이 살아 있는 존재임은 알고 있지만 당신의 개인적 감정, 가치, 관심과 세상을 보는 관점은 성격장애자에게 중요하지 않은 것이었을 수도 있다.

성격장애자가 당신을 가족 구성원으로서 제명할 힘이 있고 실제로 그렇게 하면 당신과 다른 사람들에게 그 제명 사실을 말할 것이 분명하다. 이 경우 특히 부모가 성격장애자였던 보호자들은 고아가 된 기분이 될 수 있다. 당신이 존중받지 못하고 무시를 받았다는 이유로 부모를 원망할 수도 있고 다시 보호자를 하겠다고 애원할 수도 있다. 그러나 성격장애자가 만들어내는 드라마 속에 살 때는 지금보다 더 괴로웠다는 사실을 명심해야 한다.

성격장애자가 당신과 지금까지 맺었던 관계에 대해 얘기할 수도 있다. 당신이 기억하기에는 공격받고 비난받던 시절이지만 그 시절이 얼마나 좋았는지 얘기할 것이다. 또는 다른 가족 구성원이 그때가 얼마나 좋았는지 얘기할 수도 있다.

켈리라는 고객이 경계선 성격장애를 겪는 언니와의 관계를 단절하자 켈리의 어머니는 계속해서 그 관계를 복원하려고 어머니가 얼마나 슬프고 속상한지 켈리에게 계속 이야기했다고 한다. 이런 말을 들으면 기분이 이상할 수 있다. 그리고 거리를 둔 점에 대해 죄책감을 느낄 수도 있다. 그러나 계속해서 보호자 역할을 하는 가족 구성원이 있다면 그들을 만족시키기는 사실상 불가능할 것이다.

당신은 성격장애자와 얼마나 시간을 보낼지도 결정해야 하지만 예전의 삼각 구도 하에서 계속 성격장애자에게 휘둘리고 있는 사람들과도 얼마나 시간을 보낼지도 결정해야 한다. 이 사람들 중에는 당신의 부모, 가족의 친구들 또는 당신의 자녀도 포함될 수 있다.

성격장애자와 장기적으로 관계를 맺었던 사람이라면 자기 몫이 늘어나기 때문에 당신에게 불만을 가질 수 있다. 당신이 이 구도에서 빠지면 그들만이 아직 드라마 속에 존재한다는 것이 부각되기도 한다. 게다가 그들은 아직도 성격장애자를 돌보아야 하는데 당신은 자유로워졌다는 생각에 당신을 원망할 수도 있다. 따라서 성격장애자뿐 아니라 다른 가족 구성원도 당신이 보호자 역할을 다시 맡아주기를 원할 것이다. 가족회의, 가족 모임 그리고 감정적으로 격해지는 순간들은 모두 당신이 예전의 역할을 맡아주기를 원하며 가족들이 당신을 압박하는 방법일 수 있다.

그러나 당신이 상처를 덜 받는 방식으로 성격장애자와 새로운 관계를 구축했다고 해야 한다. 다른 가족 구성원들은 이를 보고 희망을 얻을 수 있다. 이러한 대안은 가족 내의 다른 보호자들이 자신의 보호자로서의 역할을 재고해 볼 수 있는 기회를 준다.

결과적으로 당신이 성격장애자인 가족과 어떻게, 언제 그리고 어디에서 시간을 보내고 싶은지 결정하려면 당신 자신에 대해서도 잘 알아야 한다. 성격장애자와 다른 가족 구성원들에게 잔소리를 들어서 또는 그들에게 혼나거나 그들이 방해를 했다고 해 다른 결정을 하지 않도록 해야 한다. 당신이 어떤 감정을 느끼고 행동을 할지에 대해서는 당신에게 권리와 책임이 있기 때문에 다른 가족 구성원들의 압박이나 조종행위에 휘말려들지 않도록 해야 한다.

당신의 삶을 살겠다는 결심

과거에 보호자를 했던 자들이 성격장애자들에게 듣는 공통적인 불만은 당신이 이기적이고 감사할 줄을 모른다는 것이다. 그리고 당신의 결정이 옳지 못하다고 한다. 당신의 삶을 살아가겠다는 결정은 성격장애자 입장에서는 배신행위이기 때문이다. 성격장애자에게 중요한 것은 그들이 내리는 결정뿐이다. 따라서 당신의 가치, 목표, 경향대로 인생을 사는 것은 성격장애자에게(또는 다른 보호자들에게) 잘못된 일이며 배신행위이다.

인생이 한 번뿐이라면 자신의 인생이 아닌 남의 인생을 살 이유가 어디에 있는가? 당신의 인생은 당신의 것이고 한 번밖에 살 기회가 없다면 당신의 꿈을 실현하고 살고 싶은 대로 사는 것이 가장 이성적이고 합리적인 선택이다. 그렇다고 해서 다른 사람에게 배려심이 없거나 다른 사람의 인생을 가로막으라는 것은 아니다.

성격장애자와 다른 생각, 필요, 욕구나 감정을 가진다고 해서 감사할 줄 모르는 것이 아니다. 다른 선택을 한다고 하더라도 배신하는 것이 아니다. 이렇게 말하는 것은 당신을 통제해 자신이 더 안전하고 보호받는 느낌을 받으려는 성격장애자의 수법이다.

당신은 다른 사람을 위해 무엇을 얼마나 하고 싶은가에 대해서 선택할 권리와 책임을 가지고 있다. 자신의 행복을 포기하면서까지 다른 사람에게 일시적으로 위안을 주려면 깊이 생각할 시간을 가져야 한다.

창조하는 것

당신의 인생을 살고 자신을 위한 선택을 하며 남을 탓하기보다는 자신의 인생에 대한 책임을 지게 되면 인생이 풍요로워진다. 새로운 관계를 맺기 시작하면 정신적으로 건강한 사람들이 어떻게 인간관계를 맺는지를 정확하게 관찰할 수 있다. 과거에 당신이 보호자였다면 이제는 정신적으로 건강한 친척, 멘토, 카운슬러 등 현명한 사람들을 사귀자. 당신과 당신이 사랑하는 사람들을 위해 건강한 삶을 구축할 수 있도록 당신을 서포트 할 수 있는 사람들과 가까이 지내자.

성격장애자가 중심인 가족들은 다음과 같은 생각을 하기 쉽다. 혈육만이 믿을 수 있다, 가족은 항상 일심동체여야 한다, 가족 이외의 사람과는 개인사를 공유하지 마라, 타인에게 아무것도 물어보지 마라, 외부인에게 친절을 기대하지 말자.

이는 두려움에 기반을 둔 매우 고립되고 보호주의적인 관점이며 성격장애자 중심의 관점이다.

여러 가지 방법으로 배려심 있는 사람들로 구성된 네트워크를 만들 수 있다. 당신의 오랜 가치나 신념을 생각해 보자. 당신이 원하고 시도해 보고픈 인생에 대한 이미지를 만들어 보자. 긍정적으로 의사소통을 하는 사람들을 찾아 그들과 시간을 보내고 배우도록 해야 한다. 그들과 함께하고, 질문하고, 공유하고 당신의 꿈을 만들어 보자.

당신의 인생을 주도적으로 살아야 한다

이제부터 당신의 생각, 신념, 감정과 행동을 당신이 모두 결정해야 한다. 과거에 보호자였던 당신은 이제 인생을 주도적으로 사는 것이 당신의 책임임을 알고 있다. 이렇게 하기 위해서는 깊은 사고력과 당신과 당신의 꿈을 뒷받침할 수 있는 능력이 필요하다. 인생에 대한 결정을 스스로 하는 것은 당신에게 평화와 안정을 가져오고 과거에 느끼던 불안을 줄여줄 것이다. 삶의 주체가 되면 좋은 인간관계, 만족스러운 직업, 견고한 우정 드리고 내적인 풍요로움을 가질 수 있다. 당신이 원하는 삶의 방향을 향해서 당신의 페이스대로 움직이다 보면 성공하는 날이 올 것이다.

제19장

타인에게 요청하기

보호자 역할을 그만두기 위해서는 다른 사람들의 우정과 돌봄, 그리고 지원이 필요하므로 그들에게 손을 내뻗을 필요가 있다. 처음에는 쉽지 않을 수 있다. 과거에 보호자로서는 완벽한 이미지와 가족의 비밀을 지키는 것이 중요했다. 이는 성격장애자에게 매우 중요했기 때문이다. 가까운 친구들과 지원해 주는 시스템을 가지는 것은 성격장애자의 룰에는 어긋났었다. 그러나 정신적인 지지를 받고 좋은 우정을 쌓으며 인생을 즐기는 것은 보호자가 아닌 보통 어른들의 건강한 삶에 필수적이다.

친구 사귀기

보호자로서 당신은 절친한 친구가 많지 않았을 것이다. 우정이란 주고받는 균형 있는 교류를 필요로 하는데 이는 성격장애자와의 관계와는 매우 다르다. 친구들은 또한 그들이 세우는 계획에 함께하기를 기대한다. 성격장애자가 정신적으로 붕괴했을 때 그 뒤처리를 하느라 매번 친구들과의 약속을 취소해왔다면 친구들은 더 시간이 있고 신뢰가 가는 친구들을 찾아 당신과는 멀어졌을 것이다.

보호자 역할을 그만두면 친구들은 당신을 지원하는 시스템 안에서도 매우 중요한 역할을 하게 된다. 당신을 적극적으로 지지하고 올바른 관점을 가질 수 있도록 도와준다. 또한 당신이 정체성을 찾고 자신이 좋아하는 것을 찾도록 도와준다. 수업시간에, 슈퍼에서 만나는 사람 중에, 헬스장 등에 어떤 사람들이 있는지 살펴보자. 당신이 관찰하는 사람들의 어떤 점이 좋은지 찾아내자. 사람들은 당신과 비슷한가? 어떻게 다른가? 당신은 다른 사람들과 어떤 일을 하기를 좋아하는가? 어떤 친구를 사귀고 싶은가?

안전하고 편안하게 느껴지는 사람들에게 손을 내밀자. 함께 커피를 마시거나 산책을 하는 등 간단한 활동을 같이 해보자. 그러한 관계가 마음에 든다면 다른 활동도 생각해 보자. 천천히 새로운 친구를 사귀면서 당신이 느끼는 감정, 어떤 것을 좋아하는지, 어떤 것이 마음에 들지 않는지를 살펴보자.

우정이란 주고받는 관계이다. 다른 성격장애자의 보호자로서 휘말려들지 말자. 보호자 역할을 다시 하지 않도록 친구를 처음 사귈 때 조심해야 하는 것은 다음과 같다.

- 당신이 장점이라고 여기는 점을 가진 사람들을 만나자.
- 사람의 장점과 단점을 구분하자.
- 어디까지 내 이야기를 공유하는지 조심하자.
- 사람들은 무엇을 할지 어디에 갈지 어떻게 결정하는지 관찰하자.
- 사람을 지나치게 멀리하지 않는 적절한 경계심을 가진 사람인지 보자.

보호자로서 하지 않았을 것들도 새로 시도해 보자.

- 예를 들면 불편하다고 생각되는 활동을 같이 하자고 권유해 보자.
- 약속을 다시 잡자.
- 당신이 친구에 대해 불편하다고 생각하는 점을 친구에게 말해 보자.

완벽하려고 하지 말고, 모든 것을 퍼주지도 말며 경청만 하지 말고 지나치게 수용하는 태도를 보이지 말자. 대신 최대한 솔직한 모습을 보여주자. 개인적인 정보를 공유해 보고 도움도 요청해 보자. 또한 일상적인 일을 공유하고 친구의 매력과 장점에 눈과 귀를 열자. 친구를 고르는 것은 매우 개인적이고도 자신감을 높여주는 경험이다.

모든 친구가 영원히 제일 친한 친구일 필요는 없다. 점심을 같이 하기에 좋은 친구, 등산을 하기에 좋은 친구 그리고 부모처럼 당신을 지지해 주는 친구가 있을 것이다. 좋은 관계는 계속 발전시키고 매력을 느끼지 못하는 관계는 피하도록 해야 한다. 다양각색의 우정을 쌓자. 어떤 친구는 정신적으로 가깝게 느껴지고 어떤 이들은 그렇지 않을 것이다. 자주 만나고 싶은 친구가 있는 반면에 그렇지 않은 친구도 있을 것이다. 친구들과 긍정적인 면을 공유하고 서로의 능력을 북돋아주고 친구들을 만나는 시간을 불평을 토로하는 시간으로 만들지 말자.

주고받는 관계

진정한 우정은 서로 비슷한 정도의 에너지를 주고받을 때 형성된다. 이 에너지가 관심, 초대장, 선물, 어드바이스, 도움 또는 이해 그 어떤 형태이던 상관없다.

보호자로서 당신은 받는 것보다 주는 것에 익숙했기 때문에 주는 만큼 받는 이런 관계가 이상하다고 생각할 수도 있다. 다른 사람들도 당신에게 주고 싶고 또 그럴 필요도 느끼기 때문에 그런 기회를 부여하는 것이 좋다.

과도하게 주기만 하면 정신적으로 건강한 사람들은 당신에게 자신들이 주는 것이 무시당하거나 당신이 필요로 하지 않는다고 생각할 것이다. 그러면 당신 주변에는 도움을 필요로 하는 사람들만 남을 것이다. 서로 주고받을 수 있는 우정을 만들면 일방적으로 돌보는 역할을 그만두게 된다.

주고받을 때 형식은 사실 중요하지 않다. 사실상 주고받는 것은 에너지라고 할 수 있다. 누가 전화를 더 많이 거는지, 누가 약속을 더 많이 제안하는지, 누가 돈을 더 많이 내는지, 누가 제일 많이 도움을 주는지, 누가 약속을 더 많이 취소하는지를 보자. 상대방이 한발 다가왔으면 당신도 한발 다가설 수 있도록 보조를 맞추자. 특히 서로 주고받는 에너지의 양을 보자. 일방이 타방을 더 필요로 하는지, 한 사람이 더 강해 보이는지, 일방이 전화를 하지 않으면 상대가 화가 나거나 상처를 받는지 또는 어떠한 형식으로든 한쪽이 이 관계가 불공평하다고 생각하는지 보자.

관계가 균형을 이루고 있지 못하다고 느끼면 적게 주는 쪽에게 더 많이 주기를 강요하지 말자. 서로 주고받는 에너지를 관찰해서 그 양을 가감함으로써 보조를 맞추도록 해야 한다. 그것이 어떠한 느낌인지 느껴보자. 상대에게 더 많이 또는 적게 주기를 강요하거나 관계가 불공평하다고 해서 상처를 받는 것은 예전의 보호자들이 느끼던 감정과 행동이다.

건강한 사람들은 솔직하다

건강한 관계는 서로에게 솔직할 수 있어야 한다. 서로가 원하는 바를 물을 수 있고 작은 요청에 '좋다.'나 '싫다.' 등 그 어떤 답을 듣더라도 상처를 받거나 적대감을 느끼지 않아야 한다. 친구들은 서로의 행동, 요청 그리고 반응에 대한 이유를 솔직하게 말한다. 그리고 서로 이해하려고 노력하고 방어적인 태도를 취하는 일이 드물다. 서로 알아온 시간이 길다면 상호 이해와 믿음을 쌓아 끝까지 말을 들어보기 전까지는 상대를 판단하지 않을 수 있어야 한다. 그런 관계는 함께 문제를 해결하려고 하고 서로에게 긍정적인 해결책을 찾으려고 한다. 바람직한 우정은 바람직한 연인 관계가 될 수 있는 방법을 알려주는 기초가 될 수 있다.

건강한 우정을 쌓는 방법

건강한 우정은 생각을 공유하고 감정의 발전과정을 묘사하고 서로의 말을 예민하게 받아들이지 않는다. 또한 당신과 뜻이 맞지 않더라도 당신을 위하고 지지한다. 좋은 친구가 되기 위해서는 많은 것을 공유하고 많은 정을 주고받아야 한다.

당신에게 주는 것을 좋아하는 친구를 만나면 계속해서 받기만 하고 싶은 유혹에 빠질 수 있다. 자기 말을 들어주고 반응해 주고 배려해 주는 사람이 있다는 것은 매우 신나고 기분 좋을 수 있다. 그러나 과거에 충족하지 못한 애정을 충족하기 위해 새로운 우정을 이용한다면 그것은 진정한 우정이라고 할 수 없다.

만약 당신이 주는 애정보다 더 강력한 지지와 이해를 친구에게 갈구한다면 그때는 전문 상담치료사를 만나야 한다. 상담치료사는 바람직한 방법으로 당신에게 특별한 관심을 주고 통찰력을 제공하고 지지를 해줄 수 있다.

바람직한 우정은 경계선이 있다

우정을 쌓기 위해서는 지나치게 상대에게 다가가서도 안 되고 그렇다고 지나치게 거리를 두어서도 안 된다. 만약 두 사람간의 차이가 너무 커서 한 사람이 숨 막히거나 무시 받는 느낌을 받는다면 두 사람간의 거리가 서로 편안하지 않다는 의미이다. 한 번에 너무 많은 것을 상대에게 주면 부담스럽게 느껴지는 반면 한 번도 상대에게 배려나 이해를 요구하지 않으면 지나치게 거리가 있다고 느껴질 것이다. 불편하다고 느껴지는 관계는 멀리하되 새로운 경험에는 마음을 열자.

모든 관계에서 '싫다.'라고 말할 수 있는 것은 매우 중요하다. 동의하지 않을 권리, 많은 개인 정보를 공유하지 않을 권리, 우정에 얼마나 시간을 쏟을 것인지를 결정할 권리 또는 거리를 둘 권리는 모두 당신에게 있다. 이러한 적절한 거리를 두는 것을 중요하게 여기자.

모든 우정은 영원하지 않다

보호자들은 한 번 누군가와 친구가 되면 그 우정은 절대로 포기해서는 안 된다고 생각하는 경향이 있다. 보호자 역할에서 완전하고 건강한 사람이 되려고 하는 지금 예전에 맺은 우정 중에 진정한 우정의 기준에 들지 않는 것도 있다는 것을 알게 될 것이다. 이러한 우정 중 다수는 누군가를 돕거나 돌보기 위해 일방적으로 에너지를 주는 것이었을 것이다. 또는 당신의 관계들에 대해 불만을 토로하는 시간이었을 것이다. 어쨌거나 즐겁지 않은 관계였지만, 당신은 그것이 전부라고 생각했다.

서로 주고받는 데 익숙해지고 새로운 관계들을 구축하면 과거에 당신을 지치게 했던 일방적인 관계들의 매력은 점점 떨어질 것이다. 그러나 당신이 적게 주기 시작하고 공평하게 주고받기를 기대하면 이런 관계들은 저절로 사라지는 것을 보게 될 것이다. 그렇게 사라지도록 두자. 상대에게 에너지와 관심을 요구해야만 한다면 그것은 건강한 관계를 위한 잠재성이 없는 관계이다.

일방적인 관계들이 서로 공격, 거부 또는 원망하지 않는 것은 거의 불가능하다. 당신도 이런 불공평한 관계를 키운 주범이었다는 것을 기억해야 한다. 왜냐하면 관계가 균형을 잃을 때까지 당신이 원하는 것을 말하지 않고 떠나고 싶을 때 떠나지 않았기 때문이다.

과거에 당신은 누군가가 당신을 필요로 하기를 원하거나 지나치게 친절했다. 또는 지나치게 겸손하고 아무것도 요구하지 않았을 것이다. 이런 당신의 모습들은 현재의 우정에서 찾는 것들이 아니다.

균형 잡히지 않은 우정이 어떤 모습인지 가르쳐준 과거의 친구들에게 감사해야 한다. 당신이 배운 것을 받아들이고 앞날의 행복을 빌어주며 친구를 놓아주자. 장기적으로 보았을 때 그 누구보다도 정신적으로 건강한 사람이 어떤 것인지를 알게 해준 친구들이기 때문에 그/그녀가 당신에게 빚졌다고 생각하지 말자.

즐기는 법을 배우기

함께 즐거운 시간을 보낼 수 있는 친구가 한두 명 있는 것은 매우 좋다. 충만하고 즐거운 인생을 위해서는 즐길 줄을 알아야 한다. 당신 주변을 둘러보자. 그리고 즐길 줄 아는 사람들이 누가 있는지 보자. 이런 사람들을 롤모델로 삼고 시간을 함께 보내 보자. 당신이 정말 좋아하는 일을 찾아낼 때까지 함께 여러 가지 활동을 해보자. 취미 활동을 하기 위해 만들어진 수업이나 단체에 가입하는 것도 좋은 시작이다. 같은 관심사를 가진 사람들의 모임에 가입하면 자연스럽게 같은 관심사를 가진 친구들을 사귀게 될 것이다.

즐거운 시간을 보낼 수 있는 사람들과 지내다 보면 보호자 역할을 그만둘 동기가 생길 것이다. 당신이 다음 모임에 참석하기를 기대하는 사람들 때문에 자연스럽게 즐거운 활동을 계속하게 될 것이다. 당신 자신과 매주 이런 활동을 하겠다고 약속을 할 수도 있다. 어떨 때 신나고 즐거운지를 아는 것은 자신을 알아가는 데, 인생을 즐기는 데, 그리고 가치 있는 삶을 사는 데 필수적이다.

다른 사람들에게 손을 뻗기

세상을 살아가기 위해서는 남들과 더불어 살아야 한다. 고독은 두려움과 불안 그리고 우울증의 원인이 된다. 보호자 역할을 하는 것은 매우 고립된 일이었다. 자신의 정체성을 찾기 위해서는 다른 사람들과 어울리고 보람을 느끼는 즐거운 삶을 살아야 한다. 가끔 고객들은 나에게 어떻게 해야 하느냐고 묻는다. 인생을 즐기는 방법은 다양하다. 여기 몇 가지 예가 있다.

◈ 자존감 향상을 위해 할 일

- 전문가에게 초상화나 인물사진을 의뢰해 보자.
- 머리를 자르거나 매니큐어, 페디큐어 등을 받는다.
- 노인정이나 학교, 도서관 자원봉사 등과 같이 당신의 노력에 감사해 하는 사람들을 돕는 일을 해보자.
- 당신이 진정으로 좋아하는 직업을 구해야 한다.
- 새로운 친구를 사귀고 그들과 함께 시간을 보내자.
- 글을 발표하거나 방을 새로 칠하거나 세차를 하는 등 늘 하려고 마음먹고 있었던 일을 끝내자.
- 어떤 활동을 할 때마다 본인이 그 활동을 얼마나 즐기고 있는 지를 생각해 보자.
- '해야만 하는' 의무적인 활동은 가능한 한 줄이자.
- 때로는 근사하게 차려 입어 보자.

❖ 즐거움을 위해 할 일

- 그동안 당신에게 즐거움을 주었던 모든 것들을 리스트로 작성해 보고 그들 중 일부를 다시 해본다.
- 매일 하루 동안 당신이 한 일들을 작성하고 그 활동들이 얼마나 즐거웠는지 생각해 본다.
- 다른 사람들은 즐거움과 재미를 위해 어떤 것들을 하는지 물어본다.
- 신문에 실린 주간 활동들을 읽어보고 그중 하나를 골라 시도해 본다.
- 한 달에 한 번은 가보지 않았던 새로운 음식점에 도전해 본다.
- 몇 달에 한 번씩 감정 치유 워크숍에 참석한다.
- 포크 댄싱, 일본어, 요리, 수채화, 사진 강좌 등 당신에게 즐거움을 주는 강좌를 들어보자.

❖ 건강을 위해 할 일

- 일 년에 한 번은 건강 검진을 받는다.
- 운동을 재미있게 한다. 예컨대 정원 가꾸기나 하이킹, 댄스, 강아지 산책시키기, 저글링 배우기 등을 해본다.
- 맛있고 훌륭한 음식으로 식사를 한다.
- 잠깐 동안의 샤워보다는 목욕을 하며 느긋하게 휴식을 취한다.
- 영감을 주는 책을 읽는다.

- 당신의 몸이 느끼는 감정들을 느껴본다.
- 숙면을 취한다.
- 마사지를 받거나 요가를 한다.

◈ 삶의 방향 세우기

- 매일 스스로에게 질문해 보자. '나는 내가 선택한 삶을 살고 있는가?'
- 봄에 피는 새싹이나 예상치 못한 성취 등 뜻밖의 기쁨을 찾아 나서자.
- 스스로의 가치관을 따르는 것이 삶을 더 충만하게 만든다는 것을 깨닫는다.
- 자신의 생각과 감정을 탐구할 시간을 가진다.
- 자신이 누구에게, 또 어떠한 것들에 감사함을 느끼는지 생각해 본다.
- 문제가 발견되면, 해결 방법을 찾고 그 방법대로 문제를 해결해 나간다.
- 당신의 삶에서 부족한 점이 있다면 다소 시간이 걸리더라도 그 부분을 채워나갈 방법을 찾는다.

◈ 치료를 위한 지원 받기

앞서 필자는 보호자로서의 당신의 역할과 경계선/자기애적 성격장애자에 대한 심도 있는 이해를 위해서는 지식이 많은 상담치료사의 도움을 받는 것이 중요하다고 언급한 바 있다. 그와 더불어, 보호자의 행동과 역할에서 벗어나기 위한 서포트 그룹에 참여하는 것도 적극적으로 권한다. 단 이 서포트 그룹은 보호자 역할에서 벗어나는 것과 효과적으로 성격장애자들을 대하는 것에 중점을 두어야 한다. 보호자 재활 그룹에 참여하게 되면 다음과 같은 장점을 얻을 수 있다.

- 경계선/자기애적 성격장애자들과의 관계에서 오는 고충을 겪는 사람이 나뿐만이 아님을 알게 된다.
- 보호자가 된다는 것이 어떤 것인지 잘 이해하는 사람들로부터 공감과 지지를 얻을 수 있다.
- 경계선/자기애적 성격장애자들과 효과적으로 소통할 수 있는 아이디어를 얻을 수 있다.
- 본인이 무엇을 좋아하고 싫어하는지와 스스로의 감정을 이해할 수 있는 안정된 공간이 생긴다.
- 자신의 인생을 어떻게 살 것인지에 대한 새로운 그림을 그릴 수 있다.
- 스스로의 왜곡된 감정과 생각, 행동에 대처하는 방법을 배울 수 있다.
- 보호자처럼 행동하고 있을 때 그것을 깨닫고 그만두는 법을 터득할 수 있다.
- 긍정적인 자아감을 발달시킬 수 있다.
- 새로운 관계 행동을 설정하고 그에 따라 행동하도록 도움을 받을 수 있다.

- 긍정적 자기관리를 할 수 있다.
- 격려를 받을 수 있다.

보호자의 역할을 내려놓는 것은 더 건강하고 행복하며 개인적으로 보람된 인생을 사는 데 도움이 되지만 이를 위해서는 관심과 용기, 통찰력과 연습이 필요하다. 그중에서도 타인의 지지를 받는 것이 중요하다. 혼자서는 이루어낼 수 없는 일이기 때문이다. 혼자서는 보호자의 역할을 완전히 내려놓을 수 없다. 다른 사람들의 피드백과 통찰력, 방향 제시와 응원, 그리고 격려가 필요하다.

보호자라는 역할을 완전히 내려놓고, 다른 이들과 어울리며 삶을 즐기기 위해서는 타인의 도움과 지원을 구할 수도, 받아들일 수도 있어야 한다. 또한 믿을 수 있는 친구를 사귀고 새로운 인간관계 기술을 터득하며, 자신에게 즐거움을 주는 일을 찾아야 한다. 주위의 아름다움을 음미하고 자신이 사랑하는 활동들을 하고, 진실한 자신의 참모습에 집중하는 것 또한 중요하다. 즉 자신만의 진짜 인생을 만들어 나가는 것이다. 자신의 인생을 진정으로 즐기는 것이야말로 세상을 사랑하고 세상에 특별한 기여를 할 수 있는 방법이다.

제20장
새로운 나

보호자가 아닐 때의 당신은 어떤 모습인가? 자신의 모습에 대한 명확한 그림이 그려지는가? 필자가 언급한 새로운 행동들 중 상상하기 어려운 것들이 있는가? 떠나보내게 되어 다행인 행동들에는 어떤 것들이 있는가?

당신이 보호자로서의 역할을 그만둘 때 내려놓게 될 행동과 감정, 그리고 반대로 당신이 얻게 될 기술, 태도, 변화 등은 아래와 같다.

떠나보낼 것:	얻게 되는 것:
• 희생	• 스스로에 대한 책임감
• 경계선/자기애적 성격장애자를 만족시키기	• 자신을 만족시키기

- 경계선/자기애적 성격장애자를 변화시키기 위해 애쓰기
- 전체적인 상황에 대한 책임감
- 엄격한 규칙
- 두려움, 의무, 죄책감
- 만성적 자급자족
- 분노
- 긴장, 불안
- 무기력
- 경계선 및 자기애적 성격장애자에 주의집중
- 절망감
- 무력감

- 자신을 위한 인생 설계
- 스스로에 대한 책임감
- 건강한 변화
- 자기주장 표현력
- 타인에게 다가가기
- 이해
- 이완, 명확함
- 자신의 삶에 대한 지배권
- 본인의 삶에 집중
- 인생 계획 및 방향 설정
- 문제 해결능력

 경계선 및 자기애적 성격장애자들을 돌보는 일은 심신을 약화시키고 감정 소모가 많다. 따라서 보호자의 역할을 내려놓게 되면 삶의 질이 상당히 향상된다. 이제까지 열거된 특질들을 바탕으로 스스로에 대한 명확한 이미지를 갖도록 한다. 보호자가 아닌 자신을 표현할 만한 구절이나 콜라주 등을 통해 시각적 이미지를 형성하는 연습은 새로운 통찰력과 감정, 신념을 뿌리내리도록 도와줄 것이다. 이러한 이미지와 구절을 기억하는 것만으로도 보호자가 아닌 내 진짜 모습에 다가가는 데 도움이 된다.

보호자로서의 정체성 떨쳐내기

보호자의 역할에서 완전히 벗어나기 위해서는 굳은 결심과 새로운 스킬, 그리고 인내가 필요하다. 경계선 및 자기애적 성격장애자들이 당신의 노력에 대한 보답으로 도움이나 열의, 인정을 보여주기를 기대하지 말자. 하지만 이 책에 언급된 방법들을 적용하면 경계선/자기애적 성격장애자들이 훨씬 더 협조적으로 행동한다는 것을 알게 될 것이다.

보호자의 역할에서 벗어나 다시 감정적으로 건강한 사람이 되는 데는 다소 시간이 걸린다. 이는 당신의 감정적 반응을 통제해왔던 장기적인 습관뿐만 아니라 오랜 생각과 신념이 변하는 과정이며 당신과 경계선/자기애적 성격장애자들과의 관계를 새롭게 이해하게 되는 과정이기 때문이다.

이러한 변화는 이전 장에서 다룬 왜곡된 감정, 생각, 행동 및 관계를 깨닫게 되면서 시작된다. 경계선/자기애적 성격장애자들이 '나아질 것'이라거나 바뀔 것이라는 기대를 버리게 되면 이러한 과정을 거치는데 도움이 된다.

경계선/자기애적 성격장애자들의 현실적인 장애 수준을 이해해 새로운 사고 패턴과 상호작용을 정립하는 것도 도움이 될 것이다. 성격장애자들의 이해할 수 없는 행동들에 대한 당신의 감정적 반응이나 효과적이지 못한 대응을 통제하는 것 또한 필요하다. 궁극적으로, 이러한 변화는 자신과 경계선/자기애적 성격장애자를 이전과는 다른 더 정직하고 현실적인 시선으로 바라볼 수 있게 한다.

이 단계 이후에는 자신이 원하는 삶을 결정할 수 있을 것이다. 경계선/자기애적 성격장애자들이 당신의 삶의 영역을 침범할 수 없도록 경계를 정하고, 날마다 그 경계를 명확히 그음으로써 진정한 변화가 이루어질 수 있다. 사람들에게 다가가고, 새로운 친구를 사귀고 건강한 사람들로부터 지지를 받음으로써 그동안 당신의 자존감의 기반이었던 '베푸는 것'에 대한 의존을 떨쳐버릴 수 있다. 이러한 과정을 성공적으로 거치게 되면 당신은 마침내 보호자의 역할에서 벗어나게 될 것이다.

보호자 역할에서 벗어나기 위한 단계

지난 수년 간, 필자에게 많은 고객들이 보호자의 역할에서 벗어나기 위해서는 어떤 단계를 거쳐야 하는지 문의해왔었고 그에 대한 답변은 다음과 같았다.

◈ 자존감을 높이자

자신이 더 이상 약자가 아니라는 인식을 가지기 위해서는 긍정적인 자아감을 가져야 한다. 즉 부정적이고 비하적이었던 내적 자아와의 대화를 긍정적이고 자립적이며 용기를 북돋우는 쪽으로 변화시켜야 한다.

이 책이 다루고 있는 방법들을 적용하면 정신적 및 신체적으로 스스로를 대하는 방식이 바뀔 것이며 자존감이 증대될 것이다. 또한 자기주장 표현하기, 경계선 긋기, 경계선/자기애적 성격장애자들을 변화시킬 수 있다는 믿음을 포기하는 것, 그리고 개인적인 삶의 목표를 향해 나아가는 것 등이 가능해질 것이다.

◈ 자기의 필요는 스스로 충족시키자

경계선/자기애적 성격장애자들이 자신의 필요를 충족시켜 주기를 기대하지 말고 자기 자신의 기대나 필요는 스스로의 노력으로 충족시키는 책임감을 갖도록 한다. 즉 경계선/자기애적 성격장애자들이 자신들의 필요보다 당신의 필요를 우선적으로 생각하고 당신이 바라는 대로 해주어야 한다는 기대를 버려야 한다.

또 그들이 당신의 문제를 해결해 주리라는 기대도, 당신의 일들을 계획하고 관리해 주거나 당신이 지치거나 아플 때 당신의 일을 처리해 줄 것이라는 기대도 버리자. 대신 스스로 계획을 세우고 하고자 하는 일들을 처리하도록 해야 한다. 그렇다고 해서 꼭 경계선/자기애적 성격장애자인 이들에게 도움을 요청해서는 안 된다는 의미는 아니다. 그들이 꼭 당신을 도와줘야만 한다는 기대를 버리라는 뜻이다.

◈ 경제적으로 독립해야 한다

경계선/자기애적 성격장애자로부터 경제적으로 독립되지 않았다면 당신이 선택할 수 있는 옵션은 상당히 제한적일 것이다. 때문에 경계선/자기애적 성격장애자들이 간섭할 수 없는 독립적인 수입 원천이나 저축 예금 또는 본인 명의로 된 차를 소유하고 있어야 한다.

카드빚이 없으면 더 좋다. 기혼자의 경우, 당신과 경계선/자기애적 성격장애자인 배우자가 둘 다 빚을 지고 있을 수도 있다. 배우자의 소비 성향을 통제할 수는 없다고 해도 스스로의 소비 행동은 통제할 수 있다. 사람들은 우울하고 불안한 기분을 해소하기 위해 소비를 하는 경향이 있는데, 자신을 잘 돌본다는 것에는 불필요한 소비로 인한 빚을 지지 않고 기분 전환을 위한 쇼핑 테라피에 의존하지 않는 것도 포함된다. 과도한 소비 습관은 당신의 삶을 풍족하게 해줄 선택권을 제한한다는 것을 유념해야 한다.

당신이 경계선/자기애적 성격장애자인 어린 자녀가 있는 여성일 경우, 그 자녀가 갑작스레 당신을 떠나거나 자녀와의 관계가 더 이상 견디기 어려워질 땐 스스로 결정을 내리거나 자신과 자녀를 돌보기 위해 선택할 수 있는 옵션이 가장 제한적일 것이다.

안정적인 경제력이 생기면 상황에 의해 어쩔 수 없는(건강에도 좋지 않고 상당한 곤란을 야기하는) 선택을 하는 대신 자신이 원하는 결정을 내릴 수 있는 시간과 여유를 가질 수 있다. 때문에 당신이 선택할 수 있는 옵션이 늘어날 수 있도록 경제적 독립을 위한 계획을 세우는 것이 중요하다.

◈ **서포트 네트워크를 구축해야 한다**

　필자는 정신적 지원군이 되어줄 수 있는 친구나 가족 구성원의 필요성을 계속 강조해왔다. 다른 사람의 도움을 받기 위해서는 그들이 당신이 현재 어떠한 상황에 처했는지 알 수 있도록 최소한 어느 정도의 정보는 제공해야 할 것이다. 아무것도 모르는 상태에서는 누구도 도움을 줄 수 없으니 말이다.

　반면 친구들의 관심이 온통 당신의 힘든 상황에 쏠리는 것은 원치 않을 수도 있다. 이런 경우, 상담치료사나 테라피 그룹의 도움을 받는 것이 좋다. 당신이 다시 보호자 모드로 돌아가려 할 때 객관적인 판단을 내려주고 도움을 줄 사람들이 필요하기 때문이다. 또 경계선/자기애적 성격장애자의 보호자가 아닌 당신의 정체성을 상기시켜 주고 함께 즐거운 시간을 보낼 수 있는 사람이 있어야 한다. 친구 및 가족, 전문 상담치료사들은 당신을 지지하고 당신이 필요로 할 때에 의지할 수 있는 버팀목이 되어줄 것이고 현실감을 형성하는 데 도움이 될 것이다.

◈ **경계선/자기애적 성격장애자들과의 게임을 그만두자.**

　커뮤니케이션 모델을 실천하고, 자기주장을 하고, 창의적인 방법으로 규칙을 깨뜨리는 것이 보호자로서의 역할을 내려놓는 기본적인 방법이다. 경계선/자기애적 성격장애자들의 규칙을 계속 따르는 한 어떠한 변화도 이룰 수 없다.

  경계선/자기애적 성격장애자들은 결코 그들의 규칙을 포기하지 않을 것이므로 당신이 변화를 주도해야 한다. 여기에는 많은 용기와 통찰력, 끈기가 필요하다. 성격장애자의 감정적인 반응에 무뎌질 수 있게 더욱 강해질 필요도 있다. 자존감 향상과 감정적, 경제적 독립, 그리고 당신을 사랑하고 아끼는 사람들로 이루어진 서포트 시스템이 중요한 이유이다.

◈ 스스로를 변화시키자

  결국 이 모든 설명들의 결론은 경계선/자기애적 성격장애자들을 변화시키고자 애쓰는 대신 스스로를 본인이 원하는 사람으로 변화시키라는 것이다. 성격장애자를 변화시키겠다는 목표를 포기할 때 결국 보호자로서의 역할도 내려놓게 된다.

  성격장애자를 보살핀다는 것이 보람도 없고 불가능한 일이라는 생각이 들기 시작하면 이 역할을 내려놓기도 쉬워진다. 결코 이기적인 변화가 아니다. 성격장애자를 변화시키기를 그만두는 것은 당신과 경계선/자기애적 성격장애자 둘 다에게 연민과 배려 그리고 이해와 정직함의 표현이다.

◈ 스스로의 삶을 결정하고 이끌자

이것이 바로 인생의 가장 기본적인 목표일 것이다. 자신 스스로에게 충실하고 스스로에게 옳은 일을 하며 가장 나은 사람이 되도록 노력해야 한다. 일단 스스로의 삶을 결정하게 되면, 당신이 어떤 사람인지에 대한 책임을 지게 되고 가족과 친구, 직장, 지역사회에 더 큰 기여를 할 수 있게 된다. 무력감과 절망, 억울함, 분노, 괴로움은 모두 내려놓도록 한다. 당신은 원하기만 한다면 삶을 더 즐겁고 생산적으로 만들 수 있다.

일관된 인간관계 형성하기

보호자 역할을 하면서 당신은 이중적인 삶을 살아왔다. 직장이나 학교 또는 친구관계에서는 능력 있고 친절한 사람이다가도 경계선/자기애적 성격장애자와 함께일 때는 두려움과 의무감, 죄책감, 수동적인 행동, 무력감에 시달려야 했다.

경계선/자기애적 성격장애자의 보호자 역할을 내려놓게 되면 모든 (경계선/자기애적 성격장애자와의 관계를 포함한) 인간관계에서 당신의 진실하고 책임감 있고 희망찬 자아가 나타날 것이며 일관된 관계 형성이 가능할 것이다.

당신은 더 이상 성격장애자의 감정적인 궁핍이나 불안감에 의해 통제

당하지 않아도 된다. 그들의 두려움과 공포, 분노에 영향 받지 않아도 된다. 당신은 스스로의 가치관과 긍정적 마음가짐, 자신감을 유지하고 자신과 타인의 선한 면에 집중하면 된다. 건강한 친구관계, 다른 이들과의 즐거운 상호작용, 창의적인 사고, 그리고 인생에서 성취하고자 하는 것들을 이룰 수 있는 에너지를 가질 수 있을 것이다. 즉 완전하고 진실한 자기 자신이 되는 것이다.

새로운 삶을 맞이하기

건강하고 생산적인 삶으로의 변화를 더 이상 미루지 말자. 여기 언급되어 있는 단계를 수행하는 것에 집중해야 한다. 보호자 역할을 하던 이전의 비생산적인 행동 패턴에서 멀어질수록, 새로운 변화를 이끌어낼 에너지가 더욱 커질 것이다. 변화된 당신의 삶은 어떤 모습일까? 한번 상상해 보자.

> 당신은 하루에 대한 기대감이 가득한 채로 상쾌하게 잠에서 깬다. 당신이 좋아하는 일을 하고 친구들을 만나고, 즐거운 활동들을 하며, 당신을 인정해 주고 힘이 되는 사람들과 교류하는 것이 기대된다. 앞으로의 미래에 대해서도 좋은 예감이 든다. 당신은 적당한 정도의 일을 하고 있으며 타인의 도움에 기댈 수도 있다. 모든 게 완벽하지 않

아도 괜찮다. 당신은 어떠한 압박이나 부담도 받지 않으니까. 당신은 자유다.

결정을 내릴 때도 심사숙고 후에 스스로에게 옳다고 판단한 결정을 한다. 당신이 어떤 사람인지와 당신이 가진 역량을 다른 사람들에게 보여줌으로써 스스로가 성공적인 사람이라고 느낀다. 도움을 준 사람들에게서 노력을 인정받으며, 자신이 타인의 보살핌과 긍정적 존중을 받을만한 가치가 있다고 생각한다.

당신은 힘들고 지칠 때 사랑하는 사람들에게 기댈 수 있다고 생각한다. 그들은 당신이 힘들 때 당신을 생각하며 사랑 가득한 에너지를 나누어줄 것이다. 당신은 충만하고 만족스러우며, 자신이 세운 인생 계획을 실천하고 있다. 당신은 스스로에 대한 책임을 지며, 다른 이들에게 도움을 줄 수 있는 사람이기도 하다.

당신은 가치 있고 온전한 사람이다. 스스로에게 이러한 이미지와 생각을 투영해야 한다. 이러한 삶이 어떤 모습일지 느껴보자. 구체적이고 진실하게 그 목표를 그리고 상상하면 당신의 내적 자아가 그 바람대로 변화할 것이다. 내면의 나침반 바늘이 항상 자신의 가치관을 가리키고 있도록 해야 한다. 그리고 그 가치관을 향해 나아가는 데 힘을 쏟도록 해야 한다.

그리고 그렇게 흘러가게 두자.

부록
보호자 테스트

배우자나 동료, 가족 구성원과의 관계에서 자신의 행동을 가장 잘 나타내는 숫자에 표를 치시오.

1은 '거의 그렇지 않음', 5는 '매우 그렇다'를 뜻한다.

1. 나는 배우자(동료, 가족 구성원)에게 거절의 표현을 하는 것이 어렵다.　1 2 3 4 5
2. 내가 무엇을 원하지는 스스로도 모를 때가 많다.　1 2 3 4 5
3. 배우자와 대화를 나누고 난 후 화가 날 때가 많다.　1 2 3 4 5
4. 거절을 한 뒤에도 결국 내 배우자가 원하는 대로 하게 된다.　1 2 3 4 5
5. 배우자의 의사에 따르기 위해 내 친구관계를 포기했다.　1 2 3 4 5
6. 나를 얕보거나 폄하하는 말을 들었을 때도 내 상처를 드러내지 않기 위해 그냥 무시한다.　1 2 3 4 5
7. 나는 전혀 괜찮지 않을 때도 "괜찮은 척"하는 법을 터득했다.　1 2 3 4 5
8. 나의 친구들은 이해하지 못할 배우자의 행동들도 나는 참고 넘어간다.　1 2 3 4 5
9. 배우자가 화내거나 상처받을까 봐 조심스럽게 말하게 된다.　1 2 3 4 5

10. 나는 무례하거나 상처를 주는 배우자의 언행들을 감춘다. 1 2 3 4 5
11. 나는 누구보다 큰 책임감을 안고 있다고 생각한다. 1 2 3 4 5
12. 나는 나의 배우자가 화가 나 있거나 상처받고 슬플 때 항상 기분이 나아지도록 도와주어야 한다. 1 2 3 4 5
13. 다른 이들에게 종종 실망감을 느낀다. 1 2 3 4 5
14. 나는 내 배우자보다 나 자신에게 더 엄격한 잣대를 적용한다. 1 2 3 4 5
15. 나의 배우자가 원하는 대로 하면 그/그녀의 기분과 행동이 나아질 것 같다. 1 2 3 4 5
16. 내 배우자가 행복하면 나도 행복하다. 1 2 3 4 5
17. 내가 나의 배우자와 간절하게 함께이고 싶을 때 그/그녀는 거의 그렇지 않다. 1 2 3 4 5
18. 배우자와의 문제를 해결하는 것은 온전히 나의 몫이라고 생각한다. 1 2 3 4 5
19. 배우자와 잘 지낼 때는 모든 문제를 잊게 된다. 1 2 3 4 5
20. 나는 다른 사람이 했다면 용서하고 넘어갈 행동들도 내가 했을 경우엔 자책한다. 1 2 3 4 5
21. 내 배우자가 행복하지 않으면 나도 행복할 수 없다. 1 2 3 4 5
22. 특정 상황에서 나의 배우자가 기분이 좋을지 나쁠지 전혀 예측할 수 없다. 1 2 3 4 5
23. 내가 더 열심히 노력하기만 한다면 나에 대한 배우자의 태도를 바꿀 수 있다고 믿는다. 1 2 3 4 5
24. 배우자가 내 곁에 없을 때 내 배우자에 대한 사랑이 가장 커진다. 1 2 3 4 5
25. 긴장감이나 감정이 없는 관계는 지루하다. 1 2 3 4 5
26. 일상적인 문제들에 대한 배우자의 반응이 종종 혼란스럽거나 놀랍다. 1 2 3 4 5

27. 내가 행복한 것보다 내 배우자를 행복하게 만드는 것이 내겐 더 중요하다.

    1 2 3 4 5

28. 내 배우자에게 화는 종종 나지만 그/그녀의 비위를 맞추기 위해 더 노력한다.

    1 2 3 4 5

29. 배우자가 기분이 좋을 때면 나는 우리의 관계가 앞으로 훨씬 더 나아질 것이라는 희망을 다시 품게 된다.

    1 2 3 4 5

30. 배우자와의 관계가 절망적으로 느껴질 때도 그/그녀를 떠난다는 것에 대해서는 큰 죄책감이 든다.

    1 2 3 4 5

31. 배우자에게 거절당한다는 것은 나에게 그 어떤 것보다 최악의 상황이다.

    1 2 3 4 5

32. 내가 잘 알지 못하는 사람이 나를 친절하게 대하면 긴장이 되거나 불편하다.

    1 2 3 4 5

33. 내가 나의 배우자를 친절하게 대했음에도 배우자는 그렇지 않을 때 화가 난다.

    1 2 3 4 5

34. 배우자가 화를 내지 않도록 그/그녀가 무엇을 필요로 하고 원할지 파악하려고 노력한다.

    1 2 3 4 5

35. 우울감과 무력감을 느끼지만 명확한 이유는 모르겠다. 1 2 3 4 5

36. 배우자가 내 주변에 있을 때 나는 극도로 긴장하고 불안하다. 1 2 3 4 5

37. 내가 더 완벽에 가까워질수록 사람들은 더 나를 좋아할 것이다. 1 2 3 4 5

38. 절대 실수를 하지 않으려고 노력한다. 1 2 3 4 5

39. 몇 분 동안이라도 조용히 앉아 있는 것이 힘들다. 1 2 3 4 5

40. 나는 화를 밖으로 잘 드러내지 못해 혼자 삭이는 편이며 가끔은 폭발할 때도 있다.

    1 2 3 4 5

《 결과 》

1-80
보호자와는 거리가 먼 유형. 당신은 동정심 많고 친절한 성격을 지녔다. 사고의 왜곡이 어느 정도 있기는 하지만 크게 영향을 미치지 않는다.

81-120
저항하는 공모자. 당신은 다른 인간관계에서는 보호자의 역할을 해본 적이 없을 것이다. 하지만 이 사람에게만큼은 죄책감과 책임감을 느낀다. 관계에 대한 당신의 높은 충성심과 논리로 인해 이 관계가 정상적으로 될 때까지 바로잡고자 노력하게 된다.

121-160
병적인 이타주의. 당신이 이 관계 개선을 위해 얼마나 많은 노력을 하든, 당신은 실망감과 우울함을 느끼며 인정받지 못한다고 생각하게 될 것이다. 다른 이들에게 더 잘 대우받기를 바라면서도 모든 일을 혼자 처리하기를 원해 다른 사람의 도움이나 칭찬, 호의를 거부한다. 종종 우울함을 느끼기도 한다.

161-200
자기 파괴자. 당신은 인간관계에서 거절당하거나 창피를 당하거나 사랑받지 못한 느낌을 받은 경우가 많았을 것이다. 희망차거나 행복했던 때가 언제였는지 기억조차 하기 힘들지도 모른다. 신체적 및 성적인 학대를 당했을 수도 있으며 스스로가 사랑받을 자격이 없다고 여긴다. 하지만 당신이 속한 인간관계들을 향상시키고자 하는 열망은 가지고 있으며 사랑과 보살핌을 받고 싶은 바람은 늘 가지고 있다.

어떻게 당하지 않고 살 것인가

1판 1쇄 발행 2016년 6월 5일

지은이 | 마르갈리스 프욀스테드
옮긴이 | 소하영
펴낸이 | 김종호
펴낸곳 | 밀라그로
주   소 | 경기도 고양시 일산서구 현중로 5, 1501동 1006호
전   화 | 031) 907-9702
F A X | 031) 907-9703
E-mail | milagrobook@naver.com
등   록 | 2016년 1월 20일(제410-2016-000019호)
ISBN 979-11-5564-957488-1-5 (03180)

* 밀라그로는 경성라인의 자회사입니다.
* 책값은 뒷표지에 있습니다.
* 잘못 만들어진 책은 구입하신 곳에서 바꾸어 드립니다.